"十四五"职业教育国家规划教材

"十三五"职业教育国家规划教材

新形态一体化

职业教育教学改革融合创新型教材·会计类

Kuaiji Jichu

会计基础

第四版

郭黎 喻辉 主编 | 文茜 黄海轮 罗梦瑶 副主编

东北财经大学出版社
Dongbei University of Finance & Economics Press
大连

图书在版编目（CIP）数据

会计基础／郭黎，喻辉主编．—4版．—大连：东北财经大学出版社，2022.9（2023.9重印）
（职业教育教学改革融合创新型教材·会计类）
ISBN 978-7-5654-4635-1

Ⅰ.会… Ⅱ.①郭… ②喻… Ⅲ.会计学-高等职业教育-教材 Ⅳ.F230

中国版本图书馆CIP数据核字（2022）第148579号

东北财经大学出版社出版
（大连市黑石礁尖山街217号 邮政编码 116025）
网 址：http://www.dufep.cn
读者信箱：dufep@dufe.edu.cn
大连图腾彩色印刷有限公司印刷 东北财经大学出版社发行

幅面尺寸：185mm×260mm 字数：356千字 印张：17.25 插页：1
2022年9月第4版 2023年9月第3次印刷

责任编辑：张旭凤 张晓鹏 赵宏洋 责任校对：周 晗
封面设计：冀贵收 版式设计：原 皓

定价：42.00元

教学支持 售后服务 联系电话：（0411）84710309

如有印装质量问题，请联系营销部：（0411）84710711

第四版前言

习近平总书记在2021年全国职业教育大会上做出重要指示，指出“在全面建设社会主义现代化国家新征程中，职业教育前途广阔、大有可为”，从党和国家工作全局的高度，深刻阐明了发展职业教育的重大意义，体现了党中央对职业教育一以贯之的高度重视。李克强总理的批示指出，职业教育是培养技术技能人才、促进就业创业创新、推动中国制造和服务上水平的重要基础。孙春兰副总理在会议上强调了要坚持立德树人，优化类型定位，加快构建现代职业教育体系；深化“三教”改革，“岗课赛证”综合育人，提升教育质量。

2022年4月20日修订通过的《中华人民共和国职业教育法》（以下简称《职业教育法》）将职业教育重新定义为“为了培养高素质技术技能人才，使受教育者具备从事某种职业或者实现职业发展所需要的职业道德、科学文化与专业知识、技术技能等职业综合素质和行动能力而实施的教育，包括职业学校教育和职业培训”，进一步明确了职业教育服务于建设教育强国、人力资源强国和技能型社会的国家战略，以及在推进社会主义现代化建设进程中所起的作用。

党的二十大报告中提出“加快发展数字经济，促进数字经济和实体经济深度融合，打造具有国际竞争力的数字产业集群”。2021年，教育部印发的《职业教育专业目录（2021年）》就以专业升级和数字化改造为关键，其中财务会计类专业名称的改变，如大数据与会计专业、大数据与财务管理专业和大数据与审计专业，即体现了上述特征。随着“大数据、人工智能、移动互联网、云计算、物联网和区块链”等新技术的逐渐广泛应用，会计职业正面临着前所未有的变革和挑战。一时之间，“会计”这个古老而传统的行业将会如何转型甚至会不会“消亡”成了业界的热点话题；各种新型会计工作的组织形式（如财务共享中心、财务云共享服务机构等）雨后春笋般在各地纷纷建立，它们以“数据”为依托为企业和社会提供的各种创新财税服务让人们目不暇接。行业的变革促使高等职业教育财务会计类专业的发展也进入了一个新的阶段，单纯的技能型就业岗位需求数量受到技术革新的冲击正在慢慢缩减，用人单位对财务人员的知识、技能、素质的要求正在提升，具有较高的职业道德素养和正确的价值观成为当前对财会人员的基本素质要求，“业财一体、数据应用、管控合一”等智力技能正在逐步替代动作技能成为对财会人员的职业能力要求。

新时代高等职业教育战线的教育工作者，在工作中应当时刻以习近平新时代中国特色社会主义思想为指导，全面贯彻党的教育方针，积极贯彻党的二十大精神，落实立德树人根本任务，全面推动党的二十大精神进教材进课堂进头脑，在教育教学改革过程中着重突出职业教育的类型特点，深化产教融合、校企合作，推进教师、教材、教法改革，充分发挥教材建设在提高人才培养质量中的基础性作用。

本教材编写团队成员对十年以来会计行业的发展变革和职业教育相关专业的发展历程作了比较深入的回顾和分析，对未来的发展趋势和专业发展方向进行了尝试性系统研判。在教材的修订过程中，始终抓住“培养什么人、怎样培养人、为谁培养人”这个根本问题，坚持职教特色，突出质量为先，知识传授与技术技能培养并重，积极实施将专业精神、职业精神和工匠精神融入教材内容。2020年12月，本教材成为教育部正式公布的“十三五”职业教育国家规划教材，这是对教材编写团队十年以来坚持不懈努力的鼓励和肯定。

本版教材的编写从2021年全国职业教育大会召开后开始启动，其间恰逢新修订的《职业教育法》颁布，以及《职业教育专业目录（2021年）》发布后教育主管部门紧锣密鼓地组织行业专家酝酿职业教育国家级专业教学标准。因此，此次修订重点强化了课程思政体系的构建，丰富了课程思政元素，并且根据《职业教育专业目录（2021年）》所体现的改革思路，调整了教材的教学内容，在实践教学环节体现了财会领域的新技术、新模式和新业态。具体如下：

1.多元贯彻课程思政，将价值塑造目标与知识传授、技能培养融为一体。“培养造就大批德才兼备的高素质人才，是国家和民族长远发展大计。”本版教材从专业、行业、文化、历史等角度，注重提升人文性、时代性、引领性，在每一个学习项目的开始均专门设计了“项目导入与案例分析”栏目，以散文、案例、故事的线上教学资源方式引导学生熟悉并遵守会计职业道德和公民道德规范，培育社会主义核心价值观。同时，结合学习项目中的知识传授和技能训练，将培育会计职业的专业精神、职业精神和工匠精神，潜移默化地融入项目目标、知识学习、项目阶段测试和项目技能训练等板块中，从而为落实教材的立德树人根本任务、履行教师和教材的育人责任提供了抓手和思路。

2.深化“三教”改革，将线上课程资源与纸质教材深度全方位融合。编写团队积极探索“推进教育数字化”。本版教材延续了上一版教材的特色，提供了大量线上课程资源供教学使用，以项目导入与案例分析、重难点微课、随学随练、项目阶段测试、项目技能训练一共五种形式呈现，将课程建设、教材编写、配套资源开发、信息技术应用一体化统筹整合，体现新形态、立体化的教材特征，彰显时代特色，为职业院校推动有效课堂建设和教法改革提供了资源内容和应用场景。

3.实践校企双元开发，将典型岗位（群）职业能力要求纳入教材。在本版教材的修订过程中，得到了正保集团北京网中网科技有限公司的大力支持，公司副总裁徐建宁女士（高级会计师）主持建设了各类线上资源平台。在教材编写过程中，引用了企业方提供的“财务共享服务职业技能等级标准（1+X证书标准）”实训平台中的大量数据。校企共同组建的教材编写团队有着职业教育国家规划教材编写经验并一直致力于财务会计类专业建设和课程改革，曾取得多项省、市级教学成果奖。本次教材修订过程中还充分征求了行业组织和企业界专家的意见，从而为本教材修订的需求导向定位和实践应用效果提供了机制保障。

本教材由郭黎教授、喻辉副教授担任主编，文茜、黄海轮、罗梦瑶担任副主编，王素萍和潘妮参与了具体的编写工作。教材的线上课程资源部分由校企共同组建的编写团队共同设计，正保集团北京网中网科技有限公司副总裁徐建宁女士（高级会计师）主持建设完成。在本次教材修订再版之际，真诚地感谢广大的读者朋友们，自本教材出版以来，是你们的不离不弃和执着相助，才给了我们以矗立新时代的职业教育潮头为不变目标，奋力拼搏、改革创新的勇气和动力；真诚地感谢以张旭凤主任为代表的东北财经大学出版社的编辑同仁们，是你们坚守传承的匠心精神和专业规范，推动着这本教材通过每一次的修订，实现在创新中不断登上新阶梯，结出新硕果，并在长期服务职业教育改革发展的精诚合作中，更加坚定地守初心、担使命，共同为实现新时代职业教育的新发展砥砺前行。

在本书的编写过程中，我们参阅了专家、学者公开出版的大量专著和教材，以及相关网站的信息资源，在此一并表示感谢。受编者学识水平和编写时间所限，书中不当之处在所难免，恳请读者不吝赐教。

编　者

2023年7月

目录

5 项目五　成本核算与管理 / 121

6 项目六　填制与审核记账凭证 / 143

“重难点微课”线上教学资源目录

项目一 初识会计

项目二 填制与审核原始凭证

项目三 设置账户与复式记账

项目四 核算企业日常经济业务

项目五 成本核算与管理

项目六 填制与审核记账凭证

项目七 登记账簿

项目八 财产清查

项目九 编制账务报告

项目十 会计法律规范

“随学随练”线上教学资源目录

线上教学资源使用说明

《会计基础》（第四版）教材的一个显著特色就是推进大量、不同类型的线上教学资源与教材的深度融合，致力于将线上线下混合式教学模式在职业教育课堂中广泛推广，贯彻实施国家“深化职业教育‘三教’改革”的方针。

本版教材配备的线上教学资源非常丰富，分为“项目导入与案例分析”“重难点微课”“随学随练”“项目阶段测试”“项目技能训练”一共五种类型，正保集团厦门网中网科技有限公司为全部线上教学资源提供了平台支持。正保集团多年来积累的线上教育经验和雄厚的技术实力，为本教材线上教学资源今后大规模稳定运行提供了有力保障。

本教材设计的线上教学资源使用方式非常简便，并且符合目前学生的日常学习和生活习惯。“项目导入与案例分析”“重难点微课”“随学随练”“项目阶段测试”“项目技能训练”五种教学资源，在第一次使用时，需要使用微信“扫一扫”功能直接登录或通过正保云课堂账号登录，以后再次登录时可直接“扫码学习”。在使用“项目技能训练”线上资源时，“扫码登录”以后将链接分享至个人电脑，再通过浏览器打开，微信扫码进入练习，就可以在PC端上进行实训了。

在本次线上资源与教材的融合构建中，教材编写团队联合正保集团厦门网中网科技有限公司和东北财经大学出版社开展了大规模线上线下教学资源的选取和整合，注重专业教学内容与职业能力培养的有效对接，很好地解决了学与训、训与评的难题，实现了职业教育与产业发展融合。在今后的教材教学使用过程中，师生能够借助教学平台实现线下自主与线上互动的融合，学生可以在有网络支持的任何地方自主完成预习、巩固、复习等，教师可以在教学中灵活使用各种平台辅助教学工具。

最后，感谢教材编写团队成员为本次教材修订所付出的辛劳和贡献的智慧，特别感谢正保集团总裁助理徐建宁女士（高级会计师）和曾佳丽女士（会计师）以及东北财经大学出版社张旭凤主任对线上教学资源平台建设所付出的艰辛努力和卓越贡献。欢迎广大读者和职业院校同仁在教学中积极使用本教材的线上教学资源，并在使用过程中多提宝贵意见。

编　者

2022年7月

项目一

初识会计

本项目主要介绍公司制企业的组织架构，会计职业的基本特点，会计的目标、对象、方法和基本前提等相关知识。通过学习有助于提升对公司和公司经营管理活动的认识，在职业生涯的起点完善对会计职业活动的认识，树立正确的会计职业观。本项目包含三个学习任务：会计的起源和发展历程、现代企业和现代会计、会计职业。

知识传授目标

1.了解公司的组织架构；
2.熟悉会计的目标、职能；
3.掌握会计的对象、方法和基本前提。

能力培养目标

1.能理解企业组织架构与会计职业活动之间的关系；
2.能识别企业的资金流转活动；
3.能撰写会计职业生涯规划。

价值塑造目标

1.养成“爱岗敬业”的会计职业道德意识；
2.提升“忠于职守，尽职尽责”的会计职业素养；
3.提高会计职业规划能力。

项目思维导图

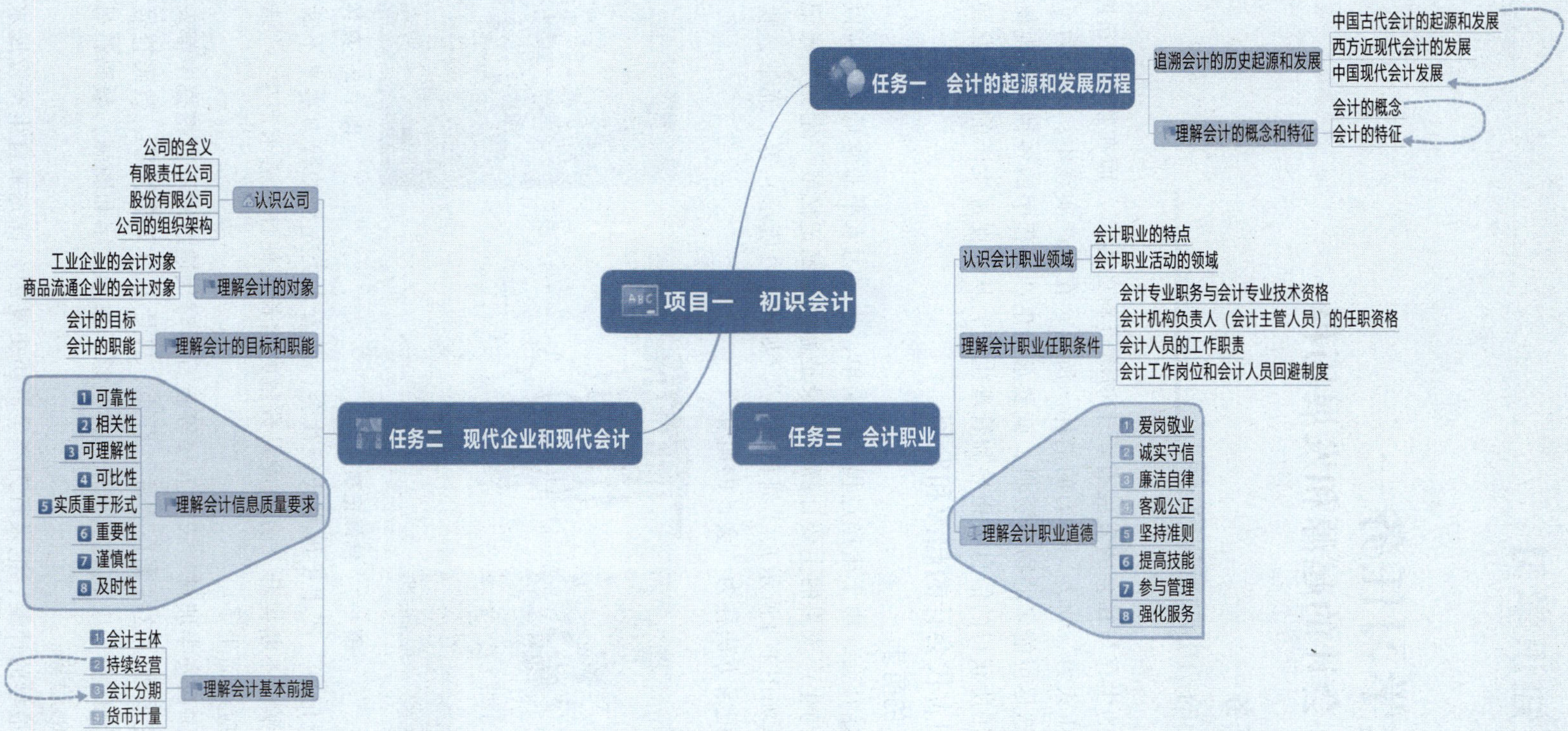
项目一　初识会计
任务一　会计的起源和发展历程
追溯会计的历史起源和发展
中国古代会计的起源和发展
西方近现代会计的发展
中国现代会计发展
理解会计的概念和特征
会计的概念
会计的特征
任务二　现代企业和现代会计
认识公司
公司的含义
有限责任公司
股份有限公司
公司的组织架构
理解会计的对象
工业企业的会计对象
商品流通企业的会计对象
理解会计的目标和职能
会计的目标
会计的职能
理解会计信息质量要求
1 可靠性
2 相关性
3 可理解性
4 可比性
5 实质重于形式
6 重要性
7 谨慎性
8 及时性
理解会计基本前提
1 会计主体
2 持续经营
3 会计分期
4 货币计量
任务三　会计职业
认识会计职业领域
会计职业的特点
会计职业活动的领域
理解会计职业任职条件
会计专业职务与会计专业技术资格
会计机构负责人（会计主管人员）的任职资格
会计人员的工作职责
会计工作岗位和会计人员回避制度
理解会计职业道德
1 爱岗敬业
2 诚实守信
3 廉洁自律
4 客观公正
5 坚持准则
6 提高技能
7 参与管理
8 强化服务

项目知识学习

项目导入与
案例分析

会计人生
“三境界”

1 学习任务一 会计的起源和发展历程

学习子任务一 追溯会计的历史起源和发展

人类的生存与社会的发展有赖于物质资料的生产，而在物质资料的生产过程中，又必然发生人力、物力、财力的消耗。所以，在生产实践中，人们为了尽量减少生产消耗，创造尽可能多的物质资料，就要求对生产过程中的各种经济现象从数量方面记录下来，用所获得的信息去指导和管理生产，从而促进生产的不断发展。

一、中国古代会计的起源和发展

（一）会计的萌芽

在原始社会，由于生产过程比较简单，生产力水平非常低下，所以人们对生产资料的耗费与生产成果的主要计算和记录是通过头脑记忆或一定的方式记载的，如“结绳记事”（如图 1-1 所示）、“刻契记事”（如图 1-2 所示）等。通常，我们把这种原始的计算与记录方法称为“会计的萌芽”。

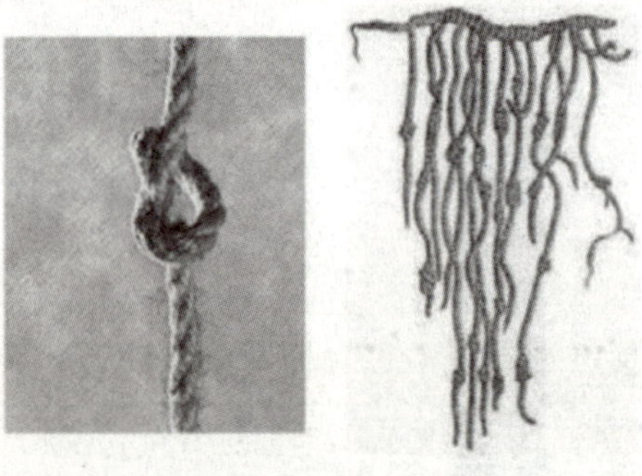

图 1-1　结绳记事

图 1-2　刻契记事

“结绳记事”产生于母系氏族社会，随着人类先祖的智力水平不断提高，人类的生产力水平也不断提升，劳动成果数量的增长促使计量需求产生，“结绳记事”这一行为也就应运而生了。

在我国西安半坡村、长安五楼等新石器时代遗址的考古挖掘中都发现了“刻契记事”。研究发现，这些刻在木片、石片、兽骨上的文字符号、数码符号或者是文字与数码相混合的符号中，文字符号包含会意、象形文字和图画，数码符号已经出现了计数规范化的趋势。

人类最早的计量、记录行为产生的历史动因，首先来自生产发展水平，而衡量生产发展水平的基本标准是剩余物品的出现，人类正是在有了剩余物品这个客观事实的前提下学会了储备，并学会了对储备物的管理；其次是当社会生产发展到足以维持生存的水平，或足以保障人类自身生产正常进行的水平时，围绕剩余物品的合理分配就出现了，从而保障这些物品能在一定范围内满足人们的需要，进而萌生了人类最早的计量、记录观念与行为。可以说，生产发展水平是人类最早的计量、记录行为产生的历史动因。因此，会计行为是社会发展到一定历史阶段的产物。

（二）我国会计的早期发展

会计产生以后，最初只是“生产职能的附带部分”，还不是一项独立的工作。随着生产的发展和剩余产品的出现，简单的记录与计算行为已无法满足管理的需要，于是会计逐渐实现“从生产职能中分离出来，成为特殊的、专门委托的当事人的独立的职能”，专职会计应运而生。与此同时，记账技术也相应地得到了发展，特别是文字和货币产生以后，生产过程便逐渐过渡到用货币形式来计量和记录，为簿记的形成奠定了基础。

我国著名会计史学家郭道扬教授研究证实，在我国，“会计”一词的命名起源于西周时期。把“会计”两个字加以连用作为一个独立的概念，最早见于史书《周礼》。据《周礼》记载，早在西周时期，周王朝就设立了司会官职，专门掌管政府的钱粮收支。当时把每个月的零星计算称为“计”，把年终的总和计算称为“会”。司会“以一岁之会计，考当岁之成事文书”，即根据当年的会计记录考核当年的钱粮收支情况。这时的会计主要是对国库钱粮收支进行记录和计算，也包含考核的意思。

到了封建社会，生产日益社会化，商品经济有了发展，会计的地位与技术也发生了很大的变化，两汉时期的“簿书”、南北朝时期的“账簿”等会计账册相继出现。特别是到了唐宋时期，工商业日益发达，贸易十分活跃，经济空前繁荣，会计的发展有了良好的社会条件。此时，“日记账”和“总清账”相结合的账簿体系已经形成，并建立了每年一次编制“计册”（即会计报表）的制度等。比较典型的是宋朝初期，当时已逐步形成了一套记账、算账的会计结算法，即“四柱结算法”，亦称“四柱清册”。所谓四柱，是指旧管（相当于上期结存）、新收（相当于本期收入）、开除（相当于本期支出）、实在（相当于本期结存）四个部分。“四柱结算法”是把一定时期内的财物收支记录，通过“旧管+新收=开除+实在”（即上期结存+本期收入=本期支出+本期结存）这一平衡公式加以总结，既可检查日常记账的正确性，又可系统、全面和综合地反映经济活动的全貌。这是我国古代会计的一项杰出成就，即使是现代会计，仍然沿用了这一平衡关系。

到了明朝末年和清朝，我国民间商业企业开始采用“龙门账”，即将经济业务分为“进”（收入）、“缴”（费用）、“存”（资产）、“该”（负债及所有者权益）四大类，其关系为“进-缴=存-该”，并以此作为试算平衡公式，当该公式相等时称为“合龙门”。在此基础上，清朝后期又创立了“天地合账”，对每一笔经济业务从“来源”和“去向”两个方面去登记，以全面反映经济业务的内容和来龙去脉。“天地合账”属于中式复式记账法，这种方法在我国一直沿用到20世纪上半叶。

二、西方近现代会计的发展

（一）复式簿记的产生与普及

根据会计史学家的考证，复式簿记系统最初出现于12—13世纪意大利部分城市的商人和银行家的账簿中。例如，现存最古老的复式簿记资料是佛罗伦萨一家钱庄在1211年6月所建立的账簿记录，而现存的第一部有关簿记的书籍于1340年形成于热那亚。

1494年，意大利数学家和传教士卢卡·帕乔利（Luca Pacioli）在他的著作《算术、几何、比及比例概要》中专设一篇“计算与记录详论”，第一次系统介绍和论述了复式簿记，为推动复式簿记在整个欧洲乃至全球范围的普及奠定了基础。卢卡·帕乔利被公认为“现代会计之父”。但是，复式簿记并不是由他创造的，这项巧妙的创造也很难归功于一时一地的任何人，只能说它是人们经过长期记账实践不断改进方法和技术的结果。例如，美国会计学家利特尔顿（A.C.Littleton）和齐默尔曼（V.K.Zimmerman）就复式簿记的起源曾指出：“在1494年意大利出版第一本关于复式簿记的著作以前，复式簿记已经历了一个相当长的时期，会计的一套方法已反复试验了至少300年之久。这一演变过程都发生于中世纪的意大利。”复式簿记的产生尤其是借贷记账法的运用，是会计发展史上一座光辉的里程碑，也标志着近代会计的开端。

（二）西方现代会计体系的产生

进入19世纪，由于资产阶级工业革命取得成功和生产技术改进，工商业活动迅速扩展，这促进了会计理论和方法的显著进步。特别是在英、美等主要工业国家，产生了一系列新的会计思想和技术方法，从而完成了簿记向会计的转化。

20世纪初，铁路运输业的发展客观上产生了改变长期资产会计核算的需要。人们逐渐意识到，长期资产投资应作为一种经常性费用，在其整个寿命期内分摊，因此，提出了“折旧”的概念。

19世纪下半叶以后，由于股份公司形式获得了较快的发展，企业规模不断扩大，资本易于转让流通，投资者与经营者日渐分离，并更加关心投资报酬。因此，会计服务的对象转向不直接参与经营活动的业主，作为投入企业的资本和作为投资报酬的收益需要更明确地加以区分。在会计实务中，越来越重视期间收益的正确计算，比较明确而严格地规定了资本支出和收益支出的内容与划分界限；同时，逐步产生了收入与费用相配比的思想及处理方法。在这一期间，收益表的重要性得到广泛承认，成为仅次于资产负债表的正式对外会计报表。

19世纪末，由于重工业的发展和生产规模的扩大，企业的制造费用也随之上升，成为生产总成本的重要组成部分。其中，许多期间性费用需要经过认真的确定与分摊。这时，企业的生产过程又趋于复杂，一个企业常常同时生产多种产品，从而要求对各产品、各工序的成本进行更精确的计算。同时，为了便于加强生产控制和提高效率，又促使成本计算与财产账户（financial accounts）相结合，产生了成本会计制度。美国著名会计学家约翰逊（H.T.Johnson）和卡普兰（R.S.Kaplan）考证，美国卡内基钢铁公司（美国钢铁公司的前身）、杜邦公司等一些大型制造企业于1860—1880年期间已经建立起区分不同制造工序及不同产品或半成品核算成本的会计程序。这时，对存货（包括在产品和销货成本）计价的方法也获得了更快的发展，形成了以历史成本（获取资产时的交换价格）为基础的资产计价理论和方法。

从19世纪下半叶起，英国的公司法要求财务报表必须经过公司监事审查，并向公司股东提交经审核的会计报告。由于公司监事一般不具备会计专业知识，他们会委托亲信或相关人士审查公司的会计账簿。这一程序逐渐演变为由独立的执业会计师进行查账的制度，获得政府和社会的认可后，公共会计师职业出现了。1854年，苏格兰成立了世界上第一个特许会计师协会。1886年，纽约州注册会计师公会亦宣告成立。至19世纪末，英、美等国都已建立起相应的执业会计师团体，企业对外提供的会计报表必须经过特许或注册会计师审查并签署意见后方能生效。

（三）西方现代会计体系的逐渐成熟

进入20世纪，资本主义经济得到长足发展，特别是美国作为新兴资本主义国家兴起，使会计理论与实务取得了极大的进展，标志着现代会计进入成熟发展期。

1.财务会计的形成

这一时期会计理论与实务最重要的发展之一是财务会计逐渐从传统会计中分离出来。从20世纪20年代起，股份有限公司成为支配性的经营组织形式。这时，不仅所有权与经营权分离，企业的所有者（股东）也日益分散化。企业的经营活动已基本上由股东集团聘任的专职经理来控制。但是，企业的所有者（股东集团）也关心企业管理当局对受托资源的使用与保管情况，关心企业的盈利水平和投资报酬。同时，企业的债权人也更为关心企业的偿债能力和获利能力，以及有关债权的安全性。这时，投资人和债权人都迫切需要企业会计提供关于企业财务状况和经营成果等方面的信息，以便作出有效的投资决策、信贷决策和其他相关经济决策。因此，会计不再限于为企业主服务，还需要考虑企业外部利益集团的信息需求。传统的会计逐步演变成主要向企业外界有关利益集团提供财务信息和其他经济信息的财务会计或对外会计。财务会计的特点在于定期提供一套具有通用目的的财务报表，以便外界使用者据以作出合理的经济决策。

2.公认会计原则

西方财务会计理论和实务自20世纪30年代以来的显著进展是产生了“公认会计原则”（以下简称GAAP）。GAAP的主要任务是尽可能缩小会计处理方法和报表编制程序的差异，确保财务报表的“真实与公允”，提高会计信息的可比性，着重保护企业外部利益集团得到有用的信息以资决策。当然，在不同国家，GAAP的名称和内容是不相同的。而且，随着时间的推移，GAAP的权威性越来越强，内容也越来越广，强制性也越来越重。

3.重视收益确定

20世纪40年代，西方企业规模和资本结构发生了很大变化，会计不仅要反映企业各种资源及其变动情况，而且要着重反映管理当局的“经管责任”，因此企业会计逐渐把重点转向所有者（股东）集团。由于所有者（股东）集团最为关心企业股票的购买价格及每股获得的股利水平，会计核算和会计报告自然要把所有者投资（业主权益）和企业收益及其分配作为重点。这样，在对外报表中，收益表的重要性和作用显著上升，甚至超过资产负债表而成为最重要的财务报表，收益表的编制成为财务会计的"核心问题"。

4.税收会计

20世纪二三十年代，西方国家发生了一场空前大危机。危机过后，各国政府加强对经济活动的管制，健全各种经济法规，特别是税法得到较大程度的改进与完善。这对会计也产生了重大影响，或者说，企业会计必须充分考虑政府管制和纳税申报的信息需求。这又促使一些新的会计分支如税收会计快速发展。而且，各国税法一般允许应税收益与会计收益有一定的区别，这又导致财务会计的理论和方法更为复杂。客观上，人们需要对各期应税收益和会计收益之间的差异进行会计处理，这使一系列的所得税会计处理程序和会计准则产生和得以应用，以便有效地进行会计的纳税规划。于是，税收会计迅速成为一个重要的会计分支。

5.管理会计

随着所有权和经营权的进一步分离，企业日常经营活动的成败主要取决于管理当局的经营决策。管理当局为了加强对经营活动的控制、预测，需要会计提供越来越多的与经营决策相关的会计信息。这些信息与企业为外界使用者提供的财务信息有一定的区别，前者应更侧重于管理当局的计划、决策、预测和分析的信息需要。它在形式上要更加灵活多样，在内容上更加广泛（同时包括货币和非货币信息），在时间上要更加及时。所以20世纪初以来，逐渐产生了与财务会计相对的另一重要分支——管理会计，即主要为管理当局内部的经营决策提供信息的会计，或称为对内会计。特别是在20世纪三四十年代，以"泰罗制"为标志的管理科学理论与方法的兴盛，以及数学模型、电子计算机等技术逐步被引入会计，一方面丰富了会计的内容和方法，另一方面增强了会计在管理决策中的作用，最终带来了管理会计的发展和成熟。

6.政府与非营利组织会计

各国政府在经济活动中发挥了重要作用，同时政府部门必须耗费相当份额的社会资源，以履行社会与经济的管理和发展职能。政府活动表现为公共收支。为了加强各级政府对公共资源的有效使用以及考核政府部门的工作绩效，逐步形成了主要适用于核算和报告政府部门财务收支活动的会计体系，即政府会计。英国政府于19世纪末就开始制定统一的政府会计制度，考核和控制对各级地方政府拨款的使用情况。在美国，除了由国家会计总署统一规范联邦政府各部门的经费收支和应用绩效之外，还形成了全国的州级及其下级政府的会计和报告体系。

三、中国现代会计发展

重难点微课
1-1

中国现代
会计发展

（一）中华人民共和国成立前的会计发展（1949年之前）

大多数学者认为近代会计始于复式簿记形成前后。蔡锡勇的《连环帐谱》和谢霖、孟森的《银行簿记学》是我国会计思想史上较系统的两部会计专著，比较系统地介绍了西方的借贷记账法，是我国新式会计思想的开端。清末时期，出现了很多洋务官办企业且多由外国人把持，这些企业开始系统地使用借贷记账方法。

1912年，北洋政府设置财政部，主管国家的财政、会计。民国三年（1914）10月，北洋政府正式颁布《会计法》。当时制定的《会计法》和统一的官厅会计制度、公有营业会计制度，开创了中国会计法制化、制度化的先河。民国二十四年（1935），国民政府新颁布了《会计法》，并进行了会计制度改革，建立了全面、完整的会计制度。

这一时期，中国会计改革形成两大派别：一个是以徐永祚为代表的改良中式簿记派，主张保存中式簿记核算形式并对其进行了改良；另一个是以潘序伦为代表的全面引进西式簿记派，主张全面引进西式簿记的理论与方法，致力于中国会计改革。这是中国现代会计史上的第一次学术争论，加强了国内会计学术交流，繁荣了会计学术研究。

（二）改革开放前的中国会计发展（1949—1978年）

中华人民共和国成立初期，国家财政经济非常困难，为恢复经济建立了高度集中的计划经济体制。与此相适应，在参照苏联会计模式的基础上，建立了高度统一的会计制度，并颁布了一些会计方面的法律、法规，初步形成了计划经济会计模式，建立了适应计划经济需要的会计学科体系。

1949年12月12日，中央人民政府财政部设立会计制度处；1950年9月，改设为会计制度司，由该机构承担建立全国统一的会计核算和会计报告制度的任务；1950年10月27日，财政部召开全国预算、会计、金库制度会议，讨论并于会后试行了《各级人民政府暂行总预算会计制度》和《各级人民政府暂行单位预算会计制度》，首次为国家财政机关及行政、事业单位的会计工作确定了体系完整的统一规范；1963年1月3日，国务院发布《会计人员职权试行条例》，第一次明确规定了会计人员的职责、权限、任免、奖惩等内容；1978年9月，国务院修改并颁布了《会计人员职权条例》，首次以国家行政法规的形式对会计干部技术职称及其具体内容作了原则性规定。

（三）改革开放后的中国会计发展（1979年至今）

改革开放之后，我国宏观经济体制改革大体经历了两个阶段：第一个阶段是1979—1992年的有计划的商品经济体制；第二个阶段是1993年之后的社会主义市场经济体制。与之相对应，我国的会计改革也在不同的宏观经济体制改革背景下经历了两个基本阶段，后一个阶段还可以按2006年我国会计的国际趋同再划分为两个阶段。

改革开放初期，中央提出经济工作要转移到以提高经济效益为中心的轨道上来。为了满足经济发展的需要，会计改革的目标转向为企业走向市场、参与市场竞争，为建立有序市场提供全面而有用的会计信息，建立与有计划的商品经济相适应的会计模式。为了加强对会计工作的领导和管理，财政部于1979年1月恢复了会计制度司，同时全面加强会计工作的法制建设，1985年5月1日开始实施的《中华人民共和国会计法》、1986年国务院颁发的《中华人民共和国注册会计师条例》、1993年10月31日第八届全国人民代表大会常务委员会第四次会议通过并颁发的《中华人民共和国注册会计师法》，奠定了我国会计工作的法制基础。

党的十四大正式确立建立社会主义市场经济体制。1992年11月，经国务院批准，财政部分别以第4号、第5号部长令发布了《企业财务通则》和《企业会计准则》，自1993年7月1日起在全国各类企业施行。根据《企业会计准则》的要求，结合各行业生产经营活动的不同特点及不同的管理要求，财政部此后又分别制定了涉及工业企业、交通运输企业、商品流通企业、金融企业、施工企业、农业企业等13个行业的会计制度及10个行业的财务制度，简称“两则”“两制”。“两则”“两制”的发布实施，为实现我国会计核算从计划经济模式向社会主义市场经济模式的转变、促进市场经济的发展特别是国有企业公司制改革和建立现代企业制度奠定了重要基础。在此之后，财政部还发布了《股份制试点企业会计制度》（1997年修订为《股份有限公司会计制度》），《会计专业技术资格考试暂行规定》及其实施办法，《内部会计控制规范——基本规范（试行）》及货币资金、采购与付款、销售与收款、工程项目、对外投资和担保等6项内部会计控制具体规范等相关制度文件。

跨入21世纪，我国经济持续高速增长，综合国力不断增强。2001年，中国正式加入WTO，又为经济发展注入了新的活力。2003年，党的十六届三中全会作出完善社会主义市场经济体制的决定，要求实施“走出去”战略，推进产权制度改革，建立以公司制为主要形态的现代企业制度。经过改革开放以来的快速发展，我国已成为世界第二大经济体，逐步由资本输入型国家转向资本输出型国家。国际资本流动进一步加速，经济全球化浪潮势不可挡，有效利用国际、国内两个市场、两种资源成为必须正视的现实。在这种形势下，中国会计改革与发展进入了适应市场化、国际化、信息化要求的新阶段。2005年下半年，我国由1项基本准则、38项具体准则组成的企业会计准则体系正式确立，并于2005年11月与国际会计准则理事会签订了中国准则与国际财务报告准则趋同的联合声明。实现会计准则等效，使中国会计准则与其他国家或地区的会计准则具有同等效力，并获得境外上市地监管机构的认可和接纳，对中国企业“走出去”参与国际竞争、促进企业做大做强和中国经济可持续发展具有重要的现实意义。在此之后的10多年中，为适应社会主义市场经济发展，进一步完善我国企业会计准则体系，提高财务报表列报质量和会计信息透明度，保持我国企业会计准则与国际财务报告准则的持续趋同，我国会计准则体系持续不断地开展了修订和补充；截至2019年9月，企业会计准则中的具体会计准则已发布至42项，修订具体会计准则10余项。此外，还通过发布《企业会计准则——应用指南》《企业会计准则——解释公告》和单独发布技术性文件的方式，指导企业的会计实务工作。

党的十八届三中全会审议通过的《中共中央关于全面深化改革若干重大问题的决定》提出了“建立权责发生制的政府综合财务报告制度”的重要战略部署。2014年12月，国务院批转了财政部制定的《权责发生制政府综合财务报告制度改革方案》，确立了政府会计改革的指导思想、总体目标、基本原则、主要任务、具体内容、配套措施、实施步骤和组织保障。2015年10月23日，财政部印发了《政府会计准则——基本准则》，为建立统一、科学、规范的政府会计准则体系奠定了基础。其后，财政部相继颁布了《政府会计准则第1号——存货》《政府会计准则第2号——投资》《政府会计准则第3号——固定资产》《政府会计准则第4号——无形资产》《政府会计准则第5号——公共基础设施》《政府会计准则第6号——政府储备物资》《政府会计准则第7号——会计调整》《政府会计准则第8号——负债》《政府会计准则第9号——财务报表编制和列报》《政府会计制度——行政事业单位会计科目和报表》。政府会计准则和制度体系的出台是我国全面深化财税体制改革的重要举措，对构建统一、科学、规范的政府会计准则体系具有重要的基础性作用，在我国会计改革进程中具有重要的里程碑意义。党的十九大报告中明确提出，要加快建立现代财政制度，建立权责清晰、财力协调、区域均衡的中央和地方财政关系；建立全面规范透明、标准科学、约束有力的预算制度，全面实施绩效管理。这对政府会计改革工作提出了新的、更高的要求。

（四）中国会计行业的数字化转型与发展态势

当前，我国正处于第四次工业革命的科技发展及技术快速迭代时期，大数据、人工智能、移动互联、云计算、物联网、区块链等数字技术呈迅猛发展态势，应用场景也在不断深化，使经济社会数字化转型全面开启和深入推进。2021年3月11日，十三届全国人大四次会议表决通过了《中华人民共和国国民经济和社会发展第十四个五年规划和2035年远景目标纲要》，纲要提出，要加快数字化发展，建设数字经济、数字社会、数字政府，营造良好数字生态，打造数字中国。2022年1月12日，国务院印发了《“十四五”数字经济发展规划》，就不断做强做优做大我国数字经济提出具体举措。

数字时代对会计数字化转型提出了必然要求，给新时期会计信息化应用场景全面转向数字化带来了新的机遇。从2005年中兴通讯建立中国第一家财务共享服务中心开始，截止到2021年的数据统计显示，在中国建立的集团企业财务共享服务中心已经超过1 500家，推动了会计工作从传统核算型向现代管理型转变。我国企事业单位会计信息化经历了传统财务软件的广泛普及阶段和企业资源计划（ERP）的逐步普及阶段，夯实了会计核算工作的能力，实现了会计信息系统与采购、销售、库存等业务系统的有机融合；目前已进入以数据为核心的数据治理阶段，将极大地提升内部管理信息标准化，促进会计信息系统与业务系统的资源共享、互联互通。“大智移云物”等新技术在会计工作中得到加速应用，国内已有企事业单位开始探索推动财务会计工作的智能化，积极使用财务机器人处理会计核算、费用报销、会计报告、资金结算等会计工作，提升了会计核算、会计报告、管理会计、内部控制等会计工作的效率。

加快推进会计数字化转型，一方面是贯彻落实国家信息化发展战略、推动数字经济和实体经济深度融合、建设数字中国的必然选择；另一方面对推动会计职能拓展、提升我国会计工作水平和会计信息化水平具有重要意义。2021年11月，财政部印发《会计改革与发展“十四五”规划纲要》，提出了“以数字化技术为支撑，以会计审计工作数字化转型为抓手，推动会计职能实现拓展升级”的总体目标和“切实加快会计审计数字化转型步伐”的主要任务。2021年12月，财政部印发了《会计信息化发展规划（2021—2025年）》（以下简称《信息化规划》），提出了符合新时代要求的国家会计信息化发展体系。《信息化规划》提出了“十四五”时期会计信息化工作的总体目标是：服务我国经济社会发展大局和财政管理工作全局，以信息化支撑会计职能拓展为主线，以标准化为基础，以数字化为突破口，引导和规范我国会计信息化数据标准、管理制度、信息系统、人才建设等持续健康发展，积极推动会计数字化转型，构建符合新时代要求的国家会计信息化发展体系。《信息化规划》具体包括会计数据标准体系基本建立、会计信息化制度规范持续完善、会计数字化转型升级加快推进、会计数据价值得到有效发挥、会计监管信息实现互通共享、会计信息化人才队伍不断壮大六个子目标。《信息化规划》还提出了加快建立会计数据标准体系等九项主要工作任务。

学习子任务二 理解会计的概念和特征

会计是因社会经济管理的客观需要而产生和发展起来的，随着社会生产力的发展，会计也经历了一个从简单到复杂、从低级到高级的发展过程；同时，会计的重要性也逐渐为人们所认识。社会生产力的发展是无止境的，会计的发展也是无止境的。会计发展的历史证明了这样一个真理：经济越发展，会计越重要。

一、会计的概念

重难点微课 1-2 会计的概念和特征

由于在不同的历史和社会环境下，人们认识会计的角度不同，因此对于“会计是什么”这一问题，会计学者们一直以来都有着不同的看法。

改革开放以前，“管理工具论”是一种主流观点。该观点认为，“会计就是反映和监督生产过程的一种方法，是管理经济的一个工具”。

20世纪80年代之后，“管理活动论”和“信息系统论”是影响较为广泛的两种观点。

“管理活动论”认为，“会计是经济管理的重要组成部分，它是通过收集、处理和利用经济信息，对经济活动进行组织、控制、调节、指导，促使人们权衡利弊、比较得失、讲求经济效果的一种管理活动”。

“信息系统论”是西方会计学者将信息论、系统论引入会计领域后形成的。美国会计学会在1966年出版的《基本会计理论》一书中，首次明确地将会计定义为一个信息系统。余绪缨教授认为，“根据当前的现实及今后的发展，应把会计看作一个信息系统，它主要通过客观而科学的信息，为管理提供咨询服务”。

很多学者经过研究后认为，人们在不同的历史时期或者从不同的视角观察研究“会计”而得出不同的认识或结论，是一种非常正常的现象。在当前阶段，“管理活动论”和“信息系统论”并存是大家全方位认识“会计”的必然结果。

综上所述，在现阶段，会计的概念可以作如下表述：会计是以货币为主要计量单位，采用专门的方法和程序，对会计主体的经济活动过程进行连续、系统、综合和全面的核算和监督，旨在提供经济信息和提高经济效益的一项管理活动，是经济管理的重要组成部分。

二、会计的特征

会计具有以下基本特征：

（一）以货币为主要计量单位

在经济活动中，人们经常采用的计量单位主要有三种：实物计量（如千克、米、件等）、劳动计量（如工作日、工时等）和货币计量（如元、角、分等）。这些计量单位衡量的基础不同，分别应用在不同的方面。

实物计量是为了核算不同物资的实际数量而采用的一种计量单位。它对提供经营管理上所需的实物指标、保护各种物资的安全和完整具有重要意义。

劳动计量是为了核算企业经营活动中消耗的劳动者工时的数量而采用的一种计量单位。应用劳动计量，可以具体确定某一工作过程中的劳动耗费，这在商品经济条件下是非常必要且具有特定作用的。

货币是一般等价物，具有价值尺度的功能。价值规律是商品经济的基本规律，即必须借助价值形式才能把各种经济性质相同或不同的生产经营业务综合地加以反映，以求得经营管理所必需的资产、负债、成本、利润等这样一些综合性的经济指标，总括反映各个单位的经济活动过程及结果。所以，尽管会计也要经常用到实物计量和劳动计量，但其主要计量单位还是货币。以货币作为统一的计量单位来进行核算是会计的一个重要特点，会计所进行的管理事实上是一种价值形式的管理。

（二）会计拥有一系列专门方法

会计方法是用来核算和监督会计内容、实现会计目标的手段。研究和运用会计方法是为了实现会计目标，更好地发挥会计的作用。会计方法是从会计实践中总结出来的，并随着社会实践的发展、科学技术的进步以及管理要求的提高而不断发展和完善。

会计方法用以反映和监督会计对象，会计对象多种多样、错综复杂，从而决定了预测、反映、监督、检查和分析会计对象的手段不能是单一的方法，而是由一个方法体系构成的。会计对经济活动的管理是通过会计核算、会计分析、会计监督和检查、会计预测和决策等方法来进行的，因此会计方法主要包括会计核算方法、会计分析方法、会计监督和检查方法、会计预测和决策方法等。其中，会计核算方法是最基本的方法。

上述各种会计方法紧密联系、相互依存、相辅相成，形成了一个完整的会计方法体系。其中，会计核算方法是基础，会计分析、会计监督和检查、会计预测和决策等方法都是在会计核算方法的基础上，利用会计核算资料形成的。作为初学者，首先必须掌握会计核算方法。

会计核算一般包括设置账户、复式记账、填制和审核会计凭证、登记账簿、成本计算、财产清查、编制会计报表七种专门方法。其中，复式记账是会计核算方法的核心。在实际运用中，它们相互配合、相互衔接，形成一个完整的会计核算方法体系。

1.设置账户

设置账户是针对会计对象的具体内容，按其不同特点以及管理需要，进行分类核算与监督的一种专门方法。会计对象的内容是多种多样的。比如，财产物资就有不同的存在形态，如厂房建筑物、机器设备、材料、半成品等，它们在生产中各有作用，管理要求也不同，而企业取得这些财产物资所需的资金又来自不同的渠道，如银行贷款、投资者投入等。为了获得有用的会计信息，必须对不同的内容进行分类、归纳，并以账户的形式出现，进而分门别类地计量与记录。

2.复式记账

复式记账是针对每一项经济业务都以相等的金额在两个或两个以上相互联系的账

户中进行登记的一种记账方法。在现实生活中，任何一项经济业务的发生都有其来龙和去脉，如企业银行存款减少1 000元，去向是什么？可能是购买材料或提取现金备用等。采用这一方法就是对发生的任何一项经济业务，既要在有关账户中登记其来源，又要在有关账户中登记其去向。只有这样才能反映经济业务的全貌，并通过试算平衡，检查账簿记录的正确性。

3.填制和审核会计凭证

会计凭证简称凭证，是记录经济业务、明确经济责任的书面证明，是登记账簿的依据。填制和审核会计凭证是会计核算的一种专门方法。任何单位已经发生或已经完成的经济业务，都应由经办人或有关部门填制凭证，并签名盖章，而且所有凭证都必须经过会计机构和会计人员的审核。只有经审核无误的会计凭证，才能作为记账的依据。填制和审核会计凭证，不仅能为经济管理提供真实可靠的数据资料，也能为实施会计监督提供重要的依据。

4.登记账簿

账簿是由具有一定格式而又相互联结的账页组成的簿籍。登记账簿就是根据审核无误的会计凭证，运用复式记账法在账簿中全面、连续、系统地记录经济业务。通过登记账簿，可以对分散的经济业务进行汇总，连续系统地提供每一类经济活动完整的数据资料，为提供会计信息打下基础。

5.成本计算

成本计算是在生产经营过程中按照一定对象归集和分配发生的各种费用支出，以确定该对象的总成本和单位成本的一种专门方法。通过成本计算，可以确定材料的采购成本、产品的生产成本和销售成本，可以反映和监督生产经营过程中发生的各项费用是节约还是超支，并据以确定企业的经营盈亏情况。

6.财产清查

财产清查是通过盘点实物、核对账目，查明各项财产物资、货币资金和债权债务的实有数的一种专门方法。其具体做法是将实物盘点的结果与账面结存相核对，将企业的债权、债务逐笔与对方核对，如果发现账实不符，应立即查明原因，确定责任该由谁承担，并调整账面余额，做到账实相符，以保证会计核算资料的正确性和真实性。

7.编制会计报表

会计报表是根据账簿记录，按照规定的表格，运用数字形式，定期编制的总结报告。通过编制会计报表，可以对分散在账簿中的日常核算资料进行综合、分析、加工和整理，提供全面反映经济活动所需要的有用信息。同时，基层单位会计报表经逐级汇总后，又可为国家宏观调控提供依据。

上述各种会计核算方法相互联系、密切配合，形成了一个完整的会计核算方法体系。在会计核算方法体系中，就其工作程序和工作过程来说，主要有三个重要环节：填制和审核会计凭证（最初环节）、登记账簿（中心环节）和编制会计报表（最终环节）。在一个会计期间所发生的经济业务，都要通过这三个环节进行会计处理，将大量的经济业务转换为系统的会计信息，如图1–3所示。

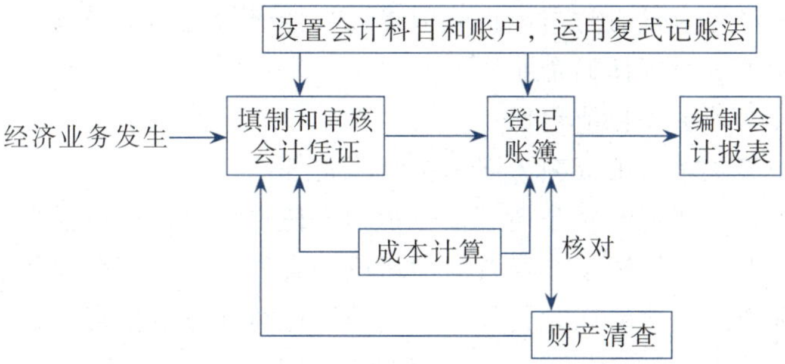

图 1-3　会计循环和会计核算方法体系

（三）会计以价值管理为基本内容

经济管理包括对人、财、物三大要素的管理。人力资源管理主要是调动人的积极性，实现劳动最优组合。财产物资管理，主要是保护财产物资的安全、完整，提高财产物资的利用效率。财务会计管理主要是对一个单位的经济活动进行价值管理，反映和监督其经济活动。会计核算、会计分析、会计监督和检查、会计预测和决策等都以价值管理为基本内容。这是会计与其他管理活动（如生产管理、质量管理等）相区别的地方，体现了会计特有的管理对象。

随学随练 1-1

会计的概念和特征

2 学习任务二 现代企业和现代会计

学习子任务一 认识公司

一、公司的含义

公司是依法设立的以盈利为目的、从事商品生产经营和服务活动的独立核算经济组织。公司是按照一定的组织规律有机构成的经济实体，以盈利为目的，以实现投资人、客户、员工、社会大众的利益最大化为使命，通过提供产品或服务换取收入。公司是社会发展的产物，因社会分工的发展而成长壮大。公司是市场经济活动的主要参与者，各种企业并存，共同构成社会主义市场经济的微观基础，是现代企业主要的、典型的组织形式。

《中华人民共和国公司法》（以下简称《公司法》）规定，公司的主要形式为有限责任公司和股份有限公司。公司是企业法人，有独立的法人财产，享有法人财产权。公司以其全部财产对公司的债务承担责任。有限责任公司的股东以其认缴的出资额为限对公司承担有限责任；股份有限公司的股东以其认购的股份为限对公司承担有限责任。这就是说，投资者可受到有限责任保护。

二、有限责任公司

有限责任公司又称有限公司，是根据《公司法》及有关法律规定的条件设立，股东以其认缴的出资额为限对公司承担有限责任，按股份比例享受收益，公司以其全部资产对公司的债务承担责任的企业法人。

有限责任公司的主要特征包括：

（1）股东以其认缴的出资额为限承担有限责任。

（2）公司以其全部资产对公司的债务承担责任。公司资产包括多个方面：①股东的出资；②公司设立后经过生产经营活动形成的各种财产、债权和其他权利，包括有形资产和无形资产。公司清算时，仅以其全部资产对债务承担责任，债权人不能在公司资产以外主张债权。

（3）公司股东人数应符合法定要求。《公司法》第二十四条规定：“有限责任公司由五十个以下股东共同出资设立。”股东的身份既可以是自然人，也可以是法人。

（4）股权转让应符合法定程序及公司章程的规定。《公司法》第七十一条规定：“股东向股东以外的人转让股权，应当经其他股东过半数同意”，“经股东同意转让的股权，在同等条件下，其他股东有优先购买权”。

（5）公司不能公开募集股份，不能发行股票。公司生产经营过程中所需资金只能由其他合法方式融资取得。

有限责任公司相对于股份有限公司而言，设立的条件和程序较为简单、灵活。

三、股份有限公司

股份有限公司也称股份公司，其信用基础是公司的资本而非股东个人，是一种典型的资合公司。股份公司是由数量较多的股东所组成，其全部资本以股票为表现形式分为等额股份，股东以其认购的股份为限对公司承担有限责任，公司以其全部财产对公司的债务承担责任的企业法人。

设立股份有限公司，应当由两人以上两百人以下为发起人，其中须有半数以上的发起人在中国境内有住所，但没有股东人数上限；股份有限公司在运营中可公开募股集资，股东权益转让也较为灵活。

股份有限公司具有如下特征：

（1）股份有限公司是典型的资合公司，公司的信用完全建立在资本的基础之上。

（2）股份有限公司的设立条件较为严格。

（3）股份有限公司具有严密的内部组织架构。

（4）股份有限公司的股份是等额的。

（5）股份有限公司的股份体现为股票形式。股票是一种有价证券，可以在证券市场上流通，任何人购买股票都可以成为公司的股东，股票持有者可以在市场上自由转让股票。

（6）股份有限公司是企业法人，依法独立承担民事责任。

四、公司的组织架构

组织架构是指企业按照国家有关法律法规、股东（大）会决议、企业章程，结合本企业实际，明确董事会、监事会、经理层和企业内部各层级的机构设置、职责权限、人员编制、工作程序和相关要求的制度安排。其中，核心是完善公司治理结构、管理体制和运行机制。

企业的组织架构包括治理结构和内部机构两个层面。

（一）治理结构

治理结构是对公司进行管理和控制的一种体系，是由所有者、董事会和高级执行人员（即高级经理）三者组成的一种组织结构。现代企业制度区别于传统企业制度的根本点在于所有权和经营权的分离，从而需要在所有者和经营者之间形成一种相互制衡的机制，用以对企业进行管理和控制。现代企业中的公司治理结构正是这样一种协调股东和其他利益相关者关系的机制，它涉及激励与约束等多方面的内容。简单地说，公司治理结构就是处理企业各种契约关系的一种制度。

例如，董事会、经理层、股东和其他利益相关者的责任和权利分布，明确了决策公司事务时所应遵循的规则和程序。公司治理的核心是在所有权和经营权分离的条件下，由于所有者和经营者的利益不一致而产生的委托-代理关系。公司治理的目标是降低代理成本，使所有者不干预公司的日常经营，同时保证经理层能以股东的利益和公司的利润最大化为目标。

良好的公司治理结构，可解决公司各方的利益分配问题，对公司的高效运转、竞争力的提升起着决定性作用。我国的公司治理结构采用“三权分立”制度，即决策权、经营管理权、监督权分属于股东（大）会、董事会或执行董事、监事会。

董事会对股东（大）会负责，依法行使企业的经营管理权。可按照股东（大）会的有关决议，设立战略、审计、提名、薪酬与考核等专门委员会，明确各专门委员会的职责权限、任职资格、议事规则和工作程序，为股东（大）会的科学决策提供支持。

监事会对股东（大）会负责，监督企业董事、经理和其他高级管理人员的依法履职情况。

经理层对董事会负责，主持企业的生产经营管理工作。经理和其他高级管理人员的职责分工应当明确。

通过权力制衡，三大机构既各司其职，又相互制约，保证公司顺利运营。

（二）内部机构

内部机构是指企业根据业务发展需要，分别设置不同层次的管理人员以及由各专业人员组成的管理团队，针对各项业务功能行使决策、计划、执行、监督和评价的权利并承担相应的义务，为业务顺利开展进而实现企业发展战略提供组织机构的支撑平台。

内部机构是企业内部各有机构成要素相互作用的联系方式或形式，其能够有效、合理地把成员组织起来，使其为实现共同目标而协同努力。内部机构是企业资源和权力分配的载体，它在人的能动行为下，通过信息传递承载企业的业务流动，推动或者阻碍企业使命的进程。由于组织结构在企业中的基础地位和关键作用，企业所有战略意义上的变革，都必须首先从内部机构开始。

企业应当根据发展战略、业务需要和控制要求，选择适合本企业的内部组织机构类型。企业内部组织机构应考虑经营业务的性质，按照适当集中或分散的管理方式而设置；企业应明确内部组织机构设置、各职能部门的职责权限、组织的运行流程；企业内部组织机构应支持企业发展战略的实施，并根据环境变化及时作出调整；企业内部组织机构的设计与运行应适应信息沟通的要求，有利于信息的上传下达和在各层级、各业务活动间的传递，有利于为员工提供履行职权所需的信息。

传统的企业内部机构设置的主要形式有直线制、职能制、直线-职能制、矩阵制、事业部制、模拟分权制等。随着高新技术产业和现代服务业等新兴产业的发展，企业也在适应新的形势，内部机构的设置也在发生变革，诸如扁平化、网络化、虚拟化、分散化等理念在企业内部机构的设置中逐渐得到了广泛应用。

某制造业企业、某网络运营企业、某传媒娱乐企业、国内某股份有限公司的组织架构分别如图1-4、图1-5、图1-6、图1-7所示。

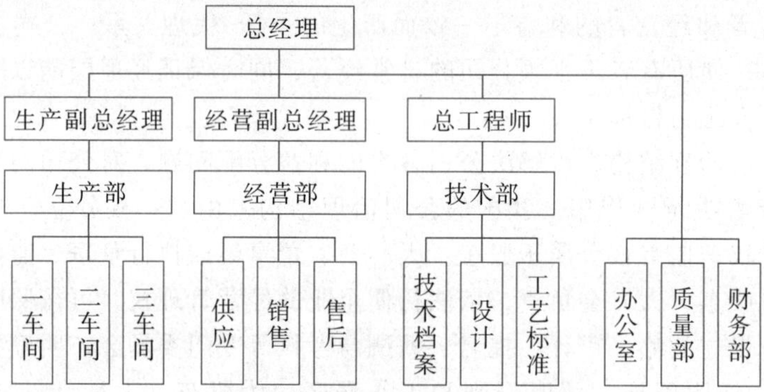

图1-4　某制造业企业内部组织架构图

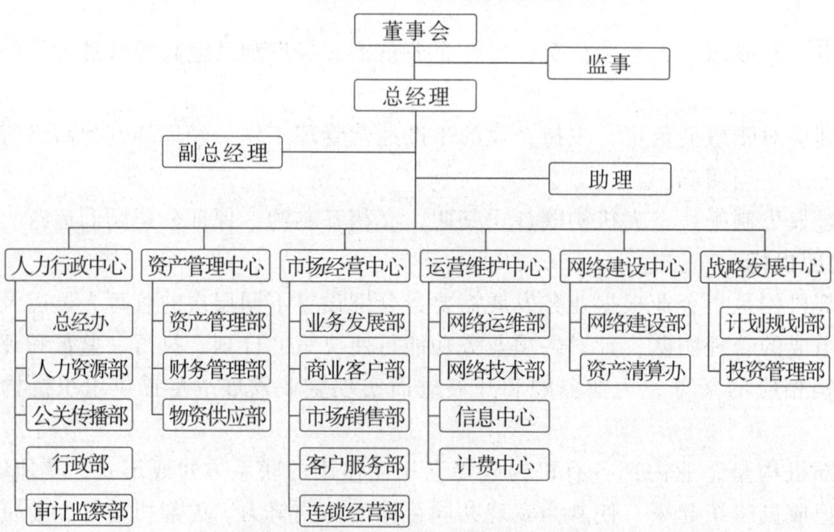

图1-5　某网络运营企业组织架构图

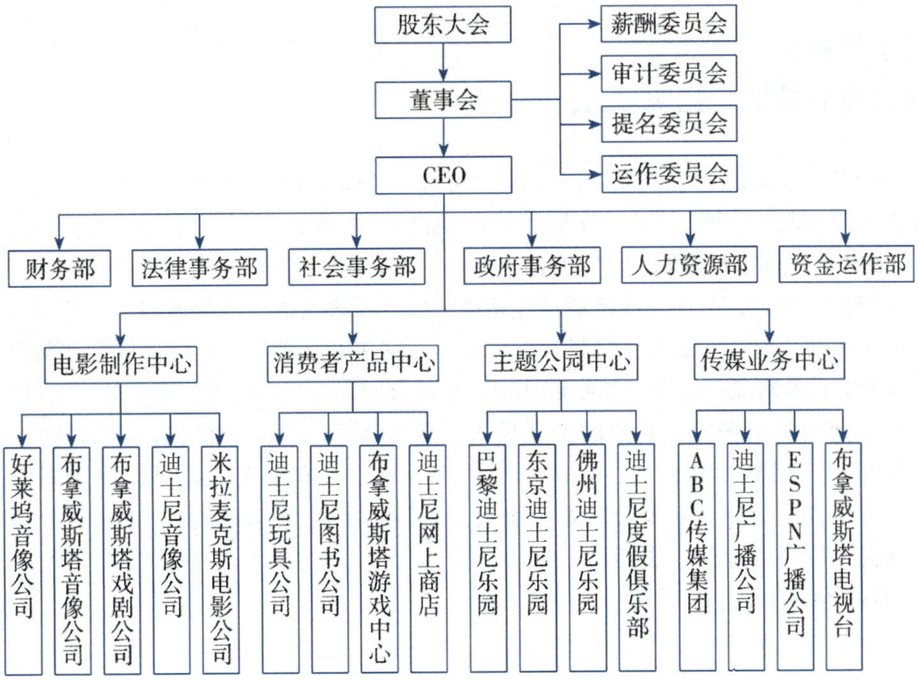

图 1-6　某传媒娱乐企业组织架构图

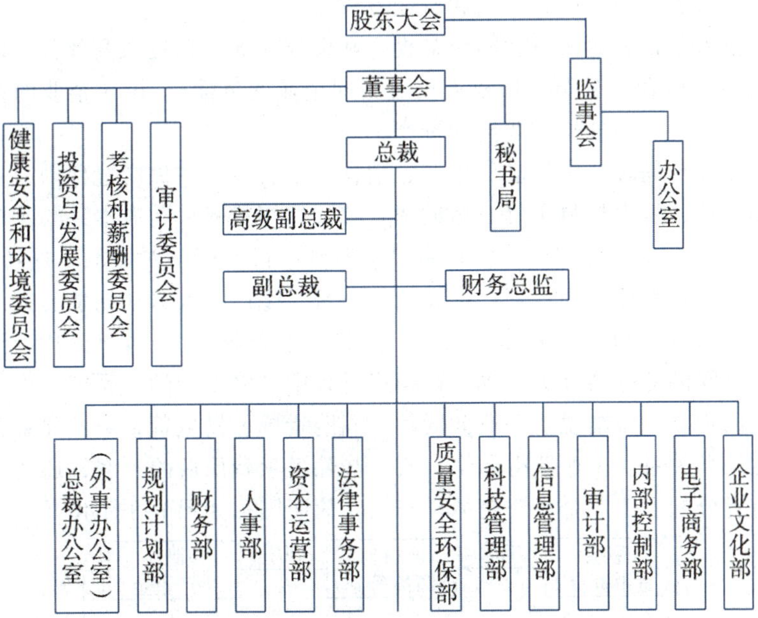

图 1-7　国内某股份有限公司组织架构图

学习子任务二 理解会计的对象

重难点微课 1-3

会计的对象

会计对象是指会计核算和监督的内容。会计以货币为主要计量单位，对特定主体的经济活动进行核算与监督。因此，凡是特定主体能够以货币表现的经济活动，都是会计核算和监督的内容，即会计对象。以货币表现的经济活动，通常又称为价值运动或资金运动。

应当说明的是，企业的经济活动包括能够以货币表现的经济活动和不能够以货币表现的经济活动。前者（如购进材料、支付工资、销售商品等）才是会计核算和监督的内容，属于会计的对象；后者（如制订计划、签订合同、召开会议等）则不属于会计对象。

资金运动包括各特定对象的资金投入、资金运用（即资金的循环与周转）、资金退出等过程，而具体到企业、行政单位、事业单位又有较大的差异，即使同样是企业，工业、商业、建筑业及金融业等企业又有各自的资金运动特点。本书仅介绍工业企业和商品流通企业的资金运动。

一、工业企业的会计对象

工业企业的资金运动表现为资金的投入、资金的循环与周转、资金的退出三部分，既有一定时期内的显著运动状态（表现为收入、费用和利润），又有一定日期的相对静止状态（表现为资产、负债和所有者权益）。

资金的投入包括企业所有者的资金投入和债权人的资金投入两部分，前者属于企业所有者权益，后者属于企业债权人权益（即企业的负债）。投入企业的资金一部分构成流动资产，另一部分构成非流动资产。

资金的循环与周转分为供应、生产、销售三个阶段。在供应过程中，企业要购买材料等劳动对象，发生材料买价、运输费、装卸费等材料采购成本，与供应单位发生货款结算关系。在生产过程中，劳动者借助劳动手段将劳动对象加工成特定的产品，发生材料消耗的材料费、固定资产磨损的折旧费、生产工人劳动耗费的人工费等，构成产品使用价值和价值的统一体；同时，还将发生企业与工人之间的工资结算关系、与有关单位之间的劳务结算关系等。在销售过程中，将生产的产品销售出去，发生有关销售、收回货款、缴纳税费等业务活动，同购货单位发生货款结算关系，同税务机关发生税款结算关系。企业获得的销售收入扣除各项费用后的利润，还要提取盈余公积并向所有者分配。工业企业资金循环与周转简明图示如图 1-8 所示。

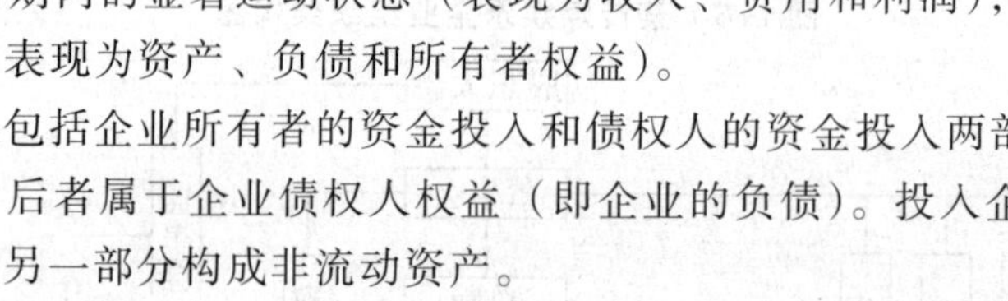

图 1-8　工业企业资金循环与周转简明图示

资金的退出包括偿还各项债务、上缴各项税费、向所有者分配利润等，这部分资金离开本企业，退出本企业的资金循环与周转。

二、商品流通企业的会计对象

商品流通企业的经济活动主要是组织商品流通、从事商品购销的活动。商品购销，从实物形态看，表现为各种商品的买进和卖出，即商品流通的两个阶段；从价值形态看，表现为资金的运动，即在商品购进阶段表现为货币资金转化为商品资金，在商品销售阶段表现为商品资金转化为货币资金。随着商品购销活动的不断进行，这两种资金在购销两个阶段上依次转换其形态，形成周而复始的循环；同时，这两种循环又是交叉进行的，即当一部分货币资金转化为商品资金时，另一部分商品资金转化为货币资金。这两种资金在购销两个阶段上的循环周转，在时间上是连续的，在空间上是并列存在的。

商品流通企业的资金周转过程，不仅表现为资金形态的交替转化，同时还发生各项收入和支出。前者称为经营收入，主要是商品销售所获得的收入；后者称为经营支出，如销售商品的进价、商品流通费支出等。企业已实现的商品销售收入扣除销售商品进价后的剩余部分为销售毛利，销售毛利扣除商品流通费、相关税费以及其他支出后的余额，就是商品流通企业的利润，应按照国家的有关规定进行分配。

随学随练 1-2

会计的对象

商品流通企业会计对象的具体内容归纳起来就是：企业为组织商品流通所取得的资金的增减变动和结存情况；在商品流通过程中发生的成本费用及其他支出；通过商品流通所取得的销售收入和获得的利润及其分配情况。

学习子任务三

理解会计的目标和职能

一、会计的目标

重难点微课 1-4

会计的目标和职能

会计目标也称财务报告目标，是指会计管理活动期望达到的预期结果。会计目标是会计工作的内在规定性，它决定着会计活动的方向。《企业会计准则——基本准则》第四条规定："财务报告的目标是向财务报告使用者提供与企业财务状况、经营成果和现金流量等有关的会计信息，反映企业管理层受托责任履行情况，有助于财务报告使用者作出经济决策。"

（一）反映企业管理层受托责任履行情况

企业管理水平的高低直接影响着企业的经济效益、经营风险、竞争能力和发展前景，在一定程度上决定着企业的前途和命运。在现代企业制度下，企业的所有权和经营权高度分离，企业的管理层受托于企业的所有者进行企业的经营和管理。会计信息如实反映企业的各项经营活动、投资活动和筹资活动，以及企业财务状况、经营业绩和现金流量，有助于反映管理层受托责任履行情况，也能为所有者评价管理者的经营业绩和管理水平提供依据，以便所有者对是否对企业继续投资、是否更换管理层等作出决策，以及如何对企业的经营管理提出有针对性的建议与措施。

（二）提供对决策有用的会计信息

企业主要通过包括财务报表在内的会计报告对使用者提供信息。会计信息能否满足使用者的需要，主要取决于两个方面：其一，谁是会计信息的使用者；其二，会计信息使用者需要哪些信息。

会计信息使用者一般分为国家宏观经济管理部门、企业内部管理者和企业外部使用者三个方面。

1.国家宏观经济管理部门

国家宏观经济管理部门包括财政、税务、物价、银行、审计、统计和证券监管部门。它们需要利用会计信息了解企业的经营状况，并对企业会计信息的真实性、合规性、完整性进行监督和检查。它们将各企业的会计信息汇总后，还可了解到国民经济各部门、各地区的整体情况，为制定各项经济政策提供依据。

2.企业内部管理者

在两权普遍分离的条件下，企业内部管理者是指企业最高管理层的成员。他们受雇于企业投资者，必须担负起投资者赋予的经济责任，实现企业的经营目标，进而实现管理者自身的价值。为此，企业内部管理者必须针对经营过程中遇到的重大问题进行正确的决策，如新产品的开发、产品的定价、成本费用的控制、工资奖金的分配、对外投资等。这些决策的正确与否直接关系到企业的兴衰成败，所以，企业管理者必须了解本企业所有的会计信息，并据以作出正确决策。

3.企业外部的会计信息使用者

企业外部的会计信息使用者包括投资者、债权人、社会公众等。

（1）投资者（含潜在的）。投资者是会计信息的主要使用者，他们关心投资的内在风险和投资报酬。投资者利用会计信息，并结合公司的投资项目、资本结构和股利分配政策，以了解企业的盈利能力及其变化趋势，进而制定投资决策，如是否投资、继续持有还是转让投资、增加还是减少投资等。他们还需要利用会计信息来评估企业的股利支付情况。

（2）债权人（含潜在的）。债权人关心企业的偿债能力，他们依据会计信息作出有关决策，如是否将资金贷给企业、增加还是减少给企业的贷款、是否应继续保持对企业的债权、是否向企业赊销商品和劳务等。

（3）社会公众。社会公众主要指企业内部职工及企业外部与企业有直接或间接联系的用户，如顾客、证券商、经纪人、中介机构、经济分析人员等。他们有的直接参与企业的经营管理活动，关心企业的利润分配情况及企业的发展前景；有的出于投资、购买或对企业的经营情况进行咨询、审计、鉴证、评价、分析等目的，需要利用会计信息。

随学随练1-3

会计的目标

思考与解读1-1

思考：投资者和债权人需要了解的财务报告信息相同吗？有何区别？

解读：不同。投资者侧重于了解企业的盈利信息及持续发展信息，债权人侧重于了解企业的偿债能力信息。

二、会计的职能

会计的职能是指会计在经济管理活动中所具有的内在功能。正确认识会计的职能，对了解会计工作的任务，确定会计人员的职责和权限，充分发挥会计应有的作用，都有重要的意义。会计是针对资金运动所开展的一项管理活动，具有多种职能。《中华人民共和国会计法》（以下简称《会计法》）规定了会计的基本职能，即会计核算职能和会计监督职能。

（一）会计核算职能

会计核算职能是会计最基本的职能，也称反映职能，它是指以货币为主要计量单位，对特定主体的经济活动进行确认、计量、记录和报告，为有关各方提供会计信息。确认是运用特定会计方法，以文字和金额同时描述某一交易或事项，使其金额反映在特定主体财务报表中的会计程序，可分为初始确认和后续确认。计量是确定会计确认中用以描述某一交易或事项的金额的会计程序。记录是对特定主体的经济活动采用一定的记账方法、在账簿中进行登记的会计程序。报告是指在确认、计量、记录的基础上，对特定主体的财务状况、经营成果和现金流量情况（行政、事业单位是对其经费收入、经费支出、经费结余及其财务状况）以财务报表的形式向有关方面报告。

会计核算的内容具体表现为生产经营过程中的各种经济业务，其包括：①款项和有价证券的收付；②财物的收发、增减和使用；③债权、债务的发生和结算；④资本、基金的增减和经费的收支；⑤收入、费用、成本的计算；⑥财务成果的计算和处理；⑦其他需要办理会计手续、进行会计核算的事项。会计核算的要求是真实、准确、完整、及时。

（二）会计监督职能

会计监督职能也称控制职能，是指对特定会计主体的经济活动和相关会计核算的真实性、合法性、合理性进行审查，即以一定的标准和要求利用会计所提供的信息对各单位的经济活动进行有效的指导、控制和调节，以达到预期目的。

会计监督的内容包括：①监督经济业务的真实性；②监督财务收支的合法性；③监督公共财产的完整性。会计监督是一个过程，分为事前监督、事中监督和事后监督。

会计监督职能要求会计人员在进行会计核算的同时，也要对特定主体经济业务的真实性、合法性、合理性进行审查。真实性审查是指检查各项会计核算的进行是否根据实际发生的经济业务事项；合法性审查是指检查各项经济业务是否符合国家法律、法规，遵守财经纪律，执行国家有关方针政策，是否存在违法乱纪行为；合理性审查是指检查各项财务收支是否符合特定主体的财务收支计划，是否有利于预算目标的实现，是否有奢侈浪费行为，是否有违背内部控制制度要求的现象，为增收节支、提高经济效益严格把关。

上述两项会计的基本职能是相辅相成、辩证统一的关系。会计核算是会计监督的基础，没有核算所提供的各种信息，监督就失去了依据；而会计监督又是会计核算质量的保障，只有核算而没有监督，就难以保证核算所提供的信息的真实性、可靠性。

随学随练1-4 会计的职能

随着经济的发展和会计活动范围的不断扩大，会计除了传统的核算、监督两项职能以外，新的职能（如预测经济前景、参与经济决策、计划、组织以及绩效评价等）也不断涌现。但这些新的职能都是从基本职能中派生的，尚不能作为会计的基本职能。

学习子任务四
理解会计信息质量要求

重难点微课 1-5 会计信息质量要求

会计信息质量要求是对企业财务会计报告中所提供高质量会计信息的基本规范，是使财务会计报告中所提供的会计信息对投资者等相关使用者的决策有用应具备的基本特征，主要包括可靠性、相关性、可理解性、可比性、实质重于形式、重要性、谨慎性和及时性等。

一、可靠性

可靠性要求企业应当以实际发生的交易或者事项为依据进行确认、计量和报告，如实反映符合确认和计量要求的各项会计要素及其他相关信息，保证会计信息真实可靠、内容完整。

会计信息要有用，必须以可靠为基础。如果财务报告所提供的会计信息是不可靠的，就会对投资者等相关使用者的决策产生误导甚至给投资者带来损失。为了贯彻可靠性要求，企业应当做到：

（1）以实际发生的交易或者事项为依据进行确认、计量，将符合会计要素定义及其确认条件的资产、负债、所有者权益、收入、费用和利润等如实反映在财务报表中，不得根据虚构的、没有发生的或者尚未发生的交易或者事项进行确认、计量和报告。

（2）在符合重要性和成本效益原则的前提下，保证会计信息的完整性，其中包括应当编报的报表及其附注内容等应当保持完整，不能随意遗漏或者减少应予披露的信息，与使用者决策相关的有用信息都应当充分披露。

（3）包括在财务报告中的会计信息应当是中立的、无偏的。如果企业在财务报告中为了取得事先设定的结果或效果，通过选择或列示有关会计信息以影响决策和判断，这样的财务报告信息就不是中立的。

二、相关性

相关性要求企业提供的会计信息应当与投资者等财务报告使用者的经济决策需要相关。一项信息是否具有相关性，取决于预测价值和反馈价值。

（一）预测价值

如果一项信息能帮助决策者对未来事项的可能结果进行预测，则该项信息具有预测价值。决策者可根据预测的结果，作出其认为的最佳选择。因此，预测价值是构成相关性的重要因素，具有影响决策者决策的作用。

（二）反馈价值

一项信息如果有助于决策者验证或修正过去的决策和实施方案，即具有反馈价值。把过去决策所产生的实际效果反馈给决策者，使其与当初的预期结果相比较，验证过去的决策是否正确，总结经验以防止今后再犯同样的错误。反馈价值有助于未来决策。

会计信息质量的相关性要求，需要企业在确认、计量和报告会计信息的过程中，充分考虑使用者的决策模式和信息需要。但是，相关性是以可靠性为基础的，两者之间并不矛盾，不应将两者对立起来。也就是说，会计信息在可靠性的前提下，应尽可能地做到相关性，以满足投资者等财务报告使用者的决策需要。

三、可理解性

可理解性要求企业提供的会计信息应当清晰明了，便于投资者等财务报告使用者理解和使用。

企业编制财务报告、提供会计信息的目的在于使用，而要使会计信息使用者有效使用会计信息，应当能让其了解会计信息的内涵，弄懂会计信息的内容。这就要求财务报告所提供的会计信息应当清晰明了，易于理解。只有这样，才能提高会计信息的有用性，实现财务报告的目标，满足向投资者等财务报告使用者提供对决策有用信息的要求。

会计信息毕竟是一种专业性较强的信息产品，在强调会计信息可理解性要求的同时，还应假定使用者具有一定的有关企业经营活动和会计方面的知识，并且愿意付出努力去研究这些信息。对于某些复杂的信息，如交易本身较为复杂或者会计处理较为复杂，但其与使用者的经济决策相关，企业就应当在财务报告中予以充分披露。

四、可比性

可比性要求企业提供的会计信息相互可比。这主要包括两层含义：

（一）同一企业不同时期的会计信息相互可比

为了便于投资者等财务报告使用者了解企业财务状况、经营成果和现金流量的变化趋势，比较企业在不同时期的财务报告信息，全面、客观地评价过去和预测未来，从而做出决策，会计信息质量的可比性要求同一企业不同时期发生的相同或者相似的交易或者事项，应当采用一致的会计政策，不得随意变更。但是，满足会计信息可比性要求，并非表明企业不得变更会计政策，如果按照规定或者在会计政策变更后可以提供更可靠、更相关的会计信息，企业可以按照会计准则的要求和程序变更会计政策，且有关会计政策变更的情况应当在附注中予以说明。

（二）不同企业相同会计期间的会计信息相互可比

为了便于投资者等财务报告使用者评价不同企业的财务状况、经营成果和现金流量及其变动情况，会计信息质量的可比性要求不同企业同一会计期间发生的相同或者相似的交易或者事项，应当采用规定的会计政策，确保会计信息口径一致、相互可比，以使不同企业按照一致的确认、计量和报告要求提供有关会计信息。

五、实质重于形式

实质重于形式要求企业按照交易或者事项的经济实质进行会计确认、计量和报告，不仅仅以交易或者事项的法律形式为依据。

企业发生的交易或事项在多数情况下，其经济实质和法律形式是一致的。但在有些情况下，会出现不一致。例如，企业按照销售合同销售商品但又签订了售后回购协议，虽然从法律形式上实现了收入，但如果企业因存在与客户的远期安排而负有回购义务，或企业享有回购权利且回购价格不低于原售价，应当视为融资交易；此交易没有满足收入确认的各项条件，即使签订了商品销售合同或者已将商品交付给购货方，也不应当确认商品销售收入。

六、重要性

重要性要求企业提供的会计信息反映与企业财务状况、经营成果和现金流量有关的所有重要交易或者事项。

在实务中，如果会计信息的省略或者错报会影响投资者等财务报告使用者据此作出决策，该信息就具有重要性。重要性的应用需要依赖职业判断，企业应当根据其所处环境和实际情况，从项目的性质和金额大小两方面加以判断。

例如，我国上市公司要求对外提供季度财务报告，考虑到季度财务报告披露的时间较短，出于成本效益原则的考虑，季度财务报告没有必要像年度财务报告那样披露详细的附注信息。因此，中期财务报告准则规定，公司季度财务报告附注应当以年初至本中期末为基础编制，披露自上年度资产负债表日之后发生的、有助于理解企业财务状况、经营成果和现金流量变化情况的重要交易或者事项。这种附注披露就体现了会计信息质量的重要性要求。

七、谨慎性

谨慎性要求企业对交易或者事项进行会计确认、计量和报告应当保持应有的谨慎，不应高估资产或者收益、低估负债或者费用。

在市场经济环境下，企业的生产经营活动面临着许多风险和不确定性，如应收款项的可收回性、固定资产的使用寿命、无形资产的使用寿命、售出存货可能发生的退货或者返修等。会计信息质量的谨慎性要求企业在面对不确定性因素情况下作出职业判断时，应当保持应有的谨慎，充分估计各种风险和损失，既不高估资产或者收益，也不低估负债或者费用。例如，要求企业对可能发生的资产减值损失计提资产减值准备、对售出商品可能发生的保修等确认预计负债，就体现了会计信息质量的谨慎性要求。

谨慎性的应用也不允许企业设置秘密准备，如果企业故意低估资产或者收益，或者故意高估负债或者费用，将不符合会计信息的可靠性和相关性要求，损害会计信息质量，扭曲企业实际的财务状况和经营成果，从而对使用者的决策产生误导，这是会计准则所不允许的。

八、及时性

及时性要求企业对已经发生的交易或者事项应当及时进行确认、计量和报告，不得提前或者延后。

会计信息的价值在于帮助所有者或者其他各方作出经济决策，其具有时效性。即使是可靠、相关的会计信息，如果不及时提供，就失去了时效性，对使用者的效用就会大大降低甚至不再具有实际意义。在会计确认、计量和报告过程中贯彻及时性，一是要求及时收集会计信息，即在经济交易或者事项发生后，及时收集、整理各种原始单据或者凭证；二是要求及时处理会计信息，即按照会计准则的规定，及时对经济交易或者事项进行确认或者计量，并编制出财务报告；三是要求及时传递会计信息，即按照国家规定的有关时限，及时地将编制的财务报告传递给财务报告使用者，便于其及时使用和决策。

在实务中，为了及时提供会计信息，可能需要在有关交易或者事项的信息全部获得之前即进行会计处理，这样就满足了会计信息的及时性要求，但可能会影响会计信息的可靠性；反之，如果企业等到与交易或者事项有关的全部信息获得之后再进行会计处理，这样的信息披露可能会由于时效性问题，使投资者等财务报告使用者决策的有用性大大降低。这就需要在及时性和可靠性之间作出权衡，以更好地满足投资者等财务报告使用者的经济决策需要为判断标准。

随学随练 1-5

会计信息质量要求

学习子任务五

理解会计基本前提

会计基本前提，又称会计基本假设，是指会计核算时面对变化不定的社会经济环境，根据客观情况或者发展趋势所作的合乎事理的推断和假定。它是日常会计处理应当具备的前提条件，是人们在长期会计实践中逐步形成的认识和总结。会计概念、原则和程序方法都以会计基本假设为出发点。

我国《企业会计准则——基本准则》中提出的会计基本假设有四项：会计主体、持续经营、会计分期和货币计量。

一、会计主体

会计主体，又称会计实体，是指会计核算和监督的特定单位或组织。它界定了从事会计工作和提供会计信息的空间范围。一般来讲，凡是拥有独立的资金，自主经营，独立核算收支、盈亏并编制会计报表的单位或组织就构成了一个会计主体。

会计主体这一基本前提要求会计人员只能核算和监督所在主体的经济活动（就企业类主体而言，其经济活动就是所发生的交易或事项，下同）。其主要意义在于：一是将特定主体的经济活动与该主体所有者及职工个人的经济活动区别开来；二是将该主体的经济活动与其他单位的经济活动区别开来，从而界定了从事会计工作和提供会计信息的空间范围，同时说明某会计主体的会计信息仅与该会计主体的整体活动和成果相关。

应当注意的是，会计主体与法律主体（法人）并非对等的概念，法人可作为会计主体，但会计主体不一定是法人。例如，由自然人所创办的独资企业与合伙企业不具有法人资格，这类企业的财产和债务在法律上被视为业主或合伙人的财产和债务，但在会计核算上必须将其作为会计主体，以便将企业的经济活动与其所有者个人的经济活动以及其他实体的经济活动区别开来。企业集团由若干具有法人资格的企业组成，各个企业既是独立的会计实体也是法律主体，但为了反映整个集团的财务状况、经营成果及现金流量情况，还应编制该集团的合并财务报表，企业集团是会计主体，但通常不是一个独立的法人。

二、持续经营

持续经营是指会计主体在可预见的未来，将根据正常的经营方针和既定的经营目标持续经营下去，即在可预见的未来，该会计主体不会破产清算，所持有的资产将正常营运，所负担的债务将正常偿还。

有了持续经营的前提，会计信息的可比性等会计信息质量要求才能得到满足，会计计量的历史成本等计量属性才能发挥作用，企业在信息的收集和处理上所采用的会计方法才能保持稳定，会计核算才能正常进行。例如，在市场经济条件下，企业破产清算的风险始终存在，一旦企业发生破产清算，所有以持续经营为前提的会计程序和方法就不再适用，而应当采用破产清算的会计程序和方法。

三、会计分期

会计分期是指在企业持续不断的经营过程中，人为地划分一个个连续的、长短相同的会计期间，以便确定每一个会计期间的收入、费用和盈亏，确定该会计期间期初、期末的资产、负债和所有者权益的数量，并据以结算账目和编制财务报告。会计分期规定了会计核算的时间范围。

企业应当划分会计期间，分期结算账目和编制财务报告。会计期间分为年度和中期。以年度作为会计期间，通常称为会计年度。在我国，以公历年度作为企业的会计年度，即从公历1月1日起至12月31日止。在年度内，再划分为季度和月份等较短的期间，这些短于一个完整会计年度的报告期间统称为中期。

四、货币计量

货币计量是指企业会计核算以货币作为计量单位，记录、反映企业的经济活动，并假设币值保持不变。

企业会计核算以货币作为经济活动的主要计量单位，如果企业的经济业务是多种货币计量并存的情况，就需要确定一种货币作为记账本位币。记账本位币是指企业经营所处的主要经济环境中的货币。我国《会计法》规定，企业通常应选择人民币作为记账本位币；业务收支以人民币以外的货币为主的企业，可以选定其中一种外币作为记账本位币。但是，在编报会计报表时，应当折算为人民币。

上述会计核算的四项基本前提具有相互依存、相互补充的关系。会计主体确立了会计核算的空间范围，持续经营与会计分期确立了会计核算的时间长度，货币计量则为会计核算提供了必要手段。没有会计主体，就不会有持续经营；没有持续经营，就不会有会计分期；没有货币计量，就不会有现代会计。

3 学习任务三
会计职业

学习子任务一
认识会计职业领域

在当今社会，一提到会计职业，给人的第一印象就是“专业”和“稳定的工作与收入”。会计职业是传统职业领域里的“常青树”。随着我国经济体制改革的不断深入，会计职业也出现了新的发展趋势和职业亮点，对有志于从事该职业的人士也具有越来越大的吸引力。

一、会计职业的特点

首先，会计职业可以带给高级管理人员必需的知识储备和更大的发展空间。将会计作为职业获益很多，其中最重要的是，可以了解企业到底是如何运作的。会计领域为从业者提供了不断变化并富有挑战性的工作，很多商界成功人士最早都是从事会计工作的；同时，很多大企业的财务总监都有会计的相关背景。据美国《福布斯》杂志统计，2005年世界五百强企业的首席执行官中，有25%以上的教育背景是会计学专业，有35%是从首席财务官升任的，会计的教育或职业背景为成为高层管理者奠定了坚实的基础。可见，会计确实是充满机遇的职业，将造就出无数成功人士。

其次，会计职业有很大的责任和风险。在传统的观念中，会计人员唯老板之命是从，只需要对老板负责就行。但按照我国有关法律的规定，企业的会计人员除了要向管理者负责之外，更要向国家、社会公众负责，这就使得会计从业人员面临着更多的风险和责任。会计人员只有遵守国家的各项法规，恪守职业道德，严格按照国家的财经纪律工作，才能尽可能地减少职业风险。

再次，会计是充满挑战的职业。我国现有1 000多万人从事会计职业，无论是就业还是升职都面临激烈的竞争。虽然有如此多的会计从业者，我国却十分缺乏具有国际水准和现代经营理念的高水平会计人员；也只有这些高素质的会计人员才能够脱颖而出，成为人们所羡慕的“金领”。

最后，会计职业正在由“劳动密集型”向“智力密集型”转化，会计人员需要不断地学习。在传统的会计工作中，经验是至关重要的，会计技能也往往是通过老师带徒弟的方式培养的。但在现代会计工作中，随着经济活动的复杂化，会计技术、会计规则总是在不断地变化，这需要会计人员不断更新自身的知识结构，不断学习新知识。

二、会计职业活动的领域

会计人员所从事的职业活动与经济密切相关，一般而言，凡是有经济活动的地方，就有会计活动，因此，会计职业活动的范围是比较广的。按照行业性质的不同，会计职业可分为企业会计、政府和非营利组织会计、注册会计师、会计研究人员。

（一）企业会计

企业会计是指在自主经营、自负盈亏的单位中从事会计管理活动的一种职业，如在工业企业、商品流通企业、施工建筑企业、金融企业、服务企业等企业中从事会计核算、成本计算、分析、预测、决策等工作的会计人员。

1.财务会计

财务会计是在各类企业中从事会计核算与监督，以对外提供会计信息为主要目的的一种会计职业，如在工业企业、商品流通企业等企业中从事记账、算账、报账的会计人员。

2.管理会计

管理会计是在各类企业中从事会计分析、投资、融资预测与决策，以对内提供会计信息为主要目的的一种会计职业，如企业中从事投资分析、预测、决策等的会计人员。

3.成本会计

成本会计是在各类企业中从事产品成本计算、核算、分析，以提供成本信息为主要目的的一种会计职业，如工业企业中的成本核算员、成本分析员等。

（二）政府和非营利组织会计

政府会计是在各级政府、财政、行政部门中核算和监督国家预算执行情况的一种会计职业；非营利组织会计是在不以营利为目的的单位中从事会计管理活动的一种会计职业，如在社会团体、基金会、宗教活动场所、民办非企业单位等工作的会计人员。

（三）注册会计师

注册会计师是指取得注册会计师证书并在会计师事务所执业的会计人员，有时也指其所在的会计师事务所。其英文全称为“Certified Public Accountant”（CPA），指的是从事社会审计、中介审计、独立审计的专业人士。

（四）会计研究人员

会计研究人员是指在大专院校和各类研究机构专门从事会计理论研究、会计职业活动研究等工作的人员，以及从事会计教学工作的专业人士。

学习子任务二
理解会计职业任职条件

会计人员是指在国家机关、社会团体、企事业单位和其他经济组织中执行会计核算和会计监督的专业技术人员。

我国《会计法》规定，各单位应当根据会计业务的需要，设置会计机构，或者在有关机构中设置会计人员并指定会计主管人员；不具备设置条件的，应当委托经批准设立从事会计代理记账业务的中介机构代理记账。

会计人员应当具备从事会计工作所需要的专业能力。国有和国有资产占控股地位或者主导地位的大、中型企业必须设置总会计师。总会计师的任职资格、任免程序、职责权限由国务院规定。

一、会计专业职务与会计专业技术资格

（一）会计专业职务

会计专业职务是区分会计人员从事业务工作的技术等级，分为高级会计师（高级职务）、会计师（中级职务）、助理会计师、会计员（初级职务）。

（二）会计专业技术资格

会计专业技术资格分为初级、中级和高级三个级别。初级、中级会计资格的取得实行全国统一考试制度；高级会计师资格的取得实行考试与评审相结合的制度。

初级、中级会计资格是一种通过考试确认担任会计专业职务任职资格的制度。考试分为初级会计资格和中级会计资格两个档次：初级会计资格考试科目包括初级会计实务和经济法基础；中级会计资格考试科目包括中级会计实务、财务管理和经济法。

二、会计机构负责人（会计主管人员）的任职资格

会计机构负责人（会计主管人员）是指在一个单位内具体负责会计工作的中层领导人员。在单位负责人的领导下，会计机构负责人（会计主管人员）负有组织、管理包含会计基础工作在内的所有会计工作的职责。其素质的高低、能力的大小直接关系到有关单位会计工作水平的高低。因此，配备合格的会计机构负责人对一个单位来说至关重要。

会计机构负责人（会计主管人员）应当具备会计师以上专业技术职务资格或者有从事会计工作三年以上的经历。除此之外，还必须有扎实的专业基础，熟悉国家财经法律、法规、规章和方针政策，掌握财务会计理论及本行业的业务管理知识；具有一定的领导才能和组织能力；拥有能胜任本职工作的健康体魄。

三、会计人员的工作职责

会计人员的工作职责主要包括五个方面：

（一）进行会计核算

会计核算是最基本也是最主要的职责，包括填制和审核会计凭证，登记账簿，计算收入、支出、成本、费用，财产清查，编制会计报表等内容。

（二）实行会计监督

会计监督也是会计的基本职能之一，根据《会计法》的规定，会计监督职责主要体现在两个方面：一是会计人员对本单位各项经济业务和会计手续的合法性、合理性进行监督。这主要体现为会计人员对不真实、不合法的原始凭证可以不予受理；对于账簿记录与实物、款项不符的问题，有权处理的，按有关规定进行处理，无权处理的，及时向本单位领导进行报告；对于违反国家统一的财政制度、财务规定的收入，可以不予办理；对违反《会计法》和会计制度的行为有权进行监督。二是各单位必须按照法律和有关法规的规定，接受财政、审计、税务机关的监督。在接受监督的过程中，必须如实提供凭证、账簿、报表等有关会计资料以及其他书面文件，不得拒绝、隐匿和谎报。

（三）拟定会计办法

会计人员应拟定本单位办理会计事务的具体办法，包括选择和制定有关的会计处理方法、会计处理程序，如计提折旧的方法、存货计价的方法等。此外，还包括制定本单位的内部控制制度和财产清查制度、选择和制定成本计算办法等内容。

（四）参与制订计划

会计人员会参与制订本单位的经济计划、业务计划，编制预算和财务计划，并且考核、分析其执行情况。

（五）办理其他事项

会计人员还要办理其他会计事项，包括协助其他管理部门做好管理技术工作，进行单位管理人员财会知识培训等。

会计法律、法规专门对会计人员履行工作职责进行了规定和保护。会计机构和会计人员依照会计法规进行会计核算，执行会计监督，任何单位或个人不得以任何方式授意、指使、强令会计机构和会计人员伪造、变造会计凭证、会计账簿和其他会计资料，提供虚假的财务报告。任何单位或者个人不得对依法履行有关职责抵制违反规定行为的会计人员实行打击报复。

四、会计工作岗位和会计人员回避制度

（一）会计工作岗位

根据《会计基础工作规范》和有关制度的规定，会计工作岗位一般分为：总会计师（或行使总会计师职权）岗位；会计机构负责人（会计主管人员）岗位；出纳岗位；稽核岗位；资本、基金核算岗位；收入、支出、债权债务核算岗位；工资核算、成本核算、财务成果核算岗位；财产物资收发、增减核算岗位；总账岗位；对外财务会计报告编制岗位；会计电算化岗位；会计档案管理岗位。

对于会计档案管理岗位，在会计档案正式移交之前，属于会计岗位；在会计档案正式移交档案管理部门之后，不再属于会计岗位。管理会计档案的档案管理部门人员，不属于会计岗位。医院门诊收费员、住院处收费员、药房收费员、药品库房记账员、商场收款（银）员所从事的工作，均不属于会计岗位。单位内部审计、社会审计、政府审计也不属于会计岗位。

（二）会计人员回避制度

回避制度是为了保证执法或者执业的公正性，对可能影响其公正性的执法或者执业人员实行职务回避和业务回避的一种制度。回避制度已成为我国人事管理的一项重要制度。在会计工作中，由于亲情关系而串通作弊和违法违纪的案件时有发生，因此在会计人员中实行回避制度十分必要。《会计基础工作规范》从会计工作的特殊性角度出发，对会计人员的回避问题作出了规定，即国家机关、国有企业、事业单位任用会计人员应当实行回避制度；单位负责人的直系亲属不得担任本单位的会计机构负责人、会计主管人员，会计机构负责人、会计主管人员的直系亲属不得在本单位会计机构中担任出纳工作。直系亲属包括夫妻关系、直系血亲关系、三代以内旁系血亲以及近姻亲关系。

学习子任务三

理解会计职业道德

会计职业道德是指在会计职业活动中应当遵循的、体现会计职业特征的、调整会计职业关系的职业行为准则和规范。

会计职业道德主要发挥以下作用：第一，会计职业道德是规范会计行为的基础。会计职业道德引导、规劝、约束会计人员树立正确的职业观念，培养良好的职业品行，从而达到规范会计行为的目的。第二，会计职业道德是实现会计目标的重要保证。从会计职业关系角度讲，会计目标就是为会计职业关系中的各个服务对象提供真实、可靠的会计信息。会计目标能否顺利实现，既取决于会计从业者的专业技能水平，也取决于其能否严格履行职业行为准则。因此，依靠会计职业道德规范约束会计从业者的职业行为，是实现会计目标的重要保证。第三，会计职业道德是对会计法律制度的重要补充。如果会计人员缺乏爱岗敬业的热情和态度，缺乏诚实守信的做人准则，没有必要的职业技能，则很难保证会计信息达到真实、完整的法定要求。很显然，会计职业道德是其他会计法律制度所不能替代的，会计职业道德是对会计法律规范的重要补充。

会计职业道德包括如下主要内容：

一、爱岗敬业

爱岗敬业是指忠于职守的职业精神，这是会计职业道德的基础。爱岗就是会计人员应该热爱自己的本职工作，安心于本职岗位，稳定、持久地在会计天地中耕耘，恪尽职守地做好本职工作。敬业就是会计人员应该充分认识到本职工作在社会经济活动中的地位和作用，认识到本职工作的社会意义和道德价值，具有会计职业的荣誉感和自豪感，在职业活动中具有高度的劳动热情和创造性，以强烈的事业心、责任感从事会计工作。

二、诚实守信

诚实是指言行与内心思想一致，不弄虚作假，不欺上瞒下，做老实人，说老实话，办老实事。守信就是遵守自己所作出的承诺，讲信用，重信用，保守秘密。诚实守信是做人的基本准则，是人们在古往今来的交往中形成的最基本的道德规范，也是会计职业道德的精髓。

三、廉洁自律

廉洁是指不贪污钱财，不收受贿赂，保持清白。自律是指自律主体按照一定的标准，自己约束自己、自己控制自己的言行和思想的过程。廉洁自律是会计职业道德的前提，也是会计职业道德的内在要求，这是由会计工作的特点决定的。

四、客观公正

客观是指按事物的本来面目去反映，不掺杂个人的主观意愿，也不为他人意见所左右。公正是指平等、公平、正直，没有偏失；但公正是相对的，世上没有绝对的公正。客观公正是会计职业道德所追求的理想目标。对会计职业活动而言，客观主要包括两层含义：一是真实性，即以实际发生的经济活动为依据，对会计事项进行确认、计量、记录和报告；二是可靠性，即会计核算要准确，记录要可靠，凭证要合法。

五、坚持准则

坚持准则是指会计人员在处理业务的过程中，严格按照会计法律制度办事，不为主观或他人意志所左右。这里所说的“准则”不仅指会计准则，而且包括会计法律、法规、国家统一的会计制度以及与会计工作相关的法律制度。坚持准则是会计职业道德的核心。

六、提高技能

会计工作是一项具有很强专业性和技术性的工作，从业人员只有“具备一定的会计专业知识和技能”，才能胜任会计工作。作为一名会计工作者，必须不断提高其职业技能，这既是会计人员的义务，也是在职业活动中做到客观公正、坚持准则的基础，是参与管理的前提。职业技能，也称为职业能力，是人们进行职业活动、承担职业责任的能力和手段。就会计职业而言，职业技能包括会计理论水平、会计实务操作能力、职业判断能力、自动更新知识能力、提供会计信息能力、沟通交流能力以及职业经验等。提高技能是指会计人员通过学习、培训和实践等途径，持续提高上述职业技能，以达到和维持足够的专业胜任能力。

七、参与管理

会计管理是企业管理的重要组成部分，在企业管理中具有十分重要的作用。但会计工作的性质决定了会计在企业管理活动中更多的是从事间接管理。参与管理就是要求会计人员积极主动地向单位领导反映本单位的财务、经营状况及存在的问题，主动提出合理化建议，积极参与市场调研和预测，参与决策方案的制订和选择，参与决策的执行、检查和监督，为领导进行经营管理和决策当好助手和参谋。

八、强化服务

强化服务要求会计人员具有文明的服务态度、强烈的服务意识和优良的服务质量。服务态度是服务者的行为表现，“文明服务，以礼待人”不仅是对服务行业提出的道德要求，而且是对所有职业活动提出的道德要求。强化服务的结果就是奉献社会，任何职业的利益、劳动者个人的利益都必须服从社会的利益、国家的利益。如果说爱岗敬业是职业道德的出发点，那么强化服务、奉献社会就是职业道德的归宿点。

项目阶段测试 （线上）

项目技能训练（线下）

◎ 线下技能训练

图 1-9 列示的是一些随意排列的卡片，卡片上的文字有的属于企业资金的状态，有的属于企业资金的来源，还有一些是企业的利益相关者。

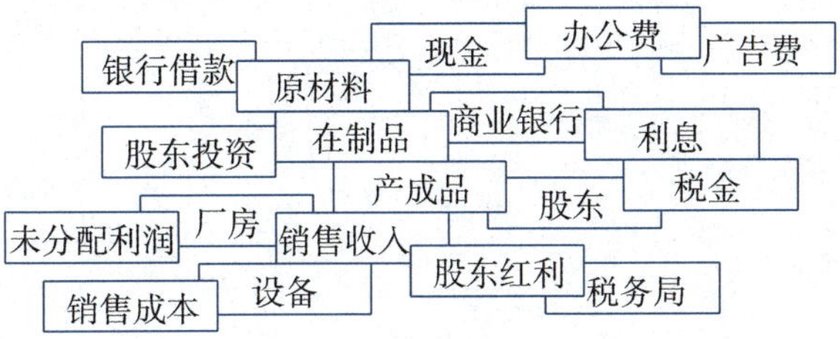

图 1-9　企业状况卡片

请分组制作这些卡片，设计企业资金流转示意图并加以讲解。

项目二

填制与审核原始凭证

本项目主要介绍原始凭证的会计处理。原始凭证是企业进行会计核算的依据，也是企业会计核算的起点。原始凭证的来源主要是从外单位和个人处取得以及本单位内部自行填制。本项目包含四个学习任务：原始凭证的基本内容、原始凭证的填制、原始凭证的审核和电子原始凭证。

知识传授目标

1. 了解原始凭证的概念、作用和种类；
2. 熟悉原始凭证的内容；
3. 掌握原始凭证的填制和审核。

能力培养目标

1. 能理解企业日常运作与原始凭证流转的关系；
2. 会识别原始凭证所反映的经济业务；
3. 会填制和审核日常的原始凭证。

价值塑造目标

1. 养成“诚实守信”的会计职业道德意识；
2. 提升“执业谨慎，信誉至上”的会计职业素养；
3. 提高对“求真务实”的认知水平。

项目思维导图

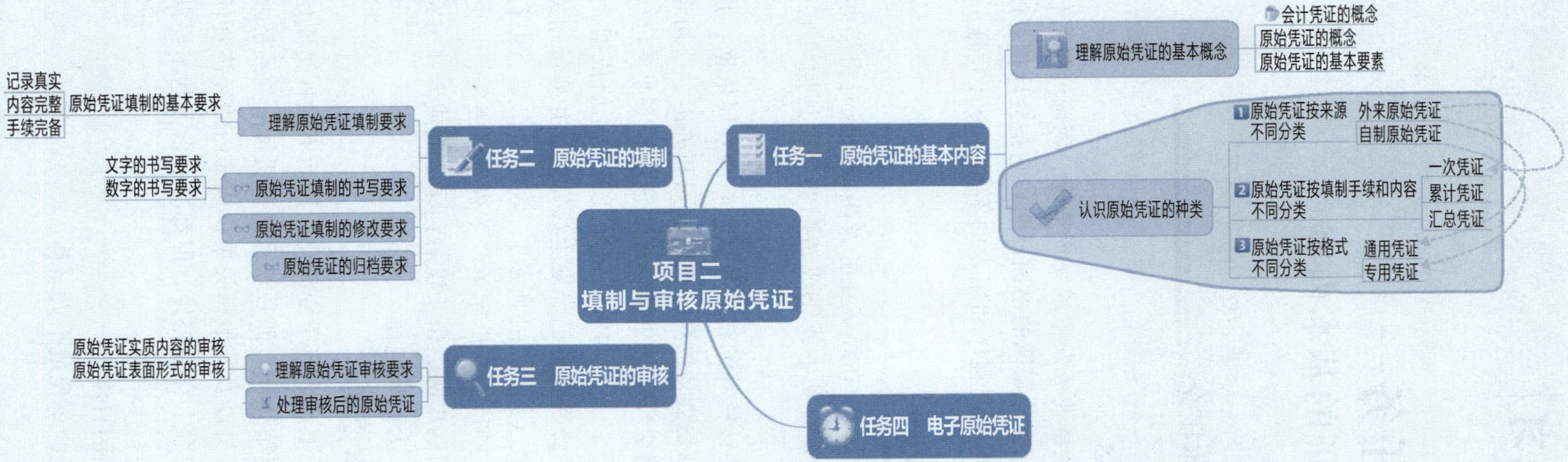
项目二
填制与审核原始凭证
任务一　原始凭证的基本内容
理解原始凭证的基本概念
会计凭证的概念
原始凭证的概念
原始凭证的基本要素
认识原始凭证的种类
1 原始凭证按来源不同分类
外来原始凭证
自制原始凭证
2 原始凭证按填制手续和内容不同分类
一次凭证
累计凭证
汇总凭证
3 原始凭证按格式不同分类
通用凭证
专用凭证
任务二　原始凭证的填制
理解原始凭证填制要求
原始凭证填制的基本要求
记录真实
内容完整
手续完备
原始凭证填制的书写要求
文字的书写要求
数字的书写要求
原始凭证填制的修改要求
原始凭证的归档要求
任务三　原始凭证的审核
理解原始凭证审核要求
原始凭证实质内容的审核
原始凭证表面形式的审核
处理审核后的原始凭证
任务四　电子原始凭证

项目知识学习

项目导入与案例分析

康得新财务造假始末

学习任务一 原始凭证的基本内容

学习子任务一 理解原始凭证的基本概念

随学随练 2-1

会计凭证的概念

一、会计凭证的概念

会计凭证是记录经济业务发生或完成情况，明确经济责任，具有法律效力，按一定格式编制的据以登记会计账簿的书面证明。它是会计核算的第一手资料，是会计核算的起点和关键。根据填制程序和用途的不同，会计凭证一般分为原始凭证和记账凭证。

二、原始凭证的概念

原始凭证又称单据，是在经济业务发生或完成时由经办人员取得或填制的，用以记录或证明经济业务的发生或完成情况的书面证明。它是编制记账凭证的直接依据。

原始凭证是进行会计核算的初始数据资料和重要依据，是各单位用以强化单位内部控制的手段之一，也是会计核算工作的起点和关键。一切经济业务的发生都应由经办部门或经办人员向财会部门提供能够证明该项经济业务已经发生或已经完成的文字凭据，以明确经济责任，并作为编制记账凭证的原始依据。一般而言，在会计核算中，凡是能够证明某些经济业务已经发生或完成，并列示相关数额的文字凭据均可以作为原始凭证，如发票（如图 2-1 所示）、收据、车票、银行结算凭证（如图 2-2 所示）、入库单（如图 2-3 所示）、出库单、工资发放表等；反之，如生产计划、购销合同、会议纪要、材料请购单等，由于没有记录金额或者并未完全反映经济业务的发生及完成情况，均不能作为原始凭证。

随学随练 2-2

原始凭证的概念

三、原始凭证的基本要素

重难点微课 2-1

原始凭证的基本要素

由于经济业务的类型和内容千变万化，因而不同种类原始凭证的格式和内容也千差万别。但无论哪种原始凭证，都必须完整载明每一项经济业务的具体发生和完成情况，明确经办单位、人员以及其他相关单位或部门的经济责任。因此，不同的原始凭证虽然在具体形式和内容上存在差异，但都具有以下基本要素（如图 2-4 所示）：

（1）原始凭证名称。

（2）填制原始凭证的日期。

（3）接受原始凭证的单位或个人名称。

4200151140

湖北增值税专用发票

此联不作报销、扣税凭证使用

№ 94900082　　4200151140　94900082

机器编号:　　　　　　　　　　开票日期: 2022年6月16日

购买方	名　　称:湖北富宏鞋业有限公司 纳税人识别号:914201177375032278 地址、电话:武汉市洪山区平安路86号 027-78368206 开户行及账号:交通银行武汉关山支行 140200732313001078969		密码区	03*3187<4/+8490<+95-59+7<243 4987<0-->>-6>525<693719->7*7 87*3187<4/+8490<+95708681380 9<712/<1+9016>6906++>84>93/-

货物或应税劳务、服务名称	规格型号	单位	数量	单价	金额	税率	税额
*橡胶制品*橡胶鞋底		双	1000	30.00	30000.00	13%	3900.00
合　　计					¥30000.00		¥3900.00
价税合计(大写)	⊗ 叁万叁仟玖佰元整				(小写) ¥33900.00		

销售方	名　　称:武汉力达鞋业有限公司 纳税人识别号:914204975057815873 地址、电话:武汉市东湖新技术开发区光谷大道288号 027-83847496 开户行及账号:交通银行武汉金融港支行 140200100901213644122	备注	校验码 52118 02817 08248 65199

收款人:　　　复核:张磊　　　开票人:陈晓云　　　销售方:

第一联:记账联　销售方记账凭证

税总函【XXXX】XXX号 XXXXXXX公司

武汉力达鞋业有限公司　14204975057815873　发票专用章

图2-1　增值税专用发票示意图

交通银行业务回单

2022年06月18日　　　　凭证编号: 03374065

付款人	全　称	湖北富宏鞋业有限公司	收款人	全　称	武汉力达鞋业有限公司
	账　号	140200732313001078969		账　号	140200100901213644122
	开户行	交通银行武汉关山支行		开户行	交通银行武汉金融港支行
大写金额	人民币(大写) 叁万叁仟玖佰元整			十亿千百十万千百十元角分	¥3390000
用途	货款				
备注	业务种类				
	原凭证种类				
	原凭证号码				
	原凭证金额				

交通银行　武汉关山支行　2022.06.18　转讫　(01)

开户行盖章

2022年06月18日

图2-2　网上银行电子回单示意图

入　　库　　单

2022年06月18日　　　　单号 002022

交来单位及部门	湖北富宏鞋业有限公司	验收仓库	第五仓库	入库日期	2022.06.18	

编号	名称及规格	单位	数量		实际价格	
			交库	实收	单价	金额
001	橡胶鞋底	双	1000	1000	30.00	30000.00
	合　　计	—	1000	1000		30000.00

部门经理: 林帆　　会计: 郑峰　　经办人: 陈怀坤　　制单人: 陈露霞

存根联

图2-3　入库单示意图

（4）经济业务事项的具体内容，包括业务内容、数量、单价、金额等。

（5）填制单位签章。

（6）有关各方经办人员签章。

（7）必要的凭证附件。

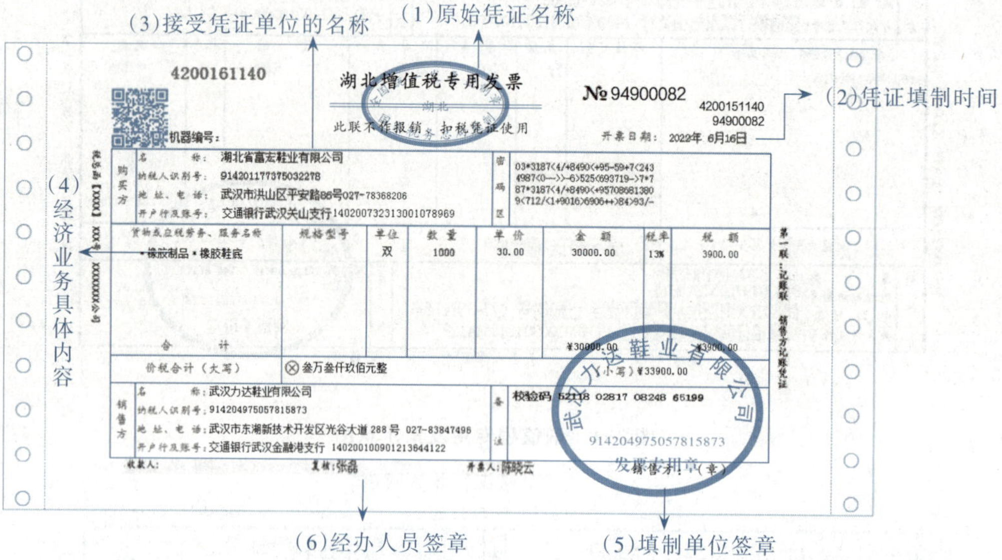

图2-4　增值税专用发票示意图

小知识2-1　实际工作中，除上述基本要素外，企业可以根据经营管理和特殊业务的需要在原始凭证上增加一些内容。对于不同单位经常发生的共同性经济业务，有关部门可以制定统一的凭证格式。例如，银行统一制定的银行结算凭证，标明了收款方和付款方的名称、账号等内容；国家铁路局统一制定的铁路运输单，标明了发货单位、收货单位、提货方式等内容。另外，单位内部也可以根据管理要求，自行设计有关原始凭证的格式和内容，以便更好地发挥原始凭证的作用。

除了原始凭证应当具备上述基本要素外，企业在使用原始凭证时，还应当注意以下事项：

（1）从外单位取得的原始凭证，应使用正式的发票或收据，发票或收据上应印有税务监制章；开出单位必须加盖本单位公章（发票专用章或财务专用章）。

（2）自制的原始凭证，必须要有经办单位负责人或者由单位负责人指定的人员签名或盖章；开给外单位的原始凭证，还必须加盖本单位公章（发票专用章或财务专用章）。

（3）购买实物的原始凭证，必须要有验收证明。

（4）销售货物发生退货并退还货款时，必须以退货发票或者红字发票、退货入库单和对方的收款收据作为原始凭证。

（5）职工因公出差借款所填制的借款单，必须附在记账凭证之后。收回借款时，应当另开收据或者退还借据副本，不得退还原借款收据。

（6）经上级有关部门批准的经济业务事项，应当将批准文件作为原始凭证附件；如果批准文件需要单独归档，应当在凭证上注明文件的批准机关名称、日期和文号，以便确认经济业务的审批情况并方便查询。

随学随练 2-3

原始凭证的基本要素

学习子任务二

认识原始凭证的种类

原始凭证依据不同的分类标准，可以分为不同的种类。按来源不同，原始凭证可以分为外来原始凭证和自制原始凭证；按填制手续和内容不同，原始凭证可以分为一次凭证、累计凭证和汇总凭证；按格式不同，原始凭证可以分为通用凭证和专用凭证。

一、原始凭证按来源不同分类

重难点微课 2-2

原始凭证的种类

（一）外来原始凭证

外来原始凭证是在经济业务发生或完成时，由经办人员从其他单位或个人处直接取得的，如从银行取得的各种结算凭证、从供货单位取得的购货发票、对外支付款项取得的收据、上缴税务的缴税单、乘坐交通工具的车船票等。除车船票以外，凡是外来的原始凭证都必须由开具单位加盖公章（发票专用章或财务专用章）方为有效。其中，“电子缴税付款凭证”的一般格式如图 2-5 所示。

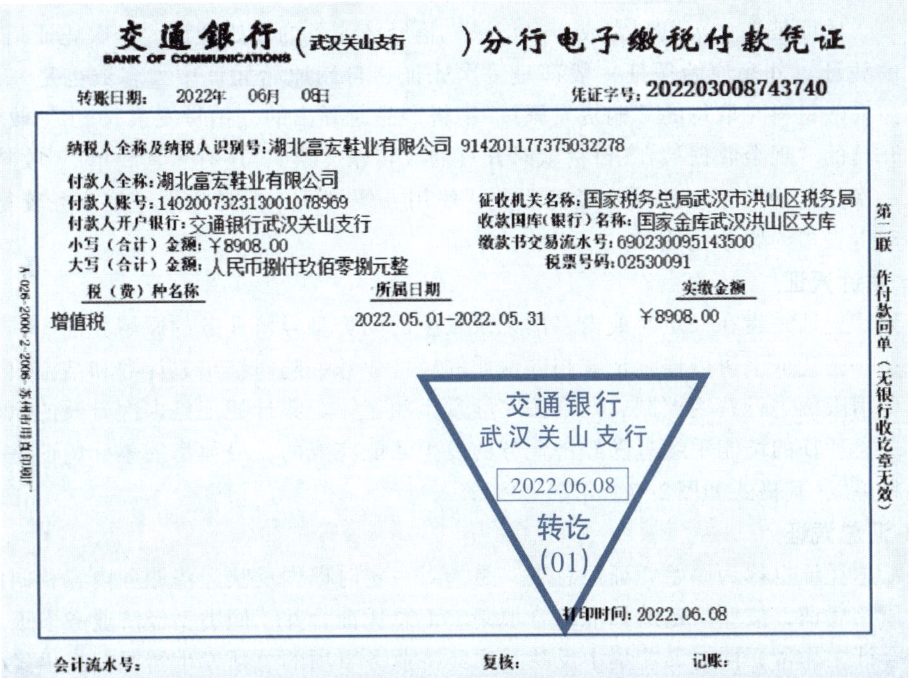
交通银行（武汉关山支行　　）分行电子缴税付款凭证

BANK OF COMMUNICATIONS

转账日期：2022年　06月　08日　　凭证字号：202203008743740

纳税人全称及纳税人识别号：湖北富宏鞋业有限公司 914201177375032278

付款人全称：湖北富宏鞋业有限公司

付款人账号：140200732313001078969　　征收机关名称：国家税务总局武汉市洪山区税务局

付款人开户银行：交通银行武汉关山支行　　收款国库（银行）名称：国家金库武汉洪山区支库

小写（合计）金额：¥8908.00　　缴款书交易流水号：690230095143500

大写（合计）金额：人民币捌仟玖佰零捌元整　　税票号码：02530091

税（费）种名称	所属日期	实缴金额
增值税	2022.05.01-2022.05.31	¥8908.00

打印时间：2022.06.08

第二联　作付款回单（无银行收讫章无效）

会计流水号：　　复核：　　记账：

图 2-5　电子缴税付款凭证示意图

（二）自制原始凭证

自制原始凭证是由本单位内部经办业务的部门或人员，在执行或完成某项经济业务时填制的，仅供本单位内部使用的原始凭证。例如，企业购进材料时由仓库保管人员填制的“入库单”或“收料单”、生产车间向仓库领用材料时填制的“领料单”（如图2-6所示）、销售部门销售商品时仓库保管人员填制的“产品出库单”、企业结算工资时所用的“工资结算单”，还有“材料耗用分配表” “固定资产折旧计算表”“生产费用分配表”等。

领　料　单

领料部门：生产部

用　途：生产产品　　　　2022年 06月 28日　　　　第153　号

材料			单位	数量		成本	
编号	名称	规格		请领	实发	单价	总价
001	橡胶鞋底		双	1000	1000	30.00	30000.00
合计	--	--	--	--	--	--	30000.00

业务联

部门经理：李明　　会计：陈晓云　　仓库：王建国　　经办人：于军

图2-6　领料单示意图

随学随练2-4

原始凭证按来源分类

二、原始凭证按填制手续和内容不同分类

（一）一次凭证

一次凭证是指一次填制完成、只记录一笔经济业务的原始凭证。一次凭证是一次有效的凭证。外来原始凭证一般都是一次凭证，自制原始凭证中大多数也是一次凭证，如采购材料时取得的“购货发票”、销售产品时开出的“销货发票”、出纳收到款项时开具的“现金收据”、支付货款时开具的“转账支票”，还有“领料单”“收料单”等。一次凭证能够清晰地反映经济业务，使用方便灵活。但是如果经济业务较复杂，则会产生较多的原始凭证。

（二）累计凭证

累计凭证是指在一定时期内多次记录发生的同类型经济业务的原始凭证。其特点是，在一张凭证上可以连续记载相同性质的经济业务，随时结出累计数和结余数，并按照费用限额进行费用控制，期末按实际发生额记账。累计凭证是多次有效的原始凭证，这类凭证的填制手续是随经济业务的发生才能完成的。最典型的累计凭证是“限额领料单”，其格式如图2-7所示。

（三）汇总凭证

汇总凭证也称为原始凭证汇总表，是指对一定时期内反映经济业务内容相同的若干张原始凭证，按照一定的标准综合填制。汇总凭证合并了同类型经济业务事项，减少了会计工作量，同时又能集中反映某项经济业务事项的总括发生情况，提供经营管理所需要的总量指标，大大简化了核算手续。汇总凭证所汇总的内容，只能是同类型经济业务，不能将不同类型的经济业务汇总在一张汇总凭证上。常见的汇总凭证有“工资结算汇总表”（见表2-1）、“销售日报表”、“差旅费报销单”（如图2-8所示）等。

限额领料单

领料部门：南2号生产车间　　　　　　　　　　　　凭证编号：10678650

用途：生产　　　　2022年 06月 / 日　　　　发料仓库：第五仓库

材料类别	材料编号	材料名称及规格	计量单位	领用限额	实际领用	单价	金额	备注
		橡胶鞋底	双	1000	900	30.00	27000.00	

供应部门负责人：王建国　　　　生产计划部门负责人：王晓

日期	数量		领料人签章	发料人签章	扣除代用数量	退料			限额结余
	请领	实发				数量	收料人	发料人	
2022 06-03	400	400	周雪	徐峰					600
2022 06-16	300	300	周雪	徐峰					300
2022 06-25	200	200	周雪	徐峰					100

第一联 会计联

图2-7　限额领料单示意图

表2-1

工资结算汇总表

年　　月

编号	部门	基本工资	津贴	奖金	缺勤应扣		应付工资	代扣款项		实发工资
					事假	迟到早退		代扣税款	其他代扣	
1	行政办公室									
2	人力资源部									
3	财务部									
4	销售部									
5	采购部									
6	产品生产人员									
7	车间管理人员									
合计										

审核：　　　　　　　　部门负责人：　　　　　　　　制表：

差旅费报销单

2022年 06月 07日　　　　　　　　单据及附件共 5 张

所属部门				销售部	姓名	王雨嫣	出差事由	推介产品	
出发		到达		起止地点		交通费	住宿费	伙食费	其他
月	日	月	日						
06	03	06	03	武汉——上海		328.00			
06	04	06	04	上海——上海		10.00	460.00	300.00	
06	06	06	06	上海——武汉		328.00			
合计	大写金额：人民币壹仟肆佰贰拾陆元整　¥1426.00				预支旅费	0		退回金额	
								补付金额	

现金付讫

总经理：段宏　　财务经理：张磊　　会计：陈晓云　　出纳：汪小凤　　部门经理：李明　　报销人：王雨嫣

图2-8　差旅费报销单示意图

随学随练2-5

原始凭证按填制手续和内容分类

三、原始凭证按格式不同分类

（一）通用凭证

通用凭证是指由有关部门统一印制、在一定范围内使用、具有统一格式和使用方法的原始凭证。由于制作通用凭证的部门不同，通用凭证使用范围也不一样，有些可以在某一地区使用，有些可以在某一行业使用，有些可以在全国通用。通用凭证（如图2-9所示）格式标准，内容规范，便于管理。

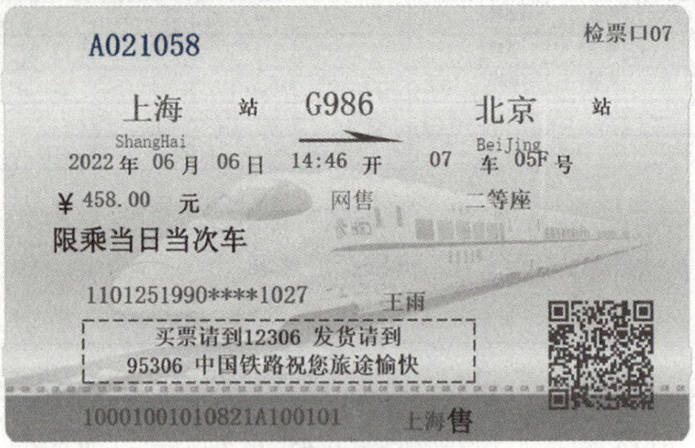

图2-9　火车票示意图

（二）专用凭证

专用凭证是指由单位自行印制、具有统一格式、仅在本单位内部使用的原始凭证，如“借款单”（如图2-10所示）。

借　款　单

2022 年 06 月 20 日　　　　第 00113 号

借款部门	采购部门	姓名	李兴	事由	公差
借款金额（大写）	零万 壹仟 伍佰 零拾 零元 零角 零分				¥ 1500.00　现金付讫
部门负责人签章	陈正兴	借款人签章	李兴	注意事项	一、凡借用公款必须使用本单 二、出差返回后三天内结算
单位领导批示	王红	财务经理审核意见	叶玲娟		

图2-10　借款单示意图

随学随练2-6

原始凭证按格式分类

小知识2-2　对原始凭证的各种分类是相互交叉的。某一原始凭证可以按照不同的分类标准归属于不同的种类，如差旅费报销单按来源属于自制凭证，按填制的手续和内容属于汇总凭证，按格式属于专用凭证。

思考与解读2-1

思考：在识别原始凭证时，交易所涉及的会计主体有哪几个？

解读：在识别原始凭证时，交易所涉及的会计主体一般有两个，以增值税专用发票为例，交易所涉及的会计主体包括购买方和销售方。

2 学习任务二 原始凭证的填制

学习子任务一 理解原始凭证填制要求

一、原始凭证填制的基本要求

原始凭证是编制记账凭证的依据，是会计核算最基础的原始资料。要保证会计核算工作的质量，必须首先保证原始凭证的质量。因此，正确填制原始凭证显得尤为重要。由于原始凭证的具体内容、格式、来源渠道都不一样，其填制的要求也就有一定的区别。例如，“销货发票”是在销售货物后填制的，“领料单”是在生产经营过程中领用材料时填制的，“转账支票”是在付款时填制的，“工资汇总表”是在核发工资时编制的。《会计法》以及《会计基础工作规范》规定，原始凭证的填制应符合下列要求：

重难点微课 2-3 原始凭证的填制要求

随学随练 2-7 原始凭证填制的基本要求

（一）记录真实

填制的原始凭证，必须符合真实性原则的要求。所填写的经济业务事项的内容和数额必须真实可靠，符合国家有关政策、法令、法规、制度的要求，符合有关经济业务的实际情况，不能弄虚作假，更不能伪造、变造凭证。

（二）内容完整

原始凭证所要求填列的项目必须逐项填列齐全，不得遗漏和省略。需要注意的是，凭证日期要按照填制当天的日期来填写；交易内容要完整，不能简化；品名或用途要填写明确，不能含糊不清；有关单位和人员的签章必须齐全。

（三）手续完备

单位自制的原始凭证必须有经办单位负责人或者其他指定人员的签名或盖章；对外开出的原始凭证必须加盖本单位的印章；从外单位取得的原始凭证必须盖有填制单位的印章；从个人处取得的原始凭证必须有填制人员的签名或盖章，以明确经济责任，确保凭证的合法性、真实性。

二、原始凭证填制的书写要求

原始凭证要按规定要求填写，文字精练，字迹清楚，不得使用未经国家公布的简化汉字，大小写金额相符且填写规范。

（一）文字的书写要求

随学随练 2-8 原始凭证文字的书写要求

原始凭证对文字的书写要求如下：

（1）文字要紧靠左竖线书写，文字和左竖线之间不得留有空白部分。

（2）文字不能顶格书写，一般应占行高的1/2或2/3。

（3）文字要用蓝黑墨水或碳素墨水的钢笔书写（填写支票时必须使用碳素墨

水），不得使用铅笔、圆珠笔（用复写纸复写的除外）。

（4）文字要清晰、易辨认，要用正楷或者行书书写。

（二）数字的书写要求

1.阿拉伯数字书写要求

（1）数字应当一个一个地书写，不能连笔书写。

（2）数字应紧靠凭证或账表行格底线书写，字体约占行高的1/2。

（3）在阿拉伯数字前写币种符号时，币种符号与阿拉伯数字之间不得留有空白，阿拉伯数字后边不再写单位。

（4）以“元”为单位的阿拉伯数字，除表示单价外，一律写到角分为止；无角无分的，角分位写“00”或符号“－”；有角无分的，分位应写“0”，不得写“－”。

（5）字体要各自成形，大小匀称，排列整齐，书写应向左方倾斜50°左右。

（6）“0”“6”“8”“9”在书写时圆圈部分应封口，写“6”时比一般数字高出行高的1/4，写“7”“9”时比一般数字矮1/4。

（7）除“4”“5”以外，其他数字应一笔写成。

手写阿拉伯数字书写范例，如图2-11所示。

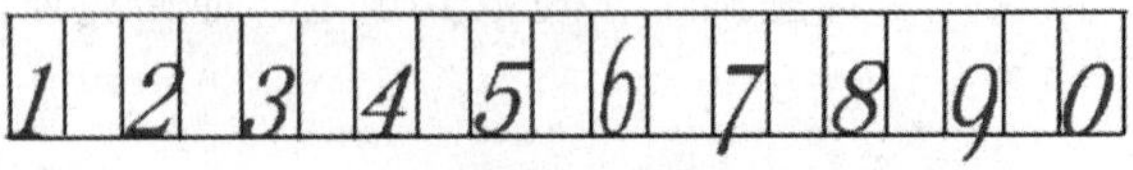

图2-11 手写阿拉伯数字书写范例

2.汉字大写数字书写要求

（1）书写时必须数字、数位、货币计量单位相结合。汉字数字包括“零、壹、贰、叁、肆、伍、陆、柒、捌、玖”，汉字数位包括“拾、佰、仟、万、亿、兆”等，货币计量单位包括“元、角、分”。数字和数位一定要规范用字，切不可自造字，以防篡改。

（2）汉字大写金额前须冠以货币名称，且货币名称和大写数字之间不能留有空白。

（3）汉字大写金额数字到元或角为止的，在“元”或者“角”之后要写“整”或“正”字收尾；有分的，“分”字后面不写“整”或“正”字。

（4）有关“零”字的用法。

①阿拉伯数字中间有一个“0”时，汉字大写金额要写“零”字。如¥407.83，汉字大写应为“人民币肆佰零柒元捌角叁分”。

②阿拉伯金额数字中间连续有几个“0”时，汉字大写金额中可以只写一个“零”字。如¥5 006.27，汉字大写应为“人民币伍仟零陆元贰角柒分”。

③阿拉伯金额数字万位或元位是“0”，或者数字中间连续有几个“0”，元位也是“0”，但仟位、角位不是“0”时，汉字大写金额中可以只写一个“零”字，也可以不写“零”字。如¥43 280.16，汉字大写为“人民币肆万叁仟贰佰捌拾元壹角陆分”，也可以写为“人民币肆万叁仟贰佰捌拾元零壹角陆分”；又如¥5 806 123.00，汉字大写为“人民币伍佰捌拾万陆仟壹佰贰拾叁元整”，也可以写为“人民币伍佰捌拾万零陆

仟壹佰贰拾叁元整”。

④阿拉伯金额数字角位是“0”，分位不是“0”时，汉字大写金额“元”后面应写“零”字。如¥312.01，汉字大写应为“人民币叁佰壹拾贰元零壹分”。

（5）有关“壹”字的用法。汉字大写要求每笔金额必须由数字和数位组成，“壹”字代表数字，在书写时不能遗漏。如¥19.00，汉字大写应为“人民币壹拾玖元整”。

（6）有关日期大写的写法。在填写年时，直接将每个数字大写即可，不用写数位；在填写月、日时，月为1、2和10月的，日为1至9日和10、20、30日的，应在其前加“零”字；日为11至19日的，应在其前加“壹”字。如2022年6月18日，大写应为“贰零贰贰年零陆月壹拾捌日”。“转账支票”支票联的填写如图2-12所示。

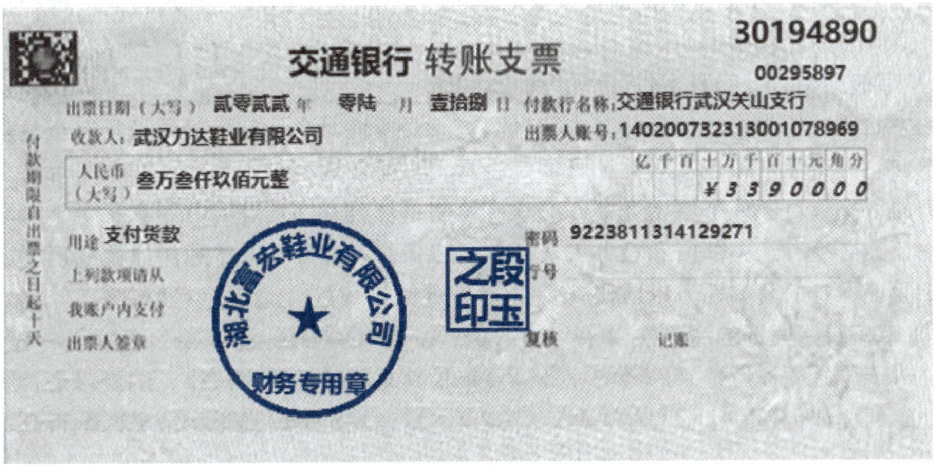
30194890
交通银行 转账支票
00295897
出票日期（大写） 贰零贰贰 年 零陆 月 壹拾捌 日 付款行名称：交通银行武汉关山支行
收款人：武汉力达鞋业有限公司 出票人账号：140200732313001078969
付款期限自出票之日起十天
人民币（大写） 叁万叁仟玖佰元整
亿 千 百 十 万 千 百 十 元 角 分
¥ 3 3 9 0 0 0 0
用途 支付货款 密码 9223811314129271
上列款项请从 行号
我账户内支付
出票人签章 复核 记账

图2-12 “转账支票”支票联示意图

随学随练2-9

原始凭证数字的书写要求

随学随练2-10

原始凭证的修改要求

三、原始凭证填制的修改要求

在填制原始凭证时，如果发生填写错误，应当采用正确的方法予以更正，不得随意涂改、刮擦和挖补。如果原始凭证的金额有错误，应当由原出具单位重新开具，不得在原始凭证上更正。

四、原始凭证的归档要求

（一）编号连续

原始凭证的编号应当连续，这有利于分清会计事项处理的先后顺序，达到防错止弊的目的，同时也便于账证核对，确保原始凭证的真实性、完整性。如果原始凭证已预先印好编号，如支票、发票等凭证，在写错作废时，应加盖“作废”戳记，并妥善保管，不得撕毁。

随学随练2-11

原始凭证的归档要求

（二）取得或填制及时

对于各种原始凭证，单位经办人员应根据经济业务事项的发生或完成情况，在有关制度规定的范围内，及时地填制或取得原始凭证，并按规定的程序及时送交会计机构、会计人员进行审核，保证会计信息的时效性。

3 学习任务三 原始凭证的审核

学习子任务一 理解原始凭证审核要求

重难点微课 2-4

原始凭证的审核

一、原始凭证实质内容的审核

为了如实反映经济业务的发生和完成情况，充分发挥会计的监督职能，保证会计信息的真实性、可靠性和正确性，会计机构、会计人员必须对原始凭证进行严格审核。其具体内容包括：

（一）审核原始凭证的真实性

原始凭证作为会计信息的基本信息源，其真实性对会计信息的质量具有至关重要的影响。真实性审核包括对凭证日期是否真实、业务内容是否真实、数据是否真实等内容的审查。对于外来原始凭证，必须有填制单位公章和填制人员签章；对于自制原始凭证，必须有经办部门和经办人员的签名或盖章。此外，对于通用原始凭证，还应审核凭证本身的真实性，以防假冒。

（二）审核原始凭证的合法性

随学随练2-12

原始凭证实质内容的审核

对于原始凭证所记录的经济业务，要审核其是否违反国家法律、法规，是否履行了规定的凭证传递和审核程序，是否有违反本单位规定的财经纪律情况，是否有贪污腐化行为等。

（三）审核原始凭证的合理性

对于原始凭证中所记录的经济业务，要审核其是否符合企业生产经营活动的需要，是否符合有关计划和预算等。

二、原始凭证表面形式的审核

（一）审核原始凭证的完整性

审核原始凭证中的各项基本要素是否齐全，是否有漏项，日期是否完整，数字是否清晰，字迹是否工整，有关人员的签章是否齐全，凭证联次是否正确等。

（二）审核原始凭证的正确性

随学随练2-13

原始凭证表面形式的审核

审核原始凭证各项金额的计算以及填写是否正确，包括阿拉伯数字分位不得连写；小写金额前要标明“¥”符号，中间不能留有空位；大写金额前要加“人民币”字样，大写金额与小写金额要相符；凭证中有书写错误的，应采用正确的方法更正，不得涂改、刮擦、挖补。

（三）审核原始凭证的及时性

原始凭证的及时性是保证会计信息及时性的基础，为此，要求在经济业务发生或完成时及时填制有关原始凭证，及时进行凭证的传递。审核时应注意审查凭证的填制日期，尤其是支票、银行汇票、银行本票等时效性较强的原始凭证，更应仔细验证其签发日期。

学习子任务二
处理审核后的原始凭证

经审核的原始凭证应根据不同的情况进行不同的处理：

（1）对于审核无误的原始凭证，应及时据以编制记账凭证并入账。

（2）对于记载不准确、不完整的原始凭证，应予以退回，并要求按照国家统一的会计制度的规定更正、补充。

（3）对于不真实、不合法的原始凭证，会计机构、会计人员有权不予接受，并向单位负责人报告。

（4）原始凭证记载的各项内容均不得涂改；原始凭证有错误的，应当由出具单位重开或者更正，更正处应当加盖出具单位的印章。原始凭证金额有错误的，应当由出具单位重开，不得在原始凭证上更正。

原始凭证审核是一项严肃细致、极其重要的工作，会计机构、会计人员必须熟悉国家有关法规和制度以及本单位的有关规定，这样才能掌握审核和判断的标准，确定经济业务是否合理、合法，从而做好原始凭证的审核工作，实现正确有效的会计监督。另外，因为原始凭证所证明的经济业务需要由有关领导和员工去经办，审核人员还必须做好宣传解释工作，这样才能减少和避免违法、违规经济业务的发生。

随学随练2-14

原始凭证审核后的处理

只有经过审核并且无误的原始凭证，才能据以编制记账凭证。

4 学习任务四 电子原始凭证

电子原始凭证，是指单位从外部接收的电子形式的各类原始凭证，包括电子发票、财政电子票据、电子客票、电子行程单、电子海关专用缴款书、银行电子回单等。

来源合法、真实的电子原始凭证与纸质原始凭证具有同等法律效力。

除法律和行政法规另有规定外，同时满足下列条件的，单位可以仅使用电子原始凭证开展财务报销及会计处理：

（1）接收的电子原始凭证经查验合法、真实。

（2）电子原始凭证的传输、存储安全、可靠，对电子原始凭证的任何篡改能够及时被发现。

（3）使用的会计核算系统能够准确、完整、有效地接收和读取电子原始凭证及其元数据，能够按照国家统一的会计制度完成会计核算业务，能够按照国家档案行政管理部门规定的格式输出电子原始凭证及其元数据，设定了经办、审核、审批等必要的审签程序，且能有效防止电子原始凭证重复入账。

（4）电子原始凭证的归档及管理符合《会计档案管理办法》（财政部国家档案局第79号令）等要求。

小知识2-3　在电子发票等电子原始凭证的试点推广过程中，逐步暴露出基层单位在应用电子原始凭证中存在的一些不规范问题，其中直接并仅将电子原始凭证（主要是电子发票）的纸质打印件作为单位报销入账、归档的唯一凭证的现象大量存在。由于电子原始凭证的纸质打印件具有易篡改、易复制且难察觉等特点，其增加了会计人员查验会计凭证的难度，一旦单位或个人重复报销、虚假入账、篡改信息，出现财务造假、偷逃税款等行为，在实际工作中难以发现，会严重干扰和影响单位正常的会计工作秩序，也会使大量珍贵的电子档案资源流失。

根据现行法律和行政法规的规定，电子发票的纸质打印件并不符合会计核算和档案管理关于凭证的印制、填开、使用、归档等有关规定，电子发票的纸质打印件（无论是开票方打印的，还是收票方打印的）不应作为单位报销入账归档的唯一凭证；必须同时保存打印该纸质件的电子原始凭证。

项目阶段测试（线上）

项目技能训练（线上+线下）

◎ 线上技能训练（实训）

◎ 线下技能训练

1.原始凭证类别连连看

出库单
增值税专用发票（采购材料）
收据
车票
餐票
银行结算凭证
入库单
工资结算汇总表
限额领料单
银行汇票
生产领料单

外来原始凭证
自制原始凭证
一次凭证
累计凭证
汇总凭证
专用凭证
通用凭证

2.原始凭证审核与处理

请对下面的原始凭证（如图2-13、图2-14所示）进行审核，并指出其存在的问题及处理措施。

入　库　单

No. 60034169

供货单位：＿＿＿＿＿＿＿＿＿　　　　年　月　日

编　号	品　名	规　格	单位	数　量	单　价	金　额	备　注
1005	特级布料		匹	150	500.00	75,000.00	
1006	碎花全棉布		匹	50	1,000.00	50,000.00	
合					计		

仓库主管：　　记账：　　保管：　　经手人：　　制单：

图2-13　入库单

湖北增值税专用发票

4200151140　　　　№ 98570901　4200151140　98570901

机器编号：982888812388　　　　开票日期：

税总函[2016]××号××××公司

购买方	名　称：湖北省富宏鞋业有限公司 纳税人识别号：914201177375032278 地址、电话：武汉市洪山区平安路86号027-85454783 开户行及账号：中国工商银行武汉关山支行622208902847297382	密码区	172312-4-275＜1+46*54* 82*59* 181321＞＜8182*59*09618153＜/ ＜4＜3*2702-9＞9*+153＜/0 ＞2-3 *08/4＞*＞＞2-3*0/9/＞＞25-275＜1

货物或应税劳务、服务名称	规格型号	单位	数量	单价	金额	税率	税额
特级布料		匹	150	500.00	75,000.00	13%	9,750.00
合　计					¥75,000.00		
价税合计（大写）	⊗柒万伍仟元整				（小写）¥75,000.00		

销售方	名　称：武汉华泰商贸有限公司 纳税人识别号：110135971762358 地址、电话：武汉市江城路35号 开户行及账号：	备注	校验码 52118 02817 08248 65199

收款人：　　复核：　　开票人：王伟　　销售方：（章）

第三联：发票联　购买方记账凭证

（印章：武汉万达鞋业有限公司　914204975057815873　发票专用章）

图2-14　增值税专用发票

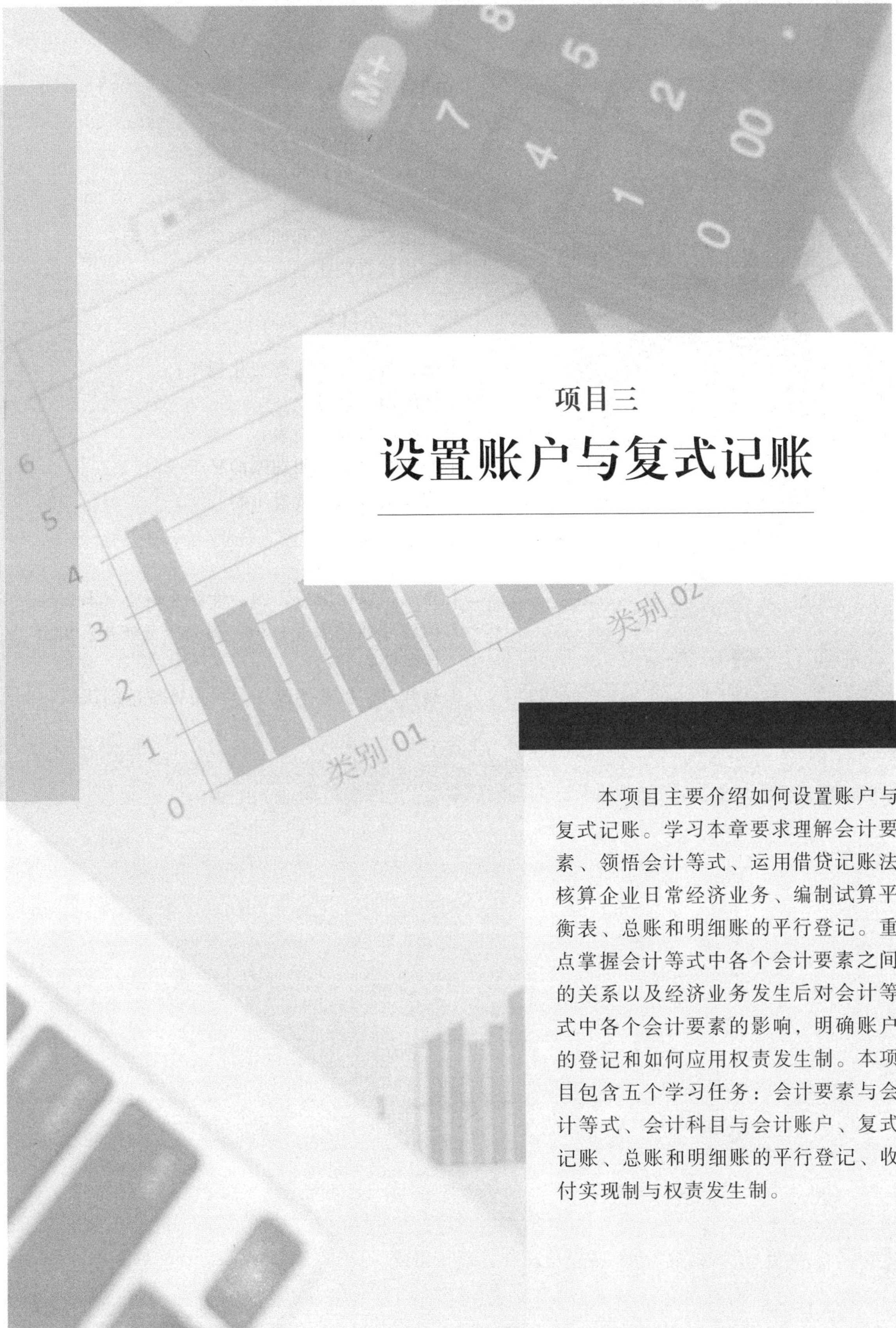

项目三

设置账户与复式记账

本项目主要介绍如何设置账户与复式记账。学习本章要求理解会计要素、领悟会计等式、运用借贷记账法核算企业日常经济业务、编制试算平衡表、总账和明细账的平行登记。重点掌握会计等式中各个会计要素之间的关系以及经济业务发生后对会计等式中各个会计要素的影响，明确账户的登记和如何应用权责发生制。本项目包含五个学习任务：会计要素与会计等式、会计科目与会计账户、复式记账、总账和明细账的平行登记、收付实现制与权责发生制。

知识传授目标

1. 理解会计要素和会计等式；
2. 理解会计科目和会计账户；
3. 应用借贷记账法；
4. 应用总分类账和明细账的平行登记；
5. 应用权责发生制。

能力培养目标

1. 能分析会计等式的变化规律；
2. 能编制会计分录；
3. 能编制试算平衡表；
4. 能进行总账和明细账的平行登记；
5. 能准确应用权责发生制。

价值塑造目标

1. 养成“强化服务”的会计职业道德意识；
2. 构建“强化服务意识，提高服务质量”的会计职业素养；
3. 提升对“敬业奉献”公民道德规范的认识。

项目思维导图

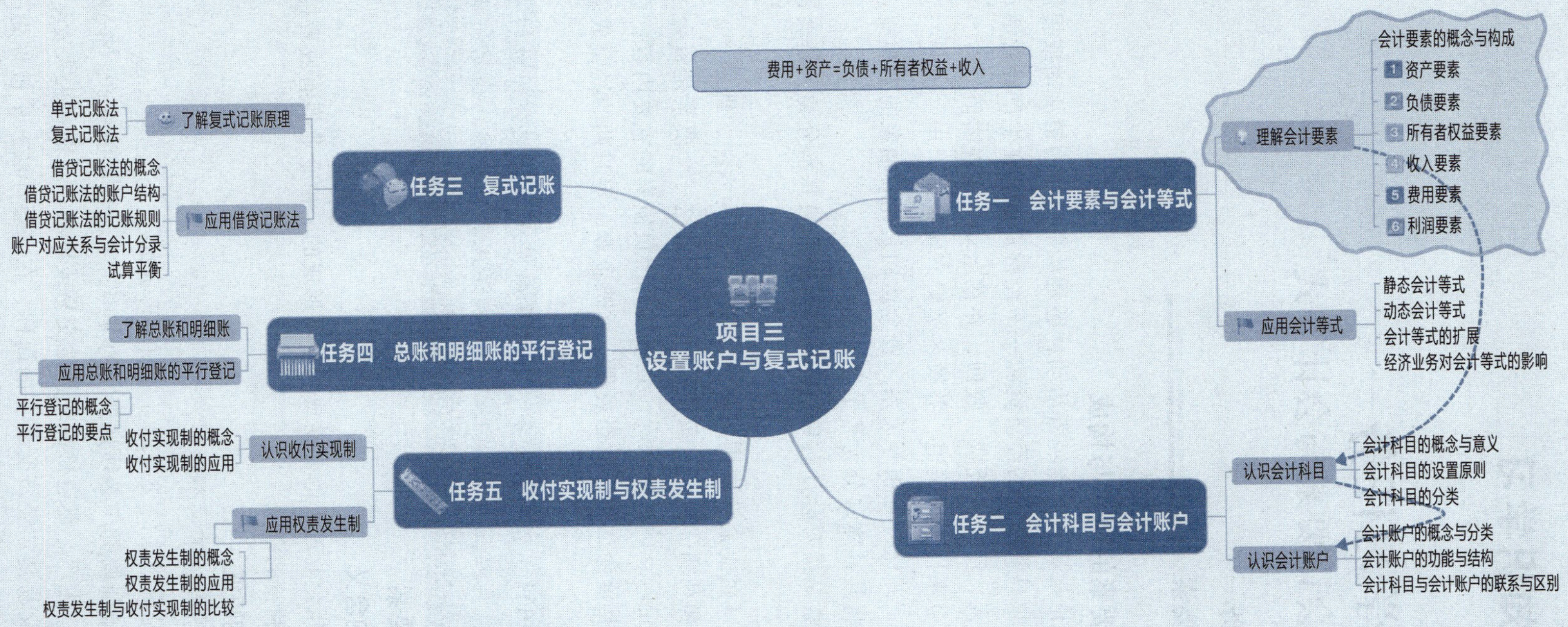
项目三
设置账户与复式记账
任务一　会计要素与会计等式
理解会计要素
会计要素的概念与构成
1 资产要素
2 负债要素
3 所有者权益要素
4 收入要素
5 费用要素
6 利润要素
应用会计等式
静态会计等式
动态会计等式
会计等式的扩展
经济业务对会计等式的影响
费用+资产=负债+所有者权益+收入
任务二　会计科目与会计账户
认识会计科目
会计科目的概念与意义
会计科目的设置原则
会计科目的分类
认识会计账户
会计账户的概念与分类
会计账户的功能与结构
会计科目与会计账户的联系与区别
任务三　复式记账
了解复式记账原理
单式记账法
复式记账法
应用借贷记账法
借贷记账法的概念
借贷记账法的账户结构
借贷记账法的记账规则
账户对应关系与会计分录
试算平衡
任务四　总账和明细账的平行登记
了解总账和明细账
应用总账和明细账的平行登记
平行登记的概念
平行登记的要点
任务五　收付实现制与权责发生制
认识收付实现制
收付实现制的概念
收付实现制的应用
应用权责发生制
权责发生制的概念
权责发生制的应用
权责发生制与收付实现制的比较

项目知识学习

项目导入与案例分析

华为的财务和内控

1 学习任务一 会计要素与会计等式

学习子任务一 理解会计要素

一、会计要素的概念与构成

重难点微课3-1

会计要素

企业无论是从事生产经营活动，还是从事商品购销活动或提供劳务服务活动，其前提都是必须具备一定的经济资源——经营资金。在生产经营活动中，这些经济资源被不断地投入、使用或耗费、收回，并在运动中实现增值。

经营资金来自多种渠道，并被各类财产物资所占用，因此经营资金包括来源和占用两个方面，并保持着相等关系。资金运动是比较抽象的宏观概念，为更好地进行会计核算，可将其具体划分为若干会计要素。

会计要素是指对会计对象具体内容所做的最基本分类，是会计对象基本的、主要的组成部分。

随学随练3-1

会计要素的概念与构成

我国的《企业会计准则》将会计要素划分为六项，即资产、负债、所有者权益、收入、费用和利润。资产、负债、所有者权益这三个要素是资金运动的静态表现，反映企业在一定时点的财务状况，是组成资产负债表的主要内容；而收入、费用、利润这三个要素是资金运动的动态表现，反映企业一定时期的经营成果，是组成利润表的主要内容。

小链接3-1 中华人民共和国财政部发布《企业会计准则——基本准则》，自2007年1月1日起施行。以上部分内容详见第一章总则的第十条，链接为https：//baike.baidu.com/item/企业会计准则/5029202?fr=aladdin。

二、资产要素

（一）资产的含义

资产是指企业过去的交易或者事项形成的、由企业拥有或者控制的、预期会给企业带来经济利益的资源。

（二）资产的特征

资产一般有以下三个特征：

1.资产是由过去的交易或者事项所形成的

这一特征强调资产必须是现实的资产，不是预期的资产。企业过去的交易或者事项包括购买、生产、建造行为或其他交易或事项。预期在未来发生的交易或者事项不形成资产。交易是“经济交易”的简称，在《会计法》中被称为“经济业务”，是指企业与其他单位和个人之间发生的各种经济利益交换，如商品的采购与销售、劳务的接受与提供等。事项是“经济事项”的简称，是指企业内部发生的具有经济影响的各类事件，如计提固定资产折旧、生产车间领用存货等。

2.资产是由企业拥有或控制的

拥有，是指该项资产的法定所有权属于本企业；控制，是指虽然本企业并不拥有该项资产的法定所有权，但是该项资产上的主要报酬和风险均已由本企业所承担，如融资租入固定资产。

3.资产预期会给企业带来经济利益

预期会给企业带来经济利益，是指直接或者间接导致现金和现金等价物流入企业的潜力。企业一些已经不能带来未来经济利益流入的项目，如陈旧毁损的实物资产、已经无望收回的债权等，都不能再作为资产进行核算和呈报。

（三）资产的分类

企业的资产按其流动性，分为流动资产和非流动资产。

1.流动资产

流动资产是指预计在一个正常营业周期中变现、出售或耗用，或者主要为交易目的而持有，或者预计在资产负债表日起1年内（含1年）变现的资产，以及自资产负债表日起1年内交换其他资产或清偿负债的能力不受限制的现金或现金等价物。其主要包括库存现金、银行存款、其他货币资金、交易性金融资产、应收及预付款项、存货等。

变现，就是转化为现金（货币资金）或现金等价物，如收回应收账款及预付款项、销售商品收回货款等；耗用，指的是在生产经营过程中的消耗使用，如原材料被生产领用，固定资产在生产经营中消耗、磨损等。

2.非流动资产

非流动资产是指除流动资产以外的资产，如长期股权投资、固定资产、在建工程、无形资产和长期待摊费用等。

固定资产，是指企业为生产产品、提供劳务、出租或经营管理而持有，且使用期限超过1个会计年度的房屋、建筑物、机器设备、运输工具以及其他与生产、经营有关的设备、器具、工具等，还包括企业购置计算机硬件所附带的、未单独计价的软件。

随学随练3-2

会计要素
——资产

无形资产，是指企业持有的、没有实物形态的非货币性长期资产，包括专利权、非专利技术、商标权、著作权、土地使用权、特许经营权等。

长期待摊费用，是指企业已经发生但应由本期和以后各期负担的分摊期限在1年以上的各项费用，如以经营租赁方式租入的固定资产发生的改良支出等。

三、负债要素

（一）负债的含义

负债是指由于过去的交易或事项形成的现时义务，履行该义务预期会导致经济利益流出企业。

（二）负债的特征

与资产的特征相对应，负债一般具有以下三个特征：

（1）负债是由企业过去的交易或者事项形成的。

（2）负债是企业承担的现时义务。

（3）清偿负债会导致未来经济利益流出企业。

（三）负债的分类

企业的负债按其流动性，分为流动负债和非流动负债。

1.流动负债

流动负债是指预计在一个正常营业周期中偿还，或者主要为交易目的而持有，或者自资产负债表日起1年内（含1年）到期应予以清偿，或者企业无权自主地将清偿推迟至资产负债表日后1年以上的负债。其包括短期借款、应付票据、应付账款、预收账款、应付职工薪酬、应付股利、应交税费、其他应付款等。

随学随练3-3

会计要素——负债

2.非流动负债

非流动负债是指除流动负债以外的负债，如长期借款、应付债券、长期应付款等。

四、所有者权益要素

（一）所有者权益的含义

所有者权益，是指企业的资产扣除负债后，由所有者享有的剩余权益。所有者权益是所有者对企业资产的剩余索取权，是企业的资产扣除债权人权益后应由所有者享有的部分。

（二）所有者权益的内容

所有者权益的来源主要包括所有者投入的资本、直接计入所有者权益的利得和损失以及留存收益等，通常由实收资本（或者股本）、资本公积（含股本溢价或资本溢价、其他资本公积）、盈余公积、未分配利润、其他综合收益、其他权益工具等构成。

实收资本（或者股本），是投资者以现金、实物、无形资产以及其他方式实际投入企业经营活动中的各种财产物资。其可以分为国家资本金、法人资本金、个人资本金和外商资本金。

资本公积包括资本溢价（或股本溢价）和其他资本公积。资本溢价（或股本溢价）是企业收到的投资者超出其在企业注册资本（或股本）中所占份额的投资。形成资本溢价（或股本溢价）的原因有溢价发行股票、投资者超额缴入资本等。其他资本公积是指除资本溢价（或股本溢价）项目以外所形成的资本公积。资本公积一般应当设置“资本（或股本）溢价”“其他资本公积”明细科目进行核算。

盈余公积，是企业按照规定从净利润中提取的各种积累资金。它可以分为法定盈余公积与任意盈余公积。盈余公积既可以用于弥补亏损，也可以用于转增资本，还可以向投资者分配利润。

未分配利润，是指税后利润经提取盈余公积、向所有者分配利润后的余额，可以留待以后年度进行分配。

其他综合收益，是指企业直接计入所有者权益的利得和损失。

其他权益工具，核算企业发行的除普通股以外的归类为权益工具的各种金融工具。

（三）所有者权益与负债的区别

所有者权益和负债都是对企业财产的要求权，但二者又存在明显的区别，主要体现在以下四个方面：

首先，对象不同。负债是企业对债权人负担的经济责任；所有者权益是企业对投资人负担的经济责任。

其次，性质不同。负债是在经营或其他事项中发生的债务，是债权人对其债务的权利；所有者权益是投资者对其投入的资本及投入资本的运用所产生的盈余（或亏损）的权利。

再次，偿还期限不同。负债必须于一定时期（特定日期或确定的时期）偿还；所有者权益一般只有在企业解散清算时（除按法律程序减资外），其破产财产在偿付了破产费用、债权人的债务等以后，如有剩余财产，才可能还给投资者。在企业持续经营的情况下，一般不能收回投资。

最后，享受的权利不同。债权人只享有收回债务本金和利息的权利，无权参与企业经营决策及收益分配。而除某些特殊情况之外，所有者既可以获得收益分配，还可以参与经营和决策。

随学随练3-4

会计要素——所有者权益

从会计核算角度看，不同组织形式的企业，在对资产、负债、收入、费用和利润的会计核算中一般并无区别，但在所有者权益的核算上却差别很大，尤其是对公司制企业中的股份有限公司所有者权益的核算，由于涉及每个股东、债权人以及其他利益相关者的利益，往往在法律上规定得比较详细，如我国《公司法》对公司制企业的股票发行、转让以及利润的分配、减资等均作了比较详细的规定。

五、收入要素

（一）收入的含义

收入是指企业在日常活动中形成的、会导致所有者权益增加的、与所有者投入资本无关的经济利益的总流入。

（二）收入的特征

收入通常具有以下三个特征：

（1）收入是企业在日常活动中形成的。日常活动，是企业为完成其经营目标所从事的经常性活动，以及与之相关的活动。通常，企业的日常活动包含销售商品、提供劳务和让渡资产使用权。

（2）收入是与所有者投入资本无关的经济利益的总流入。收入应当带来经济利益的流入，从而实现资产的增加。例如，企业销售商品，应当收到现金或者有权在未来收到现金，才表明该交易符合收入的定义。但是在实务中，经济利益的流入有时是所有者投入资本的增加实现的，所有者投入资本的增加不应当确认为收入，应当将其直接确认为所有者权益。

（3）收入会导致所有者权益的增加。与收入相关的经济利益的流入应当导致所有者权益的增加，不会导致所有者权益增加的经济利益的流入不符合收入的定义，不应确认为收入。例如，企业向银行借入款项，虽然也导致经济利益流入企业，但该流入并不导致所有者权益的增加，反而使企业承担了一项现时义务。因此，企业因借入款项所导致的经济利益的增加，不应将其确认为收入，应当确认为一项负债。

（三）收入的分类

随学随练3-5

会计要素——收入

收入按企业日常业务的主次不同，分为主营业务收入和其他业务收入。

主营业务收入，是企业从事基本营业活动所取得的收入，如工业企业销售产品所取得的收入。

其他业务收入，是企业从事除主营业务以外的其他业务活动所取得的收入，如工业企业销售材料和出租固定资产等取得的收入。

六、费用要素

（一）费用的含义

费用是企业在日常活动中发生的、会导致所有者权益减少、与向所有者分配利润无关的经济利益的总流出。

（二）费用的特征

与收入的特征相对应，费用通常具有以下特征：

（1）费用是企业在日常活动中发生的。

（2）费用会导致所有者权益的减少。

（3）费用是与向所有者分配利润无关的经济利益的总流出。

（4）费用是为取得收入而付出的代价，因此费用一定要与收入配比才能确定。不是为取得收入而形成的各类资产的减少或负债的增加，不属于费用的范围。

（三）费用的分类

费用按是否计入成本，分为计入成本的费用和计入损益的费用。计入成本的费用通常称为“生产成本”，按计入方式，又可以分为直接费用和间接费用。其具体含义分别为：

1.计入成本费用的直接费用

计入成本费用的直接费用，是指直接为生产产品或提供劳务而发生的费用，包括直接材料、直接人工和其他直接费用。计入成本费用的直接费用直接计入生产成本。

2.计入成本费用的间接费用

计入成本费用的间接费用，是指企业各生产单位（分厂、车间）为组织和管理生产所发生的共同费用以及生产几种产品共同发生的生产费用。例如，生产车间为组织和管理生产发生的各项费用，包括车间管理人员的工资、车间固定资产的折旧费等。再如，对于生产几种产品共同发生的生产费用，应当按照受益原则，采用适当的方法和程序分配计入相关产品的生产成本。计入成本费用的间接费用分配计入生产成本。

3.计入损益的费用

计入损益的费用主要指期间费用，即不计入生产成本，而在发生的会计期间直接计入当期损益的费用，包括销售费用、管理费用和财务费用。

小案例 3-1 蓝天服装厂设有西服生产车间和皮衣生产车间，3 月份西服布料耗用费用为 50 000 元，皮料耗用费用为 60 000 元，西服车间主任的工资为 8 000 元，皮衣车间主任的工资为 7 500 元。其中，直接耗用的西服布料和皮料费用能够分清是哪种产品耗用，因此直接记入“生产成本——西服”“生产成本——皮衣”，车间主任的工资与产品形成没有直接关系，因此先记入“制造费用——西服车间”“制造费用——皮衣车间”。

随学随练 3-6

会计要素——费用

七、利润要素

（一）利润的含义

利润是指企业在一定会计期间内的经营成果，包括收入减去费用后的净额、直接计入当期利润的利得和损失等。

（二）利润的分类

利润一般划分为三个层次，即营业利润、利润总额和净利润。

营业利润是指营业收入减去营业成本、税金及附加、期间费用（包括销售费用、管理费用和财务费用）、研发费用、资产减值损失，加上其他收益，加上公允价值变动收益（或减损失）、加上投资收益（或减损失）、加上资产处置收益（或减损失）后的金额。

随学随练 3-7

会计要素——利润

利润总额是指营业利润加上营业外收入减去营业外支出后的金额，即税前利润。

净利润是指利润总额减去所得税费用后的金额，即税后利润。

学习子任务二
应用会计等式

重难点微课 3-2

会计等式

会计等式，是指会计要素之间基本数量关系的表达式。会计等式是对会计要素的性质及相互之间的内在经济关系所作的概括和科学的表达，是正确地设置账户、复式记账、试算平衡和设计与编制财务报表的重要理论依据。会计等式一般包含静态会计等式和动态会计等式。

一、静态会计等式

任何企业为了实现其经营目标，都必须拥有一定数量的资产。企业的资产有两个来源：一是所有者提供的；二是债权人提供的。所有者和债权人对企业资产的要求权统称为权益，其中债权人权益在会计上又称为负债。资产和权益，或者说资金占用和资金来源，总是保持着相等的关系，即企业中各类资产总额和形成资产的权益总额必然相等。由此我们可以得出这样一个会计等式：

资产=权益

它是表明各会计要素之间基本关系的恒等式，也称为会计平衡公式。

其中，投资者的资本投入称为所有者权益，债权人对企业所拥有的权益称为负债。因此，上述等式也可以表述为：

资产=负债+所有者权益

这一平衡公式反映了会计要素（资产、负债和所有者权益）之间的数量关系和企业资产的归属关系，表明企业和所有者是各自独立存在的。同时，该等式还反映了企业在某一时日（期初或者期末）的财务状况，故又称为静态会计等式，也称为基本会计等式。

【例 3-1】湖北东方公司为一家国有独资企业，于2022年1月1日正式开业。(1) 开业前收到国家投资款500 000元，存入银行；(2) 购置设备一批，以银行存款支付价款200 000元；(3) 购置低值易耗品和物料用品一批，价款共计100 000元，以银行存款支付价款80 000元，另20 000元暂欠；(4) 从银行存款中提取现金20 000元，以备零星支付之用。

随学随练 3-8

静态会计等式

解析：公司开业前拥有资产总计为520 000元，其中固定资产200 000元，存货100 000元，库存现金20 000元，银行存款200 000元。开业前的应付账款为20 000元，所有者投资500 000元，即权益总计为520 000元。资产总计等于权益总计（负债+所有者权益）。

二、动态会计等式

企业经营的目的是获得利润。在每一个会计期间，一方面企业要获取收入，另一方面也会发生与获取收入有关的费用。收入抵销费用后如有剩余，则为盈利；如收入不足以抵销费用，则为亏损。盈利和亏损都是利润的具体表现形式。

随学随练 3-9

动态会计等式

收入、费用和利润三者的关系，用公式表示为：

收入-费用=利润

这一等式表明了一定期间经营成果与相应会计期间的收入和费用的关系，故又称为动态会计等式。

三、会计等式的扩展

企业是所有者的企业，因此生产经营活动中实现的盈利属于所有者所有，发生的亏损也由企业的所有者承担。盈利的实现表明所有者在企业中的所有者权益数额增加；反之，亏损的发生则表明所有者在企业中的所有者权益数额减少。将“收入-费用=利润”代入“资产=负债+所有者权益”，可得出如下扩展的会计等式：

资产=负债+所有者权益+利润

资产=负债+所有者权益+（收入-费用）

在会计核算中，企业缴纳所得税后的利润又称净利润，也称净收益。企业的净收益经过利润分配所形成的盈余公积和未分配利润，是所有者权益的组成内容。所以，会计等式又可恢复为：

资产=负债+所有者权益

重难点微课 3-3

经济业务对会计等式的影响

四、经济业务对会计等式的影响

企业在生产经营过程中会不断地发生各种经济业务。这些经济业务的发生会对有关会计要素产生影响，但是却不会破坏上述等式（即：资产=负债+所有者权益）的恒等关系。其原因在于一个企业的经济业务虽然数量多、花样繁，但归纳起来不外乎以下四种类型、九种情况：

1.经济业务的发生，引起等式左边资产项目内部一增一减，增减金额相等，故等式保持平衡。

2.经济业务的发生，引起等式右边负债和所有者权益项目内部一增一减，增减金额相等。这里又可分为四种情形：

（1）经济业务的发生，引起等式右边的负债项目内部此增彼减，但增减金额相等，故等式保持平衡。

（2）经济业务的发生，引起等式右边的所有者权益项目内部此增彼减，但增减金额相等，故等式保持平衡。

（3）经济业务的发生，导致等式右边的负债项目增加，而所有者权益项目减少，但增减金额相等，故等式保持平衡。

（4）经济业务的发生，引起等式右边的所有者权益项目增加，而负债项目减少，但增减金额相等，故等式保持平衡。

3.经济业务的发生，引起等式两边同时增加，但增加的金额相等，等式保持平衡，等式两边的总额同时增加。这里又可分为两种情形：

（1）经济业务的发生，引起等式左边的资产项目和右边的负债项目同时增加相同金额，故等式保持平衡。

（2）经济业务的发生，引起等式左边的资产项目和右边的所有者权益项目同时增加相同金额，故等式保持平衡。

4.经济业务的发生，引起等式两边同时减少，但减少的金额相等，等式保持平衡，等式两边的总额同时减少。这里又可分为两种情形：

（1）经济业务的发生，引起等式左边的资产项目和右边的负债项目同时减少相同金额，故等式保持平衡。

（2）经济业务的发生，引起等式左边的资产项目和右边的所有者权益项目同时减少相同金额，故等式保持平衡。

【例3-2】承接【例3-1】，湖北东方公司2022年1月发生下列经济业务：

（1）购入原材料一批，价款5 000元，暂欠供货单位货款。

解析：这笔经济业务使属于资产要素的存货项目增加5 000元，同时使属于负债要素的应付账款项目增加5 000元，会计等式两方同时增加，总额相等。

——资产与负债同时增加

（2）收到国家追加投资款100 000元，已划入在银行开立的存款户。

解析：这笔经济业务使银行存款项目增加100 000元，同时使实收资本项目增加100 000元，会计等式两方同时增加，总额相等。

——资产与所有者权益同时增加

（3）开出转账支票一张，从银行存款账户中支付20 000元，归还前欠购置低值易耗品的价款。

解析：银行存款项目减少20 000元，同时使应付账款项目减少20 000元，会计等式两方同时减少，两方总额依然相等。

——资产与负债同时减少

（4）开业前购置的某项新设备调拨给另一家国有独资有限责任公司，该项设备的价款为40 000元，协议规定调整国家资本金。

解析：这笔经济业务使固定资产项目减少40 000元，同时使实收资本项目减少40 000元，会计等式两方同时减少，两方总额相等。

——资产与所有者权益同时减少

（5）购入燃料100千克，价款1 000元，以银行存款支付。

解析：这笔经济业务使属于资产要素的存货项目增加1 000元，同时使属于资产要素的银行存款项目减少1 000元，即会计等式的资产要素有增有减，没有发生变动，两方总额依然相等。

——一项资产增加，一项资产减少

（6）给供货单位开出商业票据一张，金额为5 000元，偿还前欠货款。

解析：这笔经济业务使应付票据项目增加5 000元，同时使应付账款项目减少5 000元，即会计等式的负债要素有增有减，没有变化，总额相等。

——一项负债增加，一项负债减少

（7）按照法定程序，将盈余公积20 000元转增资本金。

解析：这笔经济业务使实收资本项目增加20 000元，使盈余公积项目减少20 000元，即会计等式的所有者权益项目有增有减，没有发生变动，总额相等。

——一项所有者权益增加，一项所有者权益减少

（8）进行利润分配，应付投资者利润40 000元。

解析：这笔经济业务使应付利润项目增加40 000元，使未分配利润项目减少40 000元，会计等式的一方有增有减，总额相等。

——一项负债增加，一项所有者权益减少

（9）按国家有关部门的通知，将一笔长期借款35 000元转作国家追加投资。

解析：这笔经济业务使实收资本增加35 000元，长期借款项目减少35 000元，会计等式一方有增有减，而会计等式另一方没有发生变动，总额相等。

——一项所有者权益增加，一项负债减少

本月发生以上经济业务后，湖北东方公司资产总额=520 000+5 000+100 000−20 000−40 000−1 000+1 000=565 000（元），负债总额=20 000+5 000−20 000+5 000−5 000+40 000−35 000=10 000（元），所有者权益总额=500 000+100 000−40 000+20 000−20 000−40 000+35 000=555 000（元）。通过以上计算可得，资产（565 000元）=负债（10 000元）+所有者权益（555 000元），会计等式保持平衡。

下面，进一步分析经济业务的发生对扩展会计等式的影响：

（1）企业收入的取得，或者表现为资产要素和收入要素同时、同等金额的增加，或者表现为收入要素的增加和负债要素同等金额的减少，结果等式仍然保持平衡。

	资产	+	费用	=	负债	+	所有者权益	+	收入
收入和资产同时增加	+								+
收入增加、负债减少					−				+

（2）企业费用的发生，或者表现为负债要素和费用要素同时、同等金额的增加，或者表现为费用要素的增加和资产要素同等金额的减少，结果等式仍然保持平衡。

	资产	+ 费用	= 负债	+ 所有者权益	+ 收入
费用和负债同时增加		+	+		
费用增加、资产减少	−	+			

（3）在会计期末，将收入与费用相减得出企业的利润。利润在按规定程序进行分配以后，留存企业的部分（包括盈余公积和未分配利润）转化为所有者权益的增加（或减少），同时要么是资产要素相应增加（或减少），要么是负债要素相应减少（或增加），结果等式仍然保持平衡。

	资产	+ 费用	= 负债	+ 所有者权益	+ 收入
资产和所有者权益同时增加	+			+	
负债减少、所有者权益增加			−	+	

随学随练 3-10

经济业务对会计等式的影响

由于收入、费用和利润这三个要素的变化实质上都可以表现为所有者权益的变化，因此上述三种情况都可以归纳到前面我们总结的九种情况中去。也正因为如此，上述扩展的会计等式才会始终保持平衡。

2 学习任务二 会计科目与会计账户

学习子任务一 认识会计科目

一、会计科目的概念与意义

由于企业的经济业务错综复杂，不同企业会计要素的具体构成内容和金额也千差万别，即使涉及同一项会计要素，也往往具有不同的性质和内容。例如，银行存款和固定资产、长期股权投资虽然都属于资产，但它们在企业经营管理中所起的作用各不相同。短期借款和长期借款虽然都属于负债，但它们的形成原因和偿付期限存在较大差异。营业成本和销售费用虽然都属于费用要素，但它们的产生原因和用途、作用都不一样。可见，会计核算中如果仅使用会计要素是远远不够的，不能满足企业管理的要求。这就需要对会计要素做进一步的分类，对会计要素进一步分类后形成的更具体的项目，称为会计科目。

会计科目是对会计要素具体内容进一步分类后形成的项目名称，如资产要素进一步分类为库存现金、银行存款、应收账款、固定资产等；负债要素进一步分类为短期借款、应付账款、应交税费、应付职工薪酬、长期借款等。设置会计科目的目的是为设置账户并进行分类核算提供依据。

随学随练 3-11

会计科目的概念与意义

会计科目在会计核算中具有重要意义。会计科目是复式记账的基础，也是编制记账凭证的基础，会计科目为成本核算和财产清查提供了前提条件，也为编制会计报表提供了方便。

二、会计科目的设置原则

会计科目的设置，一般需要遵循以下原则：

（一）会计科目的设置，必须结合会计要素的特点

设置会计科目，必须对会计要素的具体内容进行科学的分类，以便分门别类地反映和监督企业发生的各项经济业务。各单位应结合本单位会计要素的特点来确定应设置的会计科目。例如，制造业应设置“生产成本”“制造费用”会计科目，用以核算和监督制造业产品的生产过程，商品流通企业则一般不设置这样的科目。

（二）会计科目的设置，必须符合会计目标的要求

财务会计的目标是提供有用的会计信息，满足与企业有经济利益关系的各方了解企业财务状况和经营成果的需要，满足企业内部加强经营管理的需要。例如，企业的盈亏情况是会计信息使用者非常关心的，为此，必须设置“主营业务收入”“主营业务成本”“管理费用”“财务费用”“本年利润”等科目，用以反映盈亏的形成；为了反映企业的实有资本，需要设置“实收资本”或“股本”科目。

（三）会计科目的设置，必须将统一性与灵活性相结合

目前，我国会计科目大多由财政部统一制定颁布，但企业可根据自身规模的大小和经济业务的繁简程度等自行增设、减少或合并某些会计科目。例如，可根据需要增设“备用金”“在途物资”等会计科目，也可以不单设“预收账款”“预付账款”科目。

随学随练3-12

会计科目的设置原则

（四）会计科目的设置，应保持相对稳定，会计科目的名称要简明、易懂

为了便于不同时期会计资料的分析对比，会计科目的设置应保持相对稳定。此外，每个会计科目都有特定的核算内容，其名称要含义明确、通俗易懂，便于开设和运用账户，不能将不同特征的资料记入同一科目。

三、会计科目的分类

会计科目一般按核算的具体经济内容和提供核算指标的详细程度分类。

（一）会计科目按其核算的具体经济内容分类

会计科目按其核算的具体经济内容，可分为资产类、负债类、共同类、所有者权益类、成本类、损益类六大类。资产类科目是指用于核算资产增减变化、提供资产类项目会计信息的会计科目。负债类科目是指用于核算负债增减变化、提供负债类项目会计信息的会计科目。共同类科目是指可能具有资产性质，也可能具有负债性质的科目，其性质取决于科目核算的结果。所有者权益类科目是指用于核算所有者权益增减变化、提供所有者权益有关项目会计信息的会计科目。成本类科目是指用于核算成本的发生和归集情况、提供成本相关会计信息的会计科目。损益类科目是指用于核算收入、费用以及直接计入利润的利得和损失的发生或归集，提供与一定会计期间损益相关的会计信息的会计科目。

（二）会计科目按其提供核算指标的详细程度分类

1.总分类会计科目

总分类会计科目也称为总账科目或一级会计科目，是对某一会计要素的具体内容进行总括分类而形成的项目。总分类科目的名称和核算内容由财政部统一制定，以国家统一会计制度的形式颁布实施。2006年10月颁布的《企业会计准则——应用指南》

中，对企业应用的一级会计科目及其核算内容作出了规定。“常用会计科目表”中的科目均为总账科目（见表3-1）。

表3-1　**常用会计科目表**

编号	会计科目名称	编号	会计科目名称
	一、资产类	2211	应付职工薪酬
1001	库存现金	2221	应交税费
1002	银行存款	2231	应付利息
1012	其他货币资金	2232	应付股利
1101	交易性金融资产	2241	其他应付款
1121	应收票据	2501	长期借款
1122	应收账款	2502	应付债券
1123	预付账款	2701	长期应付款
1131	应收股利	2801	预计负债
1132	应收利息	2901	递延所得税负债
1221	其他应收款		三、共同类
1231	坏账准备	3101	衍生工具
1402	在途物资	3201	套期工具
1403	原材料		四、所有者权益类
1404	材料成本差异	4001	实收资本
1405	库存商品	4002	资本公积
1511	长期股权投资	4101	盈余公积
1512	长期股权投资减值准备	4103	本年利润
1531	长期应收款	4104	利润分配
1601	固定资产		五、成本类
1602	累计折旧	5001	生产成本
1603	固定资产减值准备	5101	制造费用
1604	在建工程		六、损益类
1605	工程物资	6001	主营业务收入
1606	固定资产清理	6051	其他业务收入
1701	无形资产	6101	公允价值变动损益
1702	累计摊销	6111	投资收益
1703	无形资产减值准备	6301	营业外收入
1711	商誉	6401	主营业务成本
1801	长期待摊费用	6402	其他业务成本
1811	递延所得税资产	6403	税金及附加
1901	待处理财产损溢	6601	销售费用
	二、负债类	6602	管理费用
2001	短期借款	6603	财务费用
2101	交易性金融负债	6701	资产减值损失
2201	应付票据	6711	营业外支出
2202	应付账款	6801	所得税费用
2203	预收账款	6901	以前年度损益调整

2. 明细分类会计科目

明细分类会计科目也称为明细科目或细目，是对某一总分类科目的核算内容再做进一步分类后形成的会计科目。明细科目又可分为二级科目、三级科目，如有需要也可设置四级、五级科目。在实际的会计处理过程中，对某些会计科目如原材料、应收账款、应付账款等，需要进一步了解其详细信息。例如，对于原材料，必须知道具体材料的数量、种类、单价、金额等信息，企业管理当局才能进行材料优化管理。在“应付账款”和“应收账款”总分类科目下，再依据具体单位分设明细科目，具体反映应付或应收哪个单位的货款，以具体掌握各债权、债务人及其所欠付金额和期限。例如，某企业与甲、乙、丙三家公司存在赊销业务，那么“应收账款”总账科目下就应该设置“应收账款——甲公司”“应收账款——乙公司”“应收账款——丙公司”三个明细科目。在“应交税费”总账科目下，可按不同的税种分别开设“应交税费——应交增值税”“应交税费——应交城市维护建设税”“应交税费——应交企业所得税”等明细科目。明细分类科目一般由企业根据经营管理的需要自行设置。

表3-2为湖北东方公司为核算原材料设置的科目级次。

表3-2 **原材料按级次分类**

总分类科目（一级科目）	明细分类科目	
	二级科目	三级科目
原材料	原料及主要材料	圆木
		方木
	辅助材料	油漆
		润滑油

随学随练3-13

会计科目的分类

学习子任务二

认识会计账户

将会计核算的具体内容继续分类为会计科目，为我们开展会计核算打下了基础。但会计科目只是分类的名称，没有结构，还不能记录、核算经济业务发生后引起的会计科目金额上的增减变动情况及其结果。也就是说，有了会计科目，但没有一定的载体或形式，无法将发生的经济业务连续系统地记录下来。为了能连续、系统地记录由经济活动所引起的会计要素的增减变动，提供更有效的会计信息，需要依据规定的会计科目在账簿中开设会计账户。会计账户简称账户。

一、会计账户的概念与分类

会计账户是依据会计科目开设的，具有一定的结构，用以对会计核算的具体内容进行连续、系统的记录和反映其增减变动情况及结果的一种专门工具。

会计账户的分类是指按性质、核算内容、提供信息的详细程度及其统驭关系对账户进行的归类。账户分类的主要方法有两种：一种是按经济内容分类；一种是按提供信息的详细程度及其统驭关系分类。其中，按经济内容分类是账户分类的基础。

（一）账户按经济内容分类

账户按经济内容分类的实质是按照会计对象的具体内容进行分类。会计对象就其具体内容而言，可以归结为资产、负债、所有者权益、收入、费用和利润六个会计要素。会计账户按经济内容，可以分为资产类账户、负债类账户、共同类账户、所有者权益类账户、成本类账户和损益类账户六大类。

1.资产类账户

资产类账户按照反映流动性强弱的不同，可以再分为流动资产类账户和非流动资产类账户。流动资产类账户主要有：库存现金、银行存款、交易性金融资产、应收账款、原材料、库存商品等。非流动资产类账户主要有：长期股权投资、固定资产、累计折旧、无形资产、长期待摊费用等。

2.负债类账户

负债类账户按照反映流动性强弱的不同，可以再分为流动负债类账户和非流动负债类账户。流动负债类账户主要有：短期借款、应付账款、应付职工薪酬、应交税费等。非流动负债类账户主要有：长期借款、应付债券、长期应付款等。

3.共同类账户

共同类账户是既有资产性质又有负债性质的账户。其主要有：清算资金往来、外汇买卖、衍生工具、套期工具、被套期项目等。

4.所有者权益类账户

所有者权益类账户按照来源和构成的不同，可以再分为投入资本类所有者权益账户和资本积累类所有者权益账户。投入资本类所有者权益账户主要有：实收资本、资本公积等。资本积累类所有者权益账户主要有：盈余公积、本年利润、利润分配等。

5.成本类账户

成本类账户按照是否需要分配，可以再分为直接计入类成本账户和分配计入类成本账户。直接计入类成本账户主要有：生产成本（包括基本生产成本、辅助生产成本）等。分配计入类成本账户主要有：制造费用等。

小知识3-1 根据《企业会计准则——应用指南》，企业可以根据自身的核算需要，适当增减、合并会计科目，因此可以将“基本生产成本”和“辅助生产成本”直接作为一级科目来核算。

6.损益类账户

损益类账户可以进一步划分为收入利得类账户和费用损失类账户。其中，收入利得类账户包含主营业务收入、其他业务收入、营业外收入等；费用损失类账户包含主营业务成本、资产减值损失、营业外支出等。

（二）账户按提供信息的详细程度及其统驭关系分类

会计账户按其提供信息的详细程度及其统驭关系，可以分为总分类账户和明细分类账户。

1.总分类账户

总分类账户又称总账账户，是对会计要素的具体内容进行总括分类，提供总括信息，并具有一定结构的会计账户。

随学随练3-14
会计账户的概念与分类

2.明细分类账户

明细分类账户又称明细账户，是对总分类账户作进一步分类，提供更为详细和具体会计信息的账户。如果某一总分类账户所属的明细分类账户较多，可在总分类账户下设置二级明细账户，在二级明细账户下设置三级明细账户，以此类推。

二、会计账户的功能与结构

（一）会计账户的功能

账户的功能在于连续、系统、完整地提供企业经济活动中各会计要素增减变动及其结果的具体信息。其中，账户所提供的会计要素在特定会计期间增加和减少的金额，分别称为账户的“本期增加发生额”和“本期减少发生额”，两者统称为账户的“本期发生额”。会计要素在会计期末的增减变动结果，称为账户的“余额”，具体表现为期初余额和期末余额，账户上期的期末余额转入本期，即为本期的期初余额；账户本期的期末余额转入下期，即为下期的期初余额。

账户的期初余额、期末余额、本期增加发生额和本期减少发生额统称为账户的四个金额要素。对同一账户而言，它们之间的基本关系为：

期末余额=期初余额+本期增加发生额-本期减少发生额

（二）会计账户的结构

会计账户的结构是指账户的组成部分及其相互关系。账户的基本结构分为左方和右方两部分，其中一方登记增加额，一方登记减少额。至于哪方登记增加额，哪方登记减少额，取决于经济业务的性质和账户的性质，同时还受到记账方法的影响。

除了账户的基本结构以外，账户通常应该包括以下内容：

（1）账户的名称（会计科目）。

（2）经济业务发生的日期及经济业务内容摘要。

（3）凭证编号，表明记账的依据。

（4）增加额、减少额、余额。

在会计工作中，常用的会计账户在借贷记账法下的结构见表3-3。

表3-3　**账户名称（会计科目）**

年		凭证编号	摘要	借方	贷方	余额
月	日					

由于账户的一般结构较复杂，在教学过程中常将其简化为“丁”字形账户（又称为“T”形账户）。账户简化格式如图3-1所示。

左边　**账户名称**　右边

图3-1　账户的简化格式

在借贷记账法下（具体见学习任务三的内容），所有账户的左方称为借方，所有账户的右方称为贷方，上述“丁”字形账户的格式，如图3-2所示。

随学随练3-15

会计账户的功能与结构

图3-2　借贷记账法下账户的简化格式

三、会计科目与会计账户的联系与区别

重难点微课3-4

会计科目与会计账户的联系与区别

会计科目与账户之间既有共同点，又有区别。其共同点是：会计科目和账户都是按照相同经济内容来设置的，账户是根据会计科目开设的，会计科目就是账户的名称。会计科目的核算内容就是账户应记录、反映的经济内容，在实际工作中，会计人员往往把会计科目和账户不加区别地互相通用。

会计科目和账户的区别是：会计科目是按经济内容对会计要素所作的分类；账户则是在会计科目所作分类的基础上，对经济内容进行全面、连续、系统记录的工具。因此，会计科目只是个名称，只能表明某项经济内容，不存在结构问题；而账户必须具备一定的结构，以便记录或反映某项经济内容的增减变动及其结果。

随学随练3-16

会计科目与会计账户的联系与区别

3 学习任务三 复式记账

学习子任务一 了解复式记账原理

设置了会计科目和账户，为记账准备了必要的条件。运用什么样的记账方法将企业发生的经济业务对会计要素的影响在账户中加以记录就是接下来要解决的问题。

记账方法，是指按一定的规则，使用一定的符号，在账户中登记各项经济业务的技术方法。最初是单式记账法，随着经济的发展，由单式记账法逐渐改进为复式记账法。从会计发展的历史来看，人们主要使用两类记账方法：一是单式记账法；二是复式记账法。其中，借贷记账法是当前普遍采用的一种复式记账法。

一、单式记账法

单式记账法是人类早期使用的记账方法，是对发生的经济业务只在一个账户中进行记录的记账方法。其主要特征是通常只登记现金、银行存款的收付业务，以及应收、应付款的结算业务，而对实物的收付业务一般不作登记。例如，用10 000元银行存款购买原材料这项业务，记账时，只记银行存款账户减少10 000元，而不登记原材料账户的增加；如果是赊购原材料，也只是在应付账款账户登记负债的增加，而不登

随学随练3-17

单式记账法

记原材料的增加。

单式记账法只对货币的收支和债权、债务的增减进行记录，不能全面、完整地反映经济业务的来龙去脉，也不便于检查账簿记录的正确性，不能适应复杂的商品生产和交换的需要。

二、复式记账法

复式记账法是对发生的每一项经济业务都以相等的金额在相互联系的两个或两个以上的账户中进行登记的记账方法。

与单式记账法相比，复式记账法的不同之处在于，经济业务发生后要同时在两个或两个以上相互联系的账户中进行登记。比如，以银行存款100 000元购买设备，既要在银行存款账户中记录减少100 000元，也要在固定资产账户中作增加登记100 000元，这两笔账户记录是相互联系的，说明购买设备使用了银行存款，存款的减少是由于购买了设备。又如，购买材料没有付款（即发生一笔赊购业务），既要在原材料账户中作增加登记，也要在应付账款账户中作增加登记，这两笔账户记录也是相互联系的，说明这批原材料的价款还没有支付，在原材料增加的同时，企业的债务也增加了。

与单式记账法相比，复式记账法的主要特征有：

第一，它是对每项记账业务都在相互联系的两个或两个以上的账户中作双重记录，这样不仅可以反映每项经济业务引起的资金增减变动的来龙去脉，还可以在全部经济业务登记入账后，通过这种记录，了解经济活动的全过程与结果。

随学随练3-18

复式记账法

第二，由于对每项经济业务都以相等的金额进行分类登记，因而可以利用账户记录进行试算平衡，以检查账户记录是否正确。

复式记账法又具体分为借贷记账法、增减记账法和收付记账法三种，如图3-3所示。其中，借贷记账法是一种国际上通用的记账方法，我国企业会计准则规定一律采用借贷记账法。

重难点微课 3-5

借贷记账法

- 记账方法
  - 单式记账法
  - 复式记账法
    - 借贷记账法
    - 增减记账法
    - 收付记账法

图3-3 记账计方法

学习子任务二
应用借贷记账法

随学随练3-19

借贷记账法的概念

一、借贷记账法的概念

借贷记账法是以“借”“贷”二字作为记账符号的一种复式记账方法。在借贷记账法下，每一个账户的左方称为借方，右方称为贷方；借记意味着在账户的左边登记金额，贷记意味着在账户的右边登记金额。借贷记账法下账户的简化结构如图3-2所示。

借贷记账法的基本内容包括记账符号、账户结构、记账规则和试算平衡等。

二、借贷记账法的账户结构

在借贷记账法下，把账户的左方称为“借”方，账户的右方称为“贷”方。其中，“借”“贷”是借贷记账法的记账符号。“借”和“贷”最初具有其字面含义，同当时借贷资本家的债权、债务有关。当时的借贷资本家对于收进来的存款，记在贷主名下，表示自身的债务即欠人的增加，记在账户的右方；对于放出去的款项，则记在借主名下，表示自身债权即人欠的增加，记在账户的左方。这样“借”“贷”两字分别表示借贷资本家的债权（人欠）、债务（欠人）及其增减变化。

随着商品经济的不断发展，经济活动日趋复杂，“借”“贷”两字逐渐失去了原来的字面含义，而演变成为一对纯粹的记账符号。作为纯粹记账符号的“借”和“贷”，应当理解为账户上两个对立的方向，即左方和右方；并且只有联系账户的具体性质，才能了解这两个符号所代表的经济内容。

记账时，账户的借贷两方必须做相反方向的记录，即对某个账户而言，如果借方登记增加额，则贷方登记减少额；如果借方登记减少额，则贷方就用来登记增加额。就一个具体的账户而言，究竟哪一方登记增加额，哪一方登记减少额，要看该账户的性质。一个账户的性质是指该账户所属的会计要素和按经济内容所作的分类。

（一）资产类和成本类账户的结构

资产类和成本类账户的结构是：借方登记增加额，贷方登记减少额。在一定会计期间（月、季、年）内，借方登记的增加额的合计数称为借方发生额，贷方登记的减少额的合计数称为贷方发生额，在每一会计期末，将期初余额加上本期借方发生额减去本期贷方发生额即为期末余额；账户的余额与其增加所记的方向保持一致，因此资产类、成本类账户的余额一般在借方，期末余额也称为期末借方余额。该类账户本期的期末余额转入下期，即为下期的期初余额。其借方期末余额的计算公式如下：

账户期末借方余额=期初借方余额+本期借方发生额-本期贷方发生额

资产类和成本类账户的简化结构如图3-4所示。

借方	账户名称（资产类、成本类）		贷方
期初余额	×××		
本期增加额	×××	本期减少额	×××
本期借方发生额合计	×××	本期贷方发生额合计	×××
期末余额	×××		

图3-4　资产类和成本类账户简化结构

（二）负债类和所有者权益类账户的结构

反映负债和所有者权益的账户分别称为负债类账户和所有者权益类账户。由“资产=负债+所有者权益”的会计等式决定，负债及所有者权益类账户的结构与资产类账户的结构正好相反，其贷方登记负债及所有者权益的增加额，借方登记负债及所有者权益的减少额。在一定会计期间（月、季、年）内，贷方登记的增加额的合计数称为贷方发生额，借方登记的减少额的合计数称为借方发生额，在每一会计期末，将期初余额加上本期贷方发生额减去本期借方发生额即为期末余额。账户的余额与其增加所记的方向保持一致，因此负债及所有者权益类账户的余额一般在贷方，期末余额也称为贷方期末余额。其贷方期末余额的计算公式如下：

负债及所有者权益类账户期末余额=贷方期初余额+本期贷方发生额-本期借方发生额

负债及所有者权益类账户的简化结构如图3-5所示。

借方	账户名称（负债类、所有者权益类）		贷方
		期初余额	×××
本期减少额	×××	本期增加额	×××
本期借方发生额合计	×××	本期贷方发生额合计	×××
		期末余额	×××

图3-5　负债及所有者权益类账户简化结构

（三）损益类账户的结构

损益类账户是指那些与损益的计算直接相关的账户，其中又分为收入利得类账户和费用损失类账户。

1.收入利得类账户

由于收入和利得的增加会使所有者权益增加，因此收入利得类账户的结构与所有者权益类账户的结构相同，也就是与资产类账户的结构相反，即收入利得的增加额记入收入利得类账户的贷方，收入利得的减少额记在收入利得类账户的借方。会计期末，将账户本期贷方发生额（收入利得增加额）减去本期借方发生额（收入利得减少额）的贷方差额从收入利得类账户的借方转出（转出额），转入“本年利润”账户的贷方，结转后该账户期末无余额。

收入利得类账户的简化结构如图3-6所示。

借方	账户名称（收入利得类）		贷方
本期减少额	×××	本期增加额	×××
转出额	×××		
本期借方发生额合计	×××	本期贷方发生额合计	×××

图3-6　收入利得类账户简化结构

2.费用损失类账户

费用损失的发生会导致所有者权益的减少，因此费用损失类账户的结构与所有者权益类账户的结构相反，也就是与资产类账户的结构相同。费用损失的增加记入该账户的借方，费用损失的减少记入该账户的贷方，会计期末，将账户的借方发生额减去贷方发生额的借方差额从贷方转出，转入“本年利润”的借方，结转后该账户无余额。

费用损失类账户简化结构如图3-7所示。

随学随练3-20

借贷记账法的账户结构

借方	账户名称（费用损失类）		贷方
本期增加额	×××	本期减少额	×××
		转出额	×××
本期借方发生额合计	×××	本期贷方发生额合计	×××

图3-7 费用损失类账户的简化结构

三、借贷记账法的记账规则

借贷记账法的记账规则是：有借必有贷，借贷必相等。其主要有以下三层含义：

第一，任何一笔经济业务都必须同时分别记录到两个或两个以上的账户中去。

第二，所记录的账户可以是同类账户，也可以是不同类账户，但必须是两个记账方向，既不能都记入借方，也不能都记入贷方。

第三，记入借方的金额合计数必须等于记入贷方的金额合计数。

【例3-3】长江公司收到某单位投资的机器一台，价值80 000元。这项经济业务属于第一种类型，该事项的发生，一方面使长江公司的“实收资本”增加了80 000元，另一方面使长江公司的“固定资产”增加了80 000元；而“实收资本”属于所有者权益类账户，增加应记入贷方，“固定资产”属于资产类账户，增加应记入借方。这项经济业务的登账结果，如图3-8所示。

借方 实收资本 贷方		←→	借方 固定资产 贷方	
	80 000	←→	80 000	

图3-8 业务登记结果（1）

【例3-4】长江公司用银行存款100 000元偿还短期借款。这项经济业务属于第二种类型，该项经济业务的发生，一方面使长江公司的“银行存款”减少了100 000元，另一方面使长江公司的“短期借款”减少了100 000元；而“银行存款”属于资产类账户，减少记入贷方，“短期借款”属于负债类账户，减少记入借方。这项经济业务的登账结果，如图3-9所示。

借方 银行存款 贷方		←→	借方 短期借款 贷方	
	100 000	←→	100 000	

图3-9 业务登记结果（2）

【例3-5】企业购入新设备一台，价值1 200 000元，价款已通过银行支付。这项经济业务属于第三种类型，此项经济业务的发生，使资产内部两个项目一增一减，一方面使企业的“固定资产”增加了1 200 000元，应记入“固定资产”账户的借方；另一方面使另一项资产“银行存款”减少了1 200 000元，应记入“银行存款”账户的贷方。这项经济业务的登账结果，如图3-10所示。

借方 银行存款 贷方		←→	借方 固定资产 贷方	
	1 200 000	←→	1 200 000	

图3-10 业务登记结果（3）

【例3-6】长江公司从银行借入短期借款80 000元，直接偿还前欠货款。这项经济业务属于第四种类型，此项经济业务的发生，一方面使长江公司的“短期借款”增加了80 000元，另一方面使长江公司的“应付账款”减少了80 000元；而“短期借款”和“应付账款”同属于负债类账户，“短期借款”增加记入贷方，“应付账款”的减少记入借方。这项经济业务的登账结果，如图3-11所示。

随学随练3-21

借贷记账法的记账规则

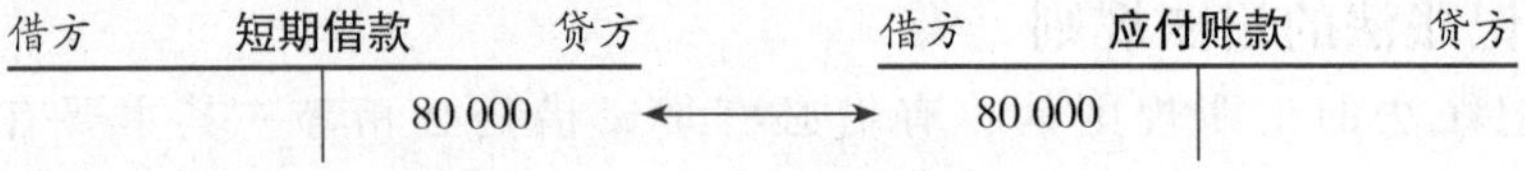

图3-11　业务登记结果（4）

四、账户对应关系与会计分录

在借贷记账法账户结构和记账规则的基础上，可进一步学习账户对应关系和会计分录两个概念。

（一）账户对应关系

采用借贷记账法，根据“有借必有贷，借贷必相等”的记账规则登记经济业务时，在有关账户之间就发生了应借、应贷的相互关系。账户之间的这种关系，称为账户的对应关系。发生对应关系的账户，叫作对应账户。例如，用银行存款偿还所欠供应商的货款22 600元，对于这项经济业务，应记入“应付账款”账户的借方22 600元和“银行存款”账户的贷方22 600元。此时，“应付账款”和“银行存款”这两个账户就形成了对应关系，从而成为对应账户。

（二）会计分录

会计分录（简称分录）是指按照借贷记账法记账规则的要求，指明各项经济业务应借、应贷的账户和金额的一种记录方法。在实际工作中，会计分录是根据记载各项经济业务的原始凭证，在具有一定格式的记账凭证中编制的。

会计分录是记账的直接依据，会计分录错了，必然影响整个会计记录的正确性，所以会计分录必须正确地反映经济业务内容，正确确定应借、应贷的账户及其金额。按照所涉及账户的多少，分为简单会计分录和复合会计分录。简单会计分录指只涉及一个账户借方和另一个账户贷方的会计分录，即一借一贷的会计分录；复合会计分录指由两个以上（不含两个）对应账户所组成的会计分录，即一借多贷、一贷多借或多借多贷的会计分录。

对一个初学者而言，在编制会计分录时，应当按照以下步骤进行：

（1）首先根据经济业务的内容，判定其涉及哪两个或两个以上的账户。

（2）判断所涉及账户的性质，同时确定各账户应记入的方向（借方或贷方）。

（3）确定应记入每个账户的金额。

（4）根据借贷记账法“有借必有贷，借贷必相等”的记账规则，检查会计分录借贷是否平衡，有无差错。

会计分录习惯书写格式一般如下：先借后贷；“借”和“贷”二字分行写，账户名称和金额数字错开写；在一借多贷或多借一贷时，贷方或借方账户的名称和金额数字必须对齐，以便试算平衡。例如：

借：生产成本　　900

　　管理费用　　1 500

　贷：应付职工薪酬　　2 400

随学随练3-22

账户对应关系与会计分录

在会计核算中，编制会计分录是一项重要的工作。会计分录的编制依据是原始凭证，它通常在记账凭证中编制。确定会计分录以后，再根据会计分录记入有关账户，这样就能够减少记账中的差错。所以，为了保证会计核算的真实、正确和完整，就必须保持会计分录的正确性。

五、试算平衡

（一）试算平衡的含义

试算平衡是根据“资产=负债+所有者权益”的会计等式和借贷记账法下“有借必有贷，借贷必相等”的记账规则，检查和验证账户记录是否正确的一种方法。

（二）试算平衡的内容

试算平衡的方法有两种：发生额试算平衡和余额试算平衡。

1.发生额试算平衡

发生额试算平衡的关系是：

全部账户本期借方发生额合计=全部账户本期贷方发生额合计

发生额试算平衡关系的依据是借贷记账法的记账规则，即“有借必有贷，借贷必相等”。因为经济业务发生后，运用借贷记账法，对发生的每一笔经济业务分别记入有关账户的借方和贷方，并且借贷两方的发生额相等，那么当一定会计期间（月、季、年）内全部经济业务的会计分录都记入有关账户后，所有账户的借方发生额合计数与贷方发生额合计数也必然相等。

2.余额试算平衡

余额试算平衡的关系是：

全部账户期末（期初）借方余额合计=全部账户期末（期初）贷方余额合计

账户借方余额表明其资产性质，账户贷方余额表明其负债或所有者权益性质。因此，全部账户期末借方余额合计等于全部账户期末贷方余额合计，这实质上就是“资产=负债+所有者权益”的另一种表述而已。

3.总分类账户本期发生额和期末余额试算平衡

总分类账户本期发生额试算平衡和期末余额试算平衡，是在每一会计期间结束时，把全部经济业务都登记入账并结出各个账户的本期发生额和期末余额之后，通过编制试算平衡表进行的。试算平衡表的格式有两种：一种是“总分类账户本期发生额试算平衡表”（见表3-4），它根据各个总账的本期发生额进行编制；另一种是“总分类账户期末余额试算平衡表”（见表3-5），它根据各个总账的期末余额进行编制。在实际工作中，企业一般将“总分类账户本期发生额试算平衡表”和“总分类账户期末余额试算平衡表”合并在一张表（见表3-6）上。

表 3-4　　总分类账户本期发生额试算平衡表

会计科目	借方发生额	贷方发生额
合计（是 否）		

表 3-5　　总分类账户期末余额试算平衡表

会计科目	借方余额	贷方余额
合计（是 否）		

表 3-6　　总分类账户本期发生额及余额试算平衡表

账户名称	期初余额		本期发生额		期末余额	
	借方	贷方	借方	贷方	借方	贷方
合计（是 否）						

值得注意的是，试算平衡只是通过借贷金额是否平衡来检查账户的记录是否正确。如果试算不平衡，就可以基本确定账户记录或计算有错误，应查找原因并予以更正；如果试算是平衡的，也不能证明记账一定没有错误，因为有些记账错误并不影响试算平衡。例如，某项经济业务在有关账户中全部漏记或重记；又如，某项经济业务记错账户，把应借应贷的账户互相颠倒；再如，某项经济业务记入有关账户的借贷金额出现多记或少记的同样错误。上述这些差错都不能通过试算平衡来发现，这充分说明只根据试算平衡的结果并不足以说明账户的记录没有错误。

随学随练3-23
试算平衡

综上所述，在借贷记账法下，对于发生的经济业务，首先要编制会计分录；其次是过账，也就是利用“T”形账户将当期每个账户的发生额登记在相应的借方或贷方，在月末进行结账，结算出各个账户的本期发生额和余额；最后是编制试算平衡表。

4 学习任务四 总账和明细账的平行登记

学习子任务一 了解总账和明细账

在会计核算中，根据经济管理的需要，一切经济业务都要通过有关账户进行核算，既要提供总括的核算指标，又要提供详细的核算指标。因此，就需同时设置总分类账户和明细分类账户。

总分类账户是根据一级会计科目开设，用来记录各项经济业务的增减变动及其结余情况，提供各种总括数据资料的账户。明细分类账户是根据一级会计科目所属的明细科目开设，用来记录某一类经济业务的增减变动及其结余情况，提供详细、具体数据资料的账户。在记录经济业务时，由于前者提供总括指标，只需使用货币量度；而后者提供详细、具体的指标，因此除使用货币量度之外，还常常用到实物量度。

总分类账户和其所属明细分类账户所记录的经济业务的内容是相同的，只是提供指标的详细程度不同。总分类账户提供总括指标，是所属明细分类账户提供的明细指标的综合，因此总分类账户对所属明细分类账户起着控制、统驭的作用。而明细分类账户所提供的明细指标，则是对总分类账户所提供的总括指标的具体化，因此明细分类账户对其总分类账户的核算内容起着补充和说明的作用。

随学随练3-24
总分类账户和明细分类账户的概念与关系

如果某一总分类账户所统驭的明细分类账户较多，还可增设二级账户。二级账户是介于总分类账户和明细分类账户之间的账户，它所提供的资料比明细分类账户更具概括性，比总分类账户详细。

学习子任务二 应用总账和明细账的平行登记

一、平行登记的概念

总分类账户和明细分类账户的平行登记，是指对所发生的每一项经济业务都要以会计凭证为依据，一方面记入有关总分类账户，另一方面也要记入其所属明细分类账户的方法。

从总分类账户和明细分类账户的相互关系可以看出，二者所反映的经济业务的内容和登记账簿的原始依据是相同的，但二者反映经济业务内容的详细程度不同，作用也不同。

随学随练3-25
平行登记的概念

总分类账户概括地反映会计对象的具体内容，提供总括性指标；明细分类账户详细地反映会计对象的具体内容，提供比较详细具体的指标。总分类账户对明细分类账户具有统驭控制作用；明细分类账户对总分类账户具有补充说明作用。

二、平行登记的要点

为了使总分类账户与其所属明细分类账户之间能起到统驭与补充作用，便于科目核对，并确保核算资料的正确、完整，必须采用平行登记的方法，在总分类账户及其所属的明细分类账户中进行记录。平行登记的要点主要包括：

（一）登记的期间相同

对于每项交易或事项，在记入总分类账户和明细分类账户的过程中，可以有先有后，但必须在同一会计期间（一般在同一月份）全部登记入账。

（二）登记的方向一致

登记方向一致，即将经济业务记入总分类账户和其所属明细分类账户时，记账的方向必须保持一致。如在总分类账户中记入借方的，在其所属明细分类账户中也要记入借方；在总分类账户中记入贷方的，在其所属明细分类账户中也要记入贷方。

随学随练3-26

平行登记的要点

（三）登记的金额相等

登记金额相等，即对每一项经济业务，记入总分类账户的金额必须与记入所属明细分类账户的金额之和相等。

按照以上三个要点进行平行登记，总分类账户和明细分类账户的相互关系就能体现，总括指标和详细指标的正确性才能得到保证。

5 学习任务五 收付实现制与权责发生制

学习子任务一 认识收付实现制

在会计主体的经济活动中，经济业务的发生时间和货币的收支时间不是完全一致的，即存在着现金流动与经济活动的分离。例如，某个会计期间企业销售一批产品，可能会遇到以下两种情况：其一，在售出产品的同时即收款；其二，尚未收取款项，但随着产品的出售，已取得向购货方收取货款的权利。由于会计核算是分期进行的，那么该批售出的产品是否应作为当期的收入呢？同样，对于费用的发生，还有立即支付款项和待以后约定时间支付款项两种情况，此时也存在一个是否在当期确认费用的问题。由此而产生两个确认收入和费用的标准：一个标准是以货币收支是否发生作为确认收入和费用的依据，称为收付实现制；另一个标准是以取得收款权利或付款责任作为确认收入和费用的依据，称为权责发生制。

随学随练3-27

收付实现制的概念

一、收付实现制的概念

按照收付实现制原则，凡是本期实际已支付款项的费用，不论其应否在本期收入中获得补偿，均应作为本期费用处理；凡是本期已收到款项的收入，不论其是否属于本期，均应作为本期收入处理。反之，凡是本期还没有收到款项的收入和没有支付款项的费用，即使它归属于本期，也不作为本期的收入和费用处理。

二、收付实现制的应用

以2022年6月湖北省白云公司发生的各项经济业务为例，应用收付实现制确认6月的收入和费用，见表3–7。

表3-7　应用收付实现制确认收入和费用　金额单位：元

经济业务	收付实现制		
	本月收入	本月费用	说明
1.收到上月（5月）产品销售货款5 000元	5 000	/	本月收款，应作为本月收入
2.销售产品8 000元并收到货款	8 000	/	已收款，应作为收入
3.本月销售产品3 000元，货款暂未收到	0	/	未收款，不作为收入
4.预付下月房租1 000元	/	1 000	已付款，应作为本月费用
5.支付本月有关办公费500元	/	500	已付款，应作为本月费用
6.摊销上月（5月）已付的保险费800元	/	0	未付款，不作为本月费用
合计	13 000	1 500	/

随学随练3-28
收付实现制的应用

学习子任务二
应用权责发生制

一、权责发生制的概念

重难点微课3-6
权责发生制

按照权责发生制原则，凡是本期已经实现的收入和已经发生或应当负担的费用，不论其款项是否已经收付，都应作为当期的收入和费用处理；凡是不属于当期的收入和费用，即使款项已经在当期收付，也不应作为当期的收入和费用。

二、权责发生制的应用

以2022年6月湖北省白云公司发生的各项经济业务为例，应用权责发生制确认6月的收入和费用，见表3-8。

随学随练3-29
权责发生制的概念

表3-8　应用权责发生制确认收入和费用

经济业务	权责发生制		
	本月收入	本月费用	说明
1.收到上月（5月）产品销售货款5 000元	0	/	已作为上月收入
2.销售产品8 000元并收到货款	8 000	/	已实现销售故作为本月收入
3.本月销售产品3 000元，货款暂未收到	3 000	/	已实现销售应作为收入
4.预付下月房租1 000元	/	0	应作为下月费用
5.支付本月有关办公费500元	/	500	本月费用应由本月承担
6.摊销上月（5月）已付的保险费800元	/	800	应由本月承担
合计	11 000	1 300	/

随学随练3-30
权责发生制的应用

三、权责发生制与收付实现制的比较

比较上述两个案例可见，权责发生制和收付实现制均为确认收入和费用归属期的基本原则，但权责发生制以权利的取得和责任的承担为标准确认收入和费用，而收付实现制以实际收付款项为标准确认收入和费用。由于权责发生制能比较真实、合理地反映企业的财务状况和经营成果，所以广泛适用于企业会计的核算。而收付实现制在现金收支管控上有较大的优势，便于国家对预算收支进行管理，通常适用于预算会计。

以2022年6月湖北省白云公司发生的各项经济业务为例，对比权责发生制和收付实现制分别确认6月的收入和费用，见表3-9。

表3-9　**权责发生制和收付实现制对收入和费用的确认**　金额单位：元

经济业务	权责发生制			收付实现制		
	本月收入	本月费用	说明	本月收入	本月费用	说明
1.收到上月（5月）产品销售货款5 000元	0	/	已作为上月收入	5 000	/	本月收到现金，应作为本月收入
2.销售产品8 000元并收到货款	8 000	/	已实现销售故作为本月收入	8 000	/	已收到现金，应作为收入
3.销售产品3 000元，货款暂未收到	3 000	/	已实现销售应作为收入	0	/	未收到现金，不作为收入
4.预付下月房租1 000元	/	0	应作为下月费用	/	1 000	已付出现金，应作为本月费用
5.支付本月有关办公费500元	/	500	本月费用应由本月承担	/	500	已付现金，应作为本月费用
6.摊销上月（5月）已付的保险费800元	/	800	应由本月承担	/	0	未付现金，不作为本月费用
合计	11 000	1 300	/	13 000	1 500	/

随学随练3-31

权责发生制与收付实现制的比较

项目阶段测试（线上）

项目技能训练（线上+线下）

◎线上技能训练（实训）

◎ 线下技能训练

1.会计科目连连看

库存现金	
短期借款	资产
在建工程	
坏账准备	负债
税金及附加	
预收账款	所有者权益
长期待摊费用	
本年利润	成本
以前年度损益调整	
预收账款	共同
利润分配	
制造费用	损益

2.根据经济业务画出相应会计账户结构图

某企业2022年年初银行存款余额为10万元，年初欠供应商货款30万元，2022年以银行存款5万元归还部分货款，假定除此之外并无其他业务。请画出2022年年底银行存款和应付账款的账户结构图。

项目四

核算企业日常经济业务

现代社会一般按照企业归属的行业将企业分类为生产制造企业、商品流通企业和服务型企业。相对而言，生产制造企业的经济业务内容更为全面，因此本项目以生产制造企业的典型经济业务作为主要学习对象。本项目主要学习生产制造企业的主要经济业务的会计处理，包括资金筹集、供应、生产、销售以及利润形成和分配等基本业务环节，能够使学习者完整地认识企业资金运动和循环，进一步熟练掌握借贷记账法的具体运用。

本项目包括五个学习任务，分别是：资金筹集业务的核算、供应业务的核算、生产业务的核算、销售业务的核算、利润形成和分配业务的核算。

知识传授目标

1. 了解企业日常经济业务的范围；
2. 熟悉企业日常经济业务的内容；
3. 掌握企业日常经济业务的核算。

能力培养目标

1. 能理解企业日常经营活动；
2. 能分析企业常见的经济业务；
3. 能编制企业常见经济业务的会计分录。

价值塑造目标

1. 养成“提高技能”的会计职业道德意识；
2. 提升“勤学苦练，提高技能”的会计职业素养；
3. 增强对会计职业“终身学习”要求的正确认识。

项目思维导图

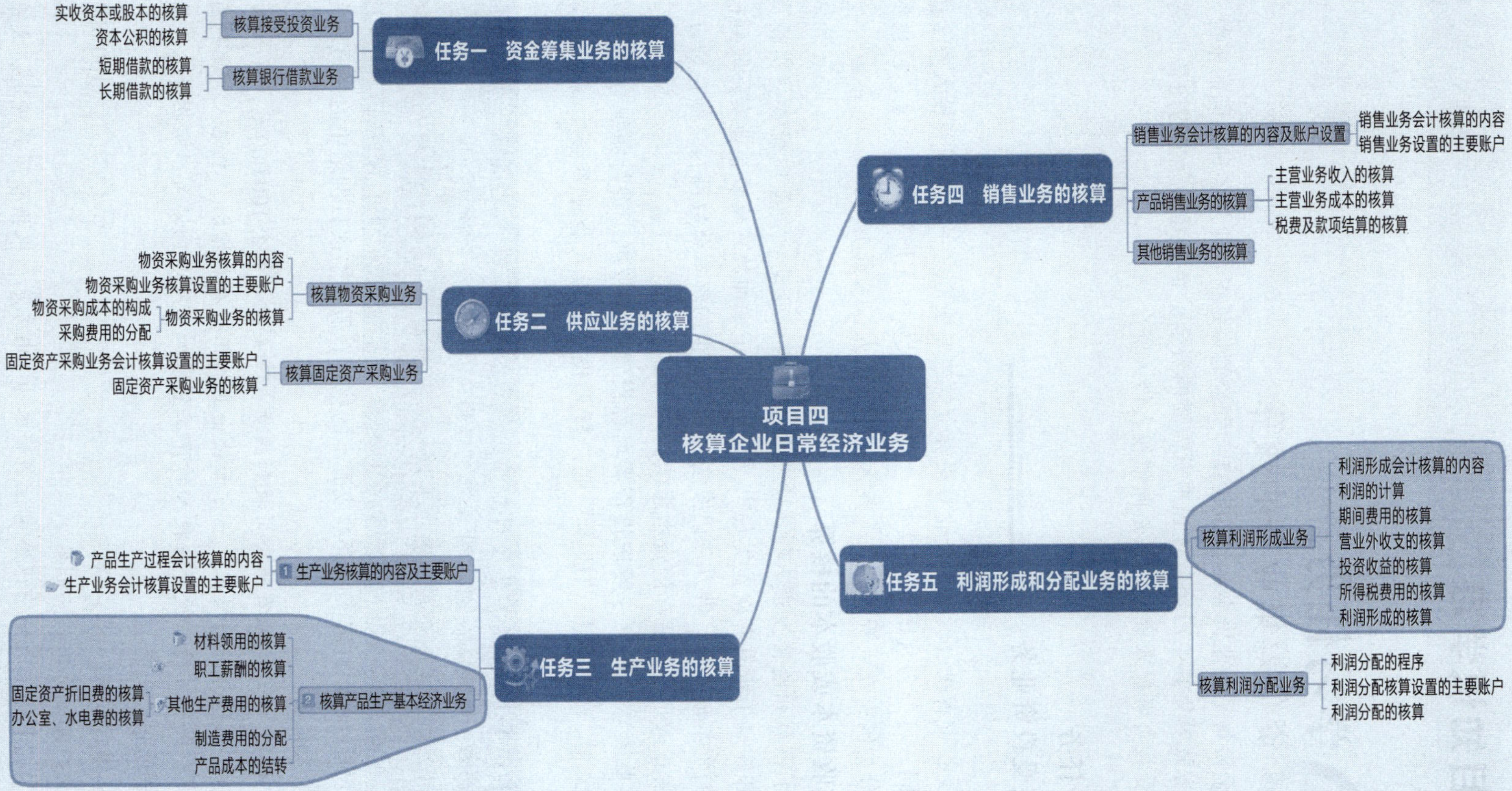
项目四
核算企业日常经济业务
任务一　资金筹集业务的核算
核算接受投资业务
实收资本或股本的核算
资本公积的核算
核算银行借款业务
短期借款的核算
长期借款的核算
任务二　供应业务的核算
核算物资采购业务
物资采购业务核算的内容
物资采购业务核算设置的主要账户
物资采购业务的核算
物资采购成本的构成
采购费用的分配
核算固定资产采购业务
固定资产采购业务会计核算设置的主要账户
固定资产采购业务的核算
任务三　生产业务的核算
1 生产业务核算的内容及主要账户
产品生产过程会计核算的内容
生产业务会计核算设置的主要账户
2 核算产品生产基本经济业务
材料领用的核算
职工薪酬的核算
其他生产费用的核算
固定资产折旧费的核算
办公室、水电费的核算
制造费用的分配
产品成本的结转
任务四　销售业务的核算
销售业务会计核算的内容及账户设置
销售业务会计核算的内容
销售业务设置的主要账户
产品销售业务的核算
主营业务收入的核算
主营业务成本的核算
税费及款项结算的核算
其他销售业务的核算
任务五　利润形成和分配业务的核算
核算利润形成业务
利润形成会计核算的内容
利润的计算
期间费用的核算
营业外收支的核算
投资收益的核算
所得税费用的核算
利润形成的核算
核算利润分配业务
利润分配的程序
利润分配核算设置的主要账户
利润分配的核算

项目知识学习

项目导入与案例分析

从货仓服务员到CFO

1 学习任务一 资金筹集业务的核算

资金筹集是企业资金运动的起点。资金筹集是指企业从各种不同的来源，用各种不同的方式筹集其生产经营过程中所需要的资金。企业筹集资金的途径主要有两种：一是接受投资者投入资金，二是向债权人借入资金。

学习子任务一 核算接受投资业务

重难点微课 4-1

实收资本或股本的核算

接受投资者投入资金是企业筹集资金的主要渠道之一。投资者投入资金按照资金形式不同，可分为货币资产投资、实物资产投资和无形资产投资等；按投资主体不同，可分为国家投入资本、法人投入资本、个人投入资本等。

一、实收资本或股本的核算

为了核算和监督投资人投入企业资金的增减变动，企业应设置“实收资本”账户，该账户属于所有者权益类账户。其贷方登记增加数，反映企业实际收到投资人投入企业的资本金数额；借方登记按法定程序减少的资本金数额；余额在贷方，表示期末所有者投入企业并留存的资本总额。

“实收资本”账户一般按投资者名称设置明细账户，进行明细分类核算。在股份有限公司，一般使用“股本”账户核算投资者投入企业资金中属于股份面值的部分。

小知识 4-1 有限责任公司和股份有限公司的区别参见项目一相关内容。股本和实收资本的区别是使用范围不同。股份有限公司应当设置“股本”科目；除股份有限公司外，其他企业应设置“实收资本”科目，核算投资者投入资本的增减变动情况。

以下通过例题讲解实收资本或股本的核算，假设本项目例题中的公司均为增值税一般纳税人企业。

【例 4-1】湖北大地有限公司收到投资人王某投入资金 100 000 元，存入银行。

解析：这项业务的发生，一方面使企业的银行存款增加，应记入“银行存款”账户的借方；另一方面，投资人投入的资本金增加，所以应记入“实收资本”账户的贷方。其会计分录如下：

借：银行存款　　100 000

　贷：实收资本——王某　　100 000

【例 4-2】湖北大地有限公司注册资本为 300 万元，根据合同的规定，太平公司出资150万元，张三出资75万元，李四出资75万元。资金全部收到并存入企业的开户银行。

解析：这项业务使企业的银行存款增加了300万元，应记入“银行存款”账户的借方；由于资金全部来源于投资者投入，同时应记入“实收资本”账户的贷方。其会计分录如下：

借：银行存款　　3 000 000

　贷：实收资本——太平公司　　1 500 000

　　　　　　　——张三　　750 000

　　　　　　　——李四　　750 000

【例4-3】湖北大地有限公司收到新华公司投入设备一台，经评估确认其价值为300 000元，设备已投入使用。（假定不考虑增值税）

解析：这项业务的发生，使企业增加了300 000元的设备，应记入“固定资产”账户的借方；因为该设备是投资人投入的，即投资人投入的资本金增加了，应记入“实收资本”账户的贷方。其会计分录如下：

随学随练4-1

实收资本的核算

借：固定资产　　300 000

　贷：实收资本——新华公司　　300 000

二、资本公积的核算

“资本公积”账户属于所有者权益类账户，主要用于反映企业收到的投资者出资额超出其在注册资本或股本所占份额的部分（资本溢价或股本溢价）。其贷方登记增加数，反映资本（或股本）溢价；借方登记减少数，通常为进行资本公积转为实收资本等操作时减少的资本公积；期末余额在贷方，表示期末资本公积的余额。“资本公积”账户通常设置“资本（或股本）溢价”“其他资本公积”等明细账户，进行明细核算。

思考与解读4-1

思考：“资本公积”是否需要按照投资者设置明细账？

解读：“资本公积”由所有投资者共同拥有，不需要按照投资者设置明细账。

【例4-4】湖北大地有限公司收到武汉新技术开发公司作为投资的专利权，投资者共同确认的该专利权的价值为40 000元，投资各方确认武汉新技术开发公司所占的实收资本金额是30 000元。

解析：专利权属于企业的无形资产，这项经济业务的发生，一方面使企业的无形资产增加了40 000元，应记入“无形资产”账户的借方；另一方面投资人投入企业的资本金增加了30 000元，应记入“实收资本”账户的贷方，差额部分作为“资本公积”的增加，记入“资本公积”账户的贷方。其会计分录如下：

随学随练4-2

资本公积的核算

借：无形资产　　40 000

　贷：实收资本——武汉新技术开发公司　　30 000

　　　资本公积——资本溢价　　10 000

学习子任务二

核算银行借款业务

重难点微课
4-2

银行借款的核算

企业筹集资金的方式除接受投资者投资之外，还有向银行或其他金融机构借入资金。企业向银行或其他金融机构的借款，一般按约定的借款期限长短分为短期借款和长期借款。企业借款后应按照约定偿还借款本金并按期支付借款利息。

一、短期借款的核算

短期借款是企业向银行或其他金融机构等借入的借款期限在1年以下（含1年）的各种借款。短期借款通常通过“短期借款”“财务费用”“应付利息”等账户进行核算。

“短期借款”账户属于负债类账户。该账户贷方登记取得的短期借款的本金数，借方登记归还的短期借款的本金数；期末余额在贷方，表示期末尚未归还的短期借款的本金数。“短期借款”账户一般应按照债权人设置明细账并进行明细分类核算。

“财务费用”账户属于损益类账户。企业发生短期借款利息费用时，借记“财务费用”账户，贷记“应付利息”“银行存款”等账户。会计期末，应将“财务费用”账户余额结转至“本年利润”账户，结转后“财务费用”账户无余额。“财务费用”账户一般应按照费用项目设置明细账并进行明细分类核算。

“应付利息”账户属于负债类账户。企业发生的短期借款利息以及分次付息、到期还本的长期借款利息记入该账户的贷方；已经偿还的利息记入该账户的借方；期末余额在贷方，表示尚未偿还的借款利息。

【例4-5】湖北大地有限公司2022年1月1日向银行借入期限为3个月的临时周转借款60 000元，年利率10%，存入银行，利息按月计提，按季支付。

解析：这项经济业务的发生，一方面使企业银行存款增加了，应记入“银行存款”账户的借方；另一方面使企业欠银行的短期借款增加了，应记入“短期借款”账户的贷方。其会计分录如下：

借：银行存款　　60 000

　贷：短期借款　　60 000

【例4-6】接【例4-5】，2022年1月31日、2月28日和3月31日分别计提当月利息500元。

解析：该项业务的发生，一方面使企业财务费用增加了，应记入“财务费用”账户的借方；另一方面使企业欠银行的利息增加了，应记入“应付利息”账户的贷方。2022年1月31日计提利息的会计分录如下：

借：财务费用　　500

　贷：应付利息　　500

2月28日、3月31日计提利息的分录与1月31日计提利息的分录相同。

提示：1个月利息的金额=60 000×10%÷12=500元

【例4-7】接【例4-6】，2022年4月1日，到期偿还借款的本金和利息。

解析：该项业务的发生，一方面使企业欠银行的借款本金减少，应记入“短期借款”账户的借方；一方面使企业欠银行的借款利息减少，应记入“应付利息”账户的借方。同时，企业的银行存款减少，应记入“银行存款”账户的贷方。

借：短期借款　　60 000

　　应付利息　　1 500

贷：银行存款　　61 500

随学随练4-3

短期借款的核算

二、长期借款的核算

长期借款是企业向银行或其他金融机构等借入的期限在1年以上（不含1年）的各种借款。

“长期借款”账户属于负债类账户。该账户贷方登记企业借入的各种长期借款本金和到期一次还本付息方式下应付未付的利息（分次付息、到期还本方式下应付未付的利息在“应付利息”账户核算）；借方登记已偿还的借款本金和到期一次还本付息方式下的利息；期末贷方余额表示企业尚未偿还的长期借款本金和到期一次还本付息方式下应付未付的利息数。“长期借款”账户可按债权人和贷款种类进行明细分类核算。

【例4-8】湖北大地有限公司从银行取得5年期借款200 000元，存入开户银行。

解析：这项经济业务的发生，一方面使企业的银行存款增加了，应记入“银行存款”账户的借方；另一方面使企业的长期借款增加了，应记入“长期借款”账户的贷方。其会计分录如下：

借：银行存款　　200 000

　贷：长期借款　　200 000

思考与解读4-2

思考：企业所有的利息都记入“财务费用”账户吗？

解读：企业的利息并不是都通过“财务费用”账户核算的，有一些符合资本化条件的借款利息可以资本化，计入有关资产的成本中。

随学随练4-4

长期借款的核算

2 学习任务二 供应业务的核算

企业供应活动是正常开展生产经营活动必不可少的环节，供应业务主要包括物资采购业务和固定资产采购业务。本任务的学习内容主要是生产制造企业物资采购业务和固定资产采购业务的会计核算。

学习子任务一 核算物资采购业务

一、物资采购业务核算的内容

物资采购是生产制造企业非常重要的生产准备阶段。物资采购业务会计核算的主

随学随练4-5

物资采购业务会计核算的内容

要内容包括采购费用的核算、采购成本的核算、与供货方货款结算业务的核算以及增值税的核算等。

二、物资采购业务会计核算设置的主要账户

(一)“在途物资”账户

“在途物资”账户属于资产类账户，主要核算企业已完成采购但尚未验收入库的各类物资（即在途物资）的采购成本。该账户的借方登记增加数，反映购入物资的买价和发生的采购费用；贷方登记减少数，反映已验收入库物资的实际采购成本；期末余额在借方，反映外购的尚未入库在途物资的实际成本。“在途物资”账户应根据材料的类别、品种、规格设置明细分类账户并进行明细分类核算。

(二)“原材料”账户

“原材料”账户属于资产类账户，主要核算生产制造企业库存材料（包括各种原料及主要材料、辅助材料、外购半成品及外购件、修理用备品备件、包装材料、燃料等）的增加、减少和结存情况。该账户借方登记增加数，表示已验收入库材料的实际成本；贷方登记减少数，表示发出材料的实际成本；期末余额在借方，表示库存材料的实际成本。“原材料”账户应按材料类别、品种及规格设置明细账户并进行明细分类核算。

在材料采购核算过程中，对于尚未入库的材料，先通过“在途物资”账户的借方归集全部采购成本，待材料验收入库后，再根据收料单，结转至“原材料”账户的借方。

(三)“应付账款”账户

“应付账款”账户属于负债类账户，主要核算企业因采购物资、接受劳务等应支付款项的发生和偿付情况。该账户贷方登记增加数，反映企业各项采购业务完成后尚未支付的经营性债务数额；借方登记减少数，反映已偿付的债务数额；期末贷方余额反映尚未支付的应付款项。“应付账款”账户一般按照债权人设置明细账户并进行明细分类核算。

(四)“应付票据”账户

“应付票据”账户属于负债类账户，主要核算企业以商业汇票方式结算的债务。该账户贷方登记增加数，反映企业应付的商业汇票票面金额；借方登记减少数，反映到期偿付或因无法偿付而转销的商业汇票票面金额；期末余额在贷方，反映应付的尚未到期的商业汇票票面金额。“应付票据”账户一般可按供货商设置明细账户并进行明细分类核算。

(五)“应交税费”账户

“应交税费”账户属于负债类账户，用来核算企业应交的各种税金和政府收费项目，如增值税、消费税、城市维护建设税、企业所得税以及教育费附加等。该账户贷方登记各种应交但未交的税费；借方登记已缴纳的各种税费；期末贷方余额反映企业尚未缴纳的税费；如为借方余额，则反映企业预缴或者多缴的税金。

“应交税费”账户应按税种设置明细账户并进行明细分类核算。其中，“应交税费——应交增值税”明细账是用来反映和监督企业应缴和实缴增值税情况的账户。

一般纳税人企业购入物资或接受服务时已取得抵税凭证的（如增值税专用发票），其可抵扣的增值税进项税额记入“应交税费——应交增值税（进项税额）”账户的借方；企业对外销售产品或者提供服务时向购买方收取的增值税销项税额，记入“应交税费——应交增值税（销项税额）”账户的贷方。

随学随练4-6

物资采购业务核算设置的主要账户

三、物资采购业务的核算

（一）物资采购成本的构成

物资采购成本主要由买价和采购费用两部分构成。其中，买价一般是指所采购物资的发票价格或者采购合同价格，其数额为所购物资的数量与其单价的乘积；采购费用一般包括运杂费、运输途中的合理损耗、入库前的挑选整理费用等。采购费用的具体内容如下：

（1）运杂费是指企业在购入物资的过程中，由本企业承担的途中运输费、装卸费、保险费等相关费用。与运杂费相关的增值税额属于可抵扣的进项税额的，不作为采购费用，否则应作为运杂费的组成部分。

（2）运输途中的合理损耗是指外购物资在运输途中所发生的可预见的且属于正常范围内的损耗。

（3）入库前的挑选和整理费用包括在此过程中发生的人工和物料开支。

（4）购入物资负担的税金，比如进口物资时所负担的关税、不能抵扣的增值税进项税额等，应计入采购费用。

（二）采购费用的分配

企业一次性采购多项物资且存在采购费用的，应将采购费用分配计入所购入物资的采购成本。此时，如能将某一项采购费用直接归属于某一项物资，则直接计入该项物资的采购成本；如不能将某项采购费用直接归属于某一项物资，或者采购费用应由多项物资共同承担，则应采用合理的分配标准（如按材料的重量比例等），将采购费用分配计入各项物资的采购成本。其分配步骤如下：

重难点微课4-3

材料采购费用的分配

（1）计算分配率。

采购费用分配率=采购费用总额÷分配标准之和

（2）计算各项物资应承担的采购费用。

某项物资应承担的采购费用=该项物资的分配标准×采购费用分配率

（3）计算各项物资的采购成本。

某项物资的采购成本=该项物资的买价+该项物资应承担的采购费用

某项物资的单位采购成本=该项物资的采购成本÷该项物资的入库数量

【例4-9】湖北大地有限公司从外地某单位同时购入A、B、C三种材料，其中A材料1 000千克、单价2元/千克，B材料2 000千克、单价4元/千克，C材料5 000千克、单价6元/千克。A、B、C三种材料共同发生运杂费9 600元（假定不考虑增值税），以材料的重量作为分配标准，计算A、B、C三种材料的采购成本。

解析：运杂费的分配率=9 600÷（1 000+2 000+5 000）=1.20（元/千克）

A材料应承担的运杂费=1 000×1.20=1 200（元）

B材料应承担的运杂费=2 000×1.20=2 400（元）

C材料应承担的运杂费=5 000×1.20=6 000（元）

随学随练4-7

材料采购费用的分配

A材料的采购成本=1 000×2+1 200=3 200（元）

B材料的采购成本=2 000×4+2 400=10 400（元）

C材料的采购成本=5 000×6+6 000=36 000（元）

A材料的单位采购成本=3 200÷1000=3.20（元/千克）

B材料的单位采购成本=10 400÷2000=5.20（元/千克）

C材料的单位采购成本=36 000÷5000=7.20（元/千克）

【例4-10】7月1日，湖北大地有限公司（系增值税一般纳税人）购入A材料300 000千克，取得的增值税专用发票上注明单价1元/千克，增值税税率为13%，全部款项已由银行存款转账支付，材料尚未入库。

解析：这项经济业务表明，企业发生了材料采购成本300 000元，应记入“在途物资”账户的借方；增值税进项税额为39 000（300 000×13%）元，应记入“应交税费——应交增值税（进项税额）”账户的借方；银行存款减少339 000元（300 000+39 000），应记入“银行存款”账户的贷方。其会计分录如下：

借：在途物资——A材料　　300 000

　　应交税费——应交增值税（进项税额）　　39 000

　贷：银行存款　　339 000

【例4-11】7月12日，湖北大地有限公司以银行存款支付上述A材料的运费，增值税专用发票上注明价款3 500元，增值税税额315元。

解析：这项经济业务表明，A材料的采购成本增加了3 500元，应记入“在途物资”账户的借方；增值税进项税额为315元，应记入“应交税费——应交增值税（进项税额）”账户的借方；银行存款减少3 815元，应记入“银行存款”账户的贷方。其会计分录如下：

借：在途物资——A材料　　3 500

　　应交税费——应交增值税（进项税额）　　315

　贷：银行存款　　3 815

【例4-12】7月15日，湖北大地有限公司将上述A材料验收入库。

解析：这项经济业务表明，外购A材料的采购过程已经完成。A材料的采购成本合计303 500元（300 000+3 500），应从“在途物资”账户的贷方结转到“原材料”账户的借方。一方面“原材料”账户增加，应记入其借方；另一方面“在途物资”账户减少，应记入其贷方。其会计分录如下：

借：原材料——A材料　　303 500

　贷：在途物资——A材料　　303 500

【例4-13】湖北大地有限公司向新乐工厂购入A材料2 000千克、B材料10 000千克，收到新乐工厂开出的增值税专用发票，价款分别为6 000元和10 000元，增值税税率为13%，增值税税额为2 080元。款项已通过银行存款支付，材料尚未验收入库。

解析：这项经济业务的发生，一方面使企业材料的采购成本增加了，应记入“在途物资”账户的借方，同时增值税进项税额应记入“应交税费——应交增值税（进项税额）”账户的借方；另一方面使企业的银行存款减少了，应记入“银行存款”账户的贷方。其会计分录如下：

借：在途物资——A材料　　6 000

　　　　　　——B材料　　10 000

　　应交税费——应交增值税（进项税额）　　2 080

　贷：银行存款　　18 080

【例4-14】湖北大地有限公司以银行存款支付为购进上述A、B材料共同发生的运费1 200元（按材料重量分配），增值税108元。

解析：这项经济业务的发生，一方面使企业材料的采购成本增加了，应记入“在途物资”账户的借方，同时增值税进项税额应记入“应交税费——应交增值税（进项税额）”账户的借方；另一方面使企业的银行存款减少了，应记入“银行存款”账户的贷方。

运杂费是为购进A、B两种材料共同发生的费用，应当按A、B材料的重量进行分配，最终核算出各自的采购成本。

采购费用分配率=1 200÷（2 000+10 000）=0.1（元/千克）

A材料应承担的采购费用=2 000×0.1=200（元）

B材料应承担的采购费用=10 000×0.1=1 000（元）

其会计分录如下：

借：在途物资——A材料　　200

　　　　　　——B材料　　1 000

　　应交税费——应交增值税（进项税额）　　108

　贷：银行存款　　1 308

【例4-15】湖北大地有限公司从上述新乐工厂购入的A、B材料已验收入库，结转其采购成本。

解析：这笔经济业务表明A、B材料的采购过程已经结束，各自的采购成本已全部在各自的“在途物资”明细账中进行了记录，其中A材料的采购成本为6 200元、B材料的采购成本为11 000元，应从“在途物资”账户的贷方结转至“原材料”账户的借方。其会计分录如下：

借：原材料——A材料　　6 200

　　　　　——B材料　　11 000

　贷：在途物资——A材料　　6 200

　　　　　　　——B材料　　11 000

【例4-16】湖北大地有限公司从胜天工厂购入B材料，增值税专用发票上注明采购数量为20 000千克，单价为4元/千克，增值税额为10 400元。材料已验收入库，但货款尚未支付。

解析：这项经济业务的发生，一方面使企业的材料采购成本增加，由于已入库即材料采购的过程已结束，可直接记入“原材料”账户的借方，增值税进项税额应记入“应交税费——应交增值税（进项税额）”账户的借方；另一方面由于价款尚未支付，表明企业欠胜天工厂的货款增加了，应记入“应付账款”账户的贷方。其会计分录如下：

借：原材料——B材料　　80 000

　　应交税费——应交增值税（进项税额）　　10 400

　贷：应付账款——胜天工厂　　90 400

【例4-17】湖北大地有限公司以银行存款支付前欠胜天工厂B材料的价税款90 400元。

随学随练4-8

物资采购的核算

解析：这项经济业务的发生，一方面使企业的银行存款减少，应记入“银行存款”账户的贷方；另一方面也使企业的应付账款减少，应记入“应付账款”账户的借方。其会计分录如下：

借：应付账款——胜天工厂　　90 400

　贷：银行存款　　90 400

学习子任务二

核算固定资产采购业务

一、固定资产采购业务会计核算设置的主要账户

（一）“固定资产”账户

固定资产是指企业为生产商品、提供劳务、出租或经营管理而持有的，使用期限超过一个会计年度的有形资产，如房屋、建筑物、机器机械、运输工具等。固定资产应按照成本进行初始计量，这里的成本通常是指固定资产的购买或者建造成本，也称为固定资产原始成本、固定资产原价或固定资产原值。

“固定资产”账户属于资产类账户，主要核算企业固定资产原值的增减变动和结存情况。该账户借方登记增加的固定资产原值；贷方登记减少的固定资产原值；期末余额在借方，表示企业现有的固定资产原值。“固定资产”账户应按固定资产类别设置明细账户并进行明细分类核算。

思考与解读4-3

思考：用于出售的房屋对于房地产开发企业来说是固定资产吗？

解读：对于房地产开发企业来说，用于出售的房屋并非为生产商品、提供劳务、出租或经营管理而持有，不属于固定资产，而应确认为存货。

（二）“在建工程”账户

“在建工程”账户属于资产类账户，用来核算企业基建、更新改造等在建工程发生的支出。该账户借方登记企业各项在建工程的实际支出；贷方登记完工工程转出的成本；期末余额在借方，反映企业尚未达到预定可使用状态的在建工程的成本。购入需要安装的固定资产，在安装完工前在本账户核算。

二、固定资产采购业务的核算

外购固定资产的成本包括购买价款、相关税费（一般纳税人允许抵扣的增值税进项税额除外）及使固定资产达到预定可使用状态前所发生的可归属该固定资产的运输费、装卸费、安装费和专业人员服务费等。

【例 4-18】湖北大地有限公司购入不需要安装的设备一台，取得的增值税专用发票上注明购买价格100 000元，增值税税额13 000元。全部款项已通过银行存款支付，设备已投入使用。

解析：该项经济业务的发生，一方面导致设备增加，即企业的固定资产增加，应记入“固定资产”账户的借方，增值税进项税额应记入“应交税费——应交增值税（进项税额）”账户的借方；另一方面支付购入设备款使银行存款减少，应记入“银行存款”账户的贷方。其会计分录如下：

借：固定资产　100 000
　　应交税费——应交增值税（进项税额）　13 000
　贷：银行存款　113 000

【例 4-19】湖北大地有限公司购入需安装的设备一台，取得的增值税专用发票上注明购买价格150 000元，增值税税额19 500元，全部款项已通过银行存款支付。设备发生安装费50 000元（假定不考虑增值税），已用银行存款支付。设备已完成安装调试并投入使用。

解析：该项经济业务的发生，一方面导致需要安装设备增加，即企业的在建工程增加了，应记入“在建工程”账户的借方，增值税进项税额应记入“应交税费——应交增值税（进项税额）”账户的借方；另一方面支付购入设备款使银行存款减少了，应记入“银行存款”账户的贷方。安装过程中发生的安装费，一方面使设备的价值增加，应记入“在建工程”账户的借方；另一方面支付安装费使银行存款减少，应记入“银行存款”账户的贷方。安装完毕，一方面企业的设备增加，应记入“固定资产”账户的借方；另一方面在建工程减少，应记入“在建工程”账户的贷方。其会计分录如下：

借：在建工程　150 000
　　应交税费——应交增值税（进项税额）　19 500
　贷：银行存款　169 500
借：在建工程　50 000
　贷：银行存款　50 000
借：固定资产　200 000
　贷：在建工程　200 000

随学随练 4-9
固定资产采购业务的核算

3 学习任务三 生产业务的核算

学习子任务一 生产业务核算的内容及主要账户

一、产品生产过程会计核算的内容

生产过程是指生产制造企业的生产部门将原材料或半成品加工处理并最终制造成

产成品的过程。在生产过程中，生产部门必然要耗费各种原材料、辅助材料、燃料等，同时还要支付职工工资、社会保险、住房公积金等职工薪酬，负担厂房、设备等固定资产的折旧费，以及为管理和组织生产而发生间接费用支出等。企业在产品生产过程中发生的以上各种耗费和支出，统称为生产费用。将发生的各种生产费用按不同的产品（如果产品品种有两种或两种以上）进行归集和分配，就构成了各种产品的生产成本，或称为制造成本。因此，产品在生产过程中费用的发生、归集和分配并最终确定各种产品生产成本的过程，构成了生产过程会计核算的主要内容。

生产制造企业在生产过程中发生的各项生产费用，会计核算时要求区分为直接生产费用和间接生产费用。直接生产费用是指产品在生产过程中耗费的直接材料、直接人工等可以直接判定其归属对象的生产费用项目。例如，某企业生产甲、乙两种产品，生产甲产品耗费的材料、归属于甲产品的生产工人的薪酬是甲产品的直接费用，生产乙产品耗费的材料、归属于乙产品的生产工人的薪酬是乙产品的直接费用。间接生产费用是指产品在生产过程中发生的应由相关产品共同分摊的各种费用，间接生产费用也称为制造费用，典型的制造费用有生产车间使用的厂房、设备等固定资产折旧费，车间管理人员薪酬，车间办公费等。

随学随练4-10

产品生产过程会计核算的内容

二、产品生产业务核算设置的主要账户

（一）“生产成本”账户

“生产成本”账户属于成本类账户，用于归集产品生产过程中发生的生产费用，计算产品的实际生产成本。该账户借方登记本月发生的各种直接生产费用和月末分配转入的制造费用（间接生产费用）；贷方登记已完工并验收入库的产品的实际生产成本；期末余额在借方，表示生产过程中尚未完工的在产品的生产成本。

为了具体计算每种产品的实际成本，需要在“生产成本”账户下，按照成本核算对象（如产品的品种、类别、订单、批别等）设置明细账户，并按照规定的成本项目设置专栏。

（二）“制造费用”账户

“制造费用”账户属于成本类账户，用于归集和分配企业为产品生产而发生的各种间接生产费用，包括生产车间管理人员的薪酬、生产车间发生的机物料消耗、生产车间计提的固定资产折旧，以及生产车间支付的办公费、水电费，季节性的停工损失等。发生各种制造费用时，记入该账户的借方；月末分配转入各种产品生产成本时，记入该账户的贷方；该账户月末一般无余额。“制造费用”账户可按不同的车间设置明细账户，进行明细分类核算。

“生产成本”账户和“制造费用”账户是产品成本核算的两个主要账户。一般的核算流程是：月份内各成本计算对象发生的直接生产费用直接记入各对象的“生产成本”明细账；月份内发生的各项间接生产费用全部记入“制造费用”账户的借方；每月月末将“制造费用”账户中汇集的间接生产费用总额在受益的各产品之间采用合理的方法进行分摊，确定各产品应负担的金额后，再结转至各产品的“生产成本”明细账。

（三）“库存商品”账户

“库存商品”账户属于资产类账户，用于核算企业库存商品（产成品）的增加、减少和结存情况。借方登记完工入库商品的成本；贷方登记发出商品（如已对外出售）的成本；期末余额在借方，表示现有库存商品的成本。“库存商品”账户应按商品的种类、品种等设置明细账户，进行明细分类核算。

（四）“累计折旧”账户

“累计折旧”账户是“固定资产”账户的备抵账户，用来核算企业固定资产因损耗而减少的价值。

由于固定资产的使用年限较长，在使用期限内固定资产保持其原有实物形态不变，而其价值却随着固定资产的损耗而逐渐减少。固定资产由于损耗而减少的价值就是固定资产折旧，生产车间使用的固定资产发生的折旧费一般应记入“制造费用”账户，企业管理部门使用的固定资产发生的折旧费应记入“管理费用”账户，专设的销售部门使用的固定资产发生的折旧费应记入“销售费用”账户。

“累计折旧”账户属于资产类账户，设置和运用这个账户，是为了核算企业固定资产累计计提的折旧情况。每月计提的固定资产折旧费，应记入该账户的贷方，表示固定资产因损耗而减少的价值；因报废、出售等原因而减少的固定资产已计提的折旧，应从该账户中减去，因而应登记在该账户的借方；期末余额在贷方，表示现有固定资产已提取的累计折旧额。

企业“固定资产”账户的期末余额减去“累计折旧”账户的期末余额称为固定资产净值，即：

固定资产净值=固定资产原值-累计折旧

（五）“应付职工薪酬”账户

“应付职工薪酬”账户用来核算企业根据有关规定应付给职工的各种薪酬。职工薪酬包括：短期薪酬、离职后福利、辞退福利、其他长期职工福利。

短期薪酬是指企业在职工提供相关服务的年度报告期间结束后12个月内需要全部予以支付的职工薪酬（因解除与职工的劳动关系给予的补偿除外）。短期薪酬具体包括：职工工资、奖金、津贴和补贴；职工福利费；医疗保险费、工伤保险费和生育保险费等社会保险费等（不包括养老保险和失业保险）；住房公积金；工会经费和职工教育经费。

“应付职工薪酬”账户属于负债类账户，贷方登记本月应支付的职工薪酬；借方登记本月已经支付的职工薪酬；期末余额一般在贷方，表示企业尚未支付的职工薪酬。该账户可按“短期薪酬”“离职后福利”“辞退福利”“其他长期职工福利”等设置二级明细账户，并在“短期薪酬”二级明细账户下设“工资”“职工福利费”“社会保险费”等明细账户进行明细分类核算。

小案例4-1 爱家公司主营业务为生产家具，目前产品主要是沙发和餐桌。生产沙发领用的皮料、填充材料和生产沙发的工人工资记入“生产成本——沙发”账户，生产餐桌领用的木料和生产餐桌的工人工资记入“生产成本——餐桌”账户。沙发和餐桌的生产在同一车间，车间管理人员的工资、车间的折旧以及水电费等记入“制造

随学随练4-11

产品生产业务核算设置的主要账户

费用”账户，期末按照一定的方法把制造费用分配到“生产成本——沙发”和“生产成本——餐桌”账户中，分配以后“制造费用”账户没有余额。

学习子任务二
核算产品生产基本经济业务

在生产过程中，企业发生的基本经济业务包括生产车间领用材料、计算分配职工薪酬、支付职工薪酬、计提固定资产折旧、分配制造费用、计算产品成本、产品完工结转入库产品的生产成本等内容。

一、材料领用的核算

在生产过程中，生产部门领用材料时，应填制领料凭证，向仓库办理领料手续。仓库根据领料凭证发出材料后，应将领料单传递给财会部门。财会部门根据领料部门及领料用途的不同编制发料凭证汇总表，并以此编制会计分录。

【例4-20】湖北大地有限公司本月领料情况见表4-1。

表4-1　湖北大地有限公司领料汇总表　单位：元

项　目	A材料	B材料	合　计
生产甲产品耗用	70 000	30 000	100 000
生产乙产品耗用	50 000	70 000	120 000
小　计	120 000	100 000	220 000
生产车间耗用		6 000	6 000
企业管理耗用		8 000	8 000
合　计	120 000	114 000	234 000

解析：领料汇总表汇总了本月材料的耗用情况。对于发生的材料费用，应根据其用途的不同，进行相应的会计处理。为生产各产品领用的材料，属于该产品的直接生产费用，应直接计入各产品的生产成本，生产成本增加，应记入“生产成本”账户的借方；生产车间的一般耗费是间接生产费用，应计入制造费用，制造费用增加，应记入“制造费用”账户的借方；企业管理部门耗用，应计入管理费用，管理费用增加，应记入“管理费用”账户的借方。同时，企业库存材料减少，应记入“原材料”账户的贷方。其会计分录如下：

借：生产成本——甲产品　100 000
　　　　　　——乙产品　120 000
　　制造费用　6 000
　　管理费用　8 000
　贷：原材料——A材料　120 000
　　　　　　——B材料　114 000

二、职工薪酬的核算

由于职工薪酬一般是先计算提取后实际发放或支付，企业应在职工为其提供服务的会计期末（月末），将应付未付的职工薪酬确认为一项负债，记入“应付职工薪酬”账户。同时，应根据职工提供服务的受益对象将应付职工薪酬总额进行分配后，记入相关会计账户。生产工人的薪酬，记入“生产成本”账户；车间管理人员的薪酬，记入“制造费用”账户；企业管理人员的薪酬，记入“管理费用”账户；销售人员的薪酬，记入“销售费用”账户。

【例4-21】根据职工薪酬结算汇总表，计算湖北大地有限公司本月月末应付职工工资。

解析：

生产工人工资为60 000元；

其中：生产甲产品工人的工资为40 000元，生产乙产品工人的工资为20 000元；

车间管理人员的工资为5 000元；

企业管理人员的工资为10 000元；

合计75 000元。

很显然，这是一笔应付职工薪酬及其分配的经济业务，其会计分录如下：

借：生产成本——甲产品	40 000	
——乙产品	20 000	
制造费用	5 000	
管理费用	10 000	
贷：应付职工薪酬		75 000

【例4-22】根据有关规定，湖北大地有限公司按上述工资总额的8.7%（医疗保险费计提比例8%，生育保险费计提比例0.7%）计提职工社会保险费。

解析：甲产品生产工人应计提的社会保险费=40 000×8.7%=3 480（元）

乙产品生产工人应计提的社会保险费=20 000×8.7%=1 740（元）

车间管理人员应计提的社会保险费=5 000×8.7%=435（元）

企业管理人员应计提的社会保险费=10 000×8.7%=870（元）

社会保险费合计=75 000×8.7%=6 525（元）

职工应享有的社会保险费是职工薪酬的组成内容，因此这笔经济业务应编制的会计分录如下：

借：生产成本——甲产品	3 480	
——乙产品	1 740	
制造费用	435	
管理费用	870	
贷：应付职工薪酬		6 525

【例4-23】湖北大地有限公司通过银行发放本月职工工资75 000元。

解析：这项经济业务的发生，一方面使银行存款减少了75 000元，应记入“银行存款”账户的贷方；另一方面应付职工薪酬因发放而减少了75 000元，应记入“应付职工薪酬”账户的借方。其会计分录如下：

借：应付职工薪酬　　75 000

　贷：银行存款　　75 000

如果需要提现发放职工薪酬，则分为两个步骤核算。其一是从银行提取现金，一方面库存现金增加了75 000元，应记入“库存现金”账户的借方；另一方面银行存款减少了75 000元，应记入“银行存款”账户的贷方。其二是以现金发放职工薪酬，一方面库存现金减少75 000元，应记入“库存现金”账户的贷方；另一方面应付职工薪酬因发放而减少了75 000元，应记入“应付职工薪酬”账户的借方。

三、其他生产费用的核算

企业在产品生产过程中，除了发生材料、职工薪酬等费用外，还要发生固定资产的折旧费、办公费、水电费等其他费用。这些费用都是生产过程中发生的间接费用，要经过“制造费用”归集后，在月末分配结转到相关产品的生产成本明细账中。

（一）固定资产折旧费的核算

【例4-24】湖北大地有限公司计提本月的固定资产折旧50 000元，其中生产车间使用的固定资产计提折旧40 000元，企业管理部门使用的固定资产计提折旧10 000元。

解析：企业本月全部固定资产的折旧总额为50 000元，表明本期固定资产因损耗而减少的价值为50 000元，应记入“累计折旧”账户的贷方。同时，固定资产价值的损耗要根据其使用部门转化为本期的产品成本或期间费用，其中：生产车间固定资产计提的折旧40 000元应记入“制造费用”账户，企业管理部门固定资产计提的折旧10 000元应记入“管理费用”账户。其会计分录如下：

借：制造费用　　40 000

　　管理费用　　10 000

　贷：累计折旧　　50 000

（二）办公费、水电费的核算

办公费、水电费等是企业开展生产经营活动的日常开支，也要根据开支部门的不同分别记入不同的账户。生产部门的办公费、水电费等应作为间接生产费用记入“制造费用”账户；企业管理部门的办公费、水电费等应记入“管理费用”账户；专设销售部门的办公费、水电费等应记入“销售费用”账户。

【例4-25】湖北大地有限公司以银行存款支付本月电费，增值税专用发票上注明价款18 000元，增值税2 340元，其中生产车间负担12 000元，企业管理部门负担6 000元。

解析：

借：制造费用　　12 000

　　管理费用　　6 000

　　应交税费——应交增值税（进项税额）　　2 340

　贷：银行存款　　20 340

【例4-26】湖北大地有限公司本月采购办公用品，增值税专用发票上注明价款

6 600元，增值税858元，以银行存款支付。其中，企业管理部门使用办公用品5 000元，生产车间使用办公用品1 600元。

解析：

借：制造费用　　1 600

　　管理费用　　5 000

　　应交税费——应交增值税（进项税额）　　858

　贷：银行存款　　7 458

四、制造费用的分配

制造费用是企业生产车间为产品的生产而发生的各项间接生产费用。各项间接生产费用在发生时，首先归集在“制造费用”账户的借方，月末在所有受益产品之间采用合理的方法进行分配后，再转入各产品的“生产成本”账户。因此，制造费用的核算方法是先归集，后分配。

也就是说，在归集完本月的全部制造费用以后，月末应将所有的制造费用结转到生产成本明细账，以计算本期完工产品的生产成本。如果某车间本月只生产一种产品，则归集的制造费用可直接转入该产品的生产成本明细账中；若生产两种或两种以上的产品，则要将归集的制造费用采用一定的分配标准（常用的分配标准有生产工时、机器工时、生产工人工资等）分配并结转到不同产品的生产成本明细账中。其计算公式如下：

制造费用分配率=本月的制造费用总额÷各种产品分配标准之和

某种产品应分配的制造费用=该种产品的分配标准×制造费用分配率

【例4–27】湖北大地有限公司本月生产甲产品的工人工资为40 000元，生产乙产品的工人工资为20 000元，将本月所发生的制造费用总额66 000元按生产甲、乙产品工人工资的比例进行分配。

解析：制造费用分配率=66 000÷（40 000+20 000）=1.1

甲产品应负担的制造费用=40 000×1.1=44 000（元）

乙产品应负担的制造费用=20 000×1.1=22 000（元）

计算出甲、乙产品应负担的制造费用后，应将其从“制造费用”账户结转至甲、乙产品的生产成本明细账中。其会计分录如下：

借：生产成本——甲产品　　44 000

　　　　　　——乙产品　　22 000

　贷：制造费用　　66 000

五、产品成本的结转

产品成本的结转是指产品生产过程结束、产品完工并入库后，将完工入库产品的生产成本从“生产成本”明细账结转至“库存商品”明细账的过程。

【例4–28】湖北大地有限公司本月生产的甲、乙产品全部完工，并已验收入库。其中，甲产品总成本为195 200元，乙产品总成本为167 600元。

解析：这笔经济业务的发生，一方面使库存的产成品增加，应记入“库存商品”账户的借方；另一方面使“生产成本”账户的数额减少，应记入“生产成本”账户的贷方。其会计分录如下：

随学随练4-12

产品生产过程基本经济业务的核算

借：库存商品——甲产品　　195 200

　　　　　　——乙产品　　167 600

　贷：生产成本——甲产品　　195 200

　　　　　　　——乙产品　　167 600

4 学习任务四 销售业务的核算

学习子任务一 销售业务会计核算的内容及账户设置

一、销售业务会计核算的内容

销售是企业生产经营过程中不可或缺的组成部分。在销售业务中，生产制造企业通过销售其生产的产品实现货币资金的回收，以弥补企业在产品生产领域发生的生产费用以及非生产领域发生的管理费用、销售费用、财务费用等非生产费用，保证再生产过程的顺利进行。如果企业生产出来的产品不能销售出去，产品价值就不能实现，企业再生产将难以为继。

企业销售产品取得的收入为产品销售收入。《企业会计准则第14号——收入》指出，企业应当在履行了合同中的履约义务，即在客户取得相关商品控制权时确认收入。实务中，企业销售收入的确认通常是以完成销售过程且商品所有权转移，同时收到货款或取得在未来确定的时间内收取货款的权利为标志。在产品销售收入确认的同一期间，应将已售出产品的成本确认为产品销售成本；同时，还应确认企业发生的各种产品销售费用，如包装费、运杂费、保险费、广告费和为销售本企业产品而专设销售机构的经费等；此外，还应确认企业按国家规定应缴纳的各种销售税金及附加费，如消费税、城市维护建设税和教育费附加等。以上内容构成了销售业务会计核算的主要内容。

随学随练4-13

产品销售过程会计核算的内容

小链接4-1 中华人民共和国财政部《企业会计准则14号——收入》的相关内容链接见 http://kjs.mof.gov.cn/zt/kjzzss/kuaijizhunzeshishi/201709/t20170907_2694006.htm。

二、销售业务设置的主要账户

(一)“主营业务收入”账户

“主营业务收入”账户属于损益类账户，主要核算企业的销售收入。该账户贷方登记企业本期已经实现的销售收入；借方登记期末结转至“本年利润”账户的本期销售收入；期末结转后，该账户无余额。“主营业务收入”账户一般按主营业务收入类别设置明细账并进行明细分类核算。

（二）"主营业务成本"账户

"主营业务成本"账户属于损益类账户，主要核算企业的销售成本。该账户借方登记从"库存商品"账户结转至该账户的本期销售成本；贷方登记期末结转至"本年利润"账户的本期销售成本；期末结转后，该账户无余额。"主营业务成本"账户一般按主营业务收入类别设置明细账户并进行明细分类核算。

（三）"税金及附加"账户

"税金及附加"账户属于损益类账户，主要核算企业应缴纳的各种销售税金及教育费附加（包括消费税、城市维护建设税、资源税、教育费附加等，不包括增值税）。该账户借方登记按规定标准计算出的应缴的各项销售税费；贷方登记期末结转至"本年利润"账户的各项销售税费数额；期末结转后，该账户无余额。

（四）"销售费用"账户

"销售费用"账户属于损益类账户，主要核算和监督企业发生的各种销售费用，如包装费、运输费、保险费、装卸搬运费以及广告费等。该账户借方登记企业本期发生的各种销售费用数额；贷方登记期末结转至"本年利润"账户的各种销售费用数额；期末结转后，该账户无余额。"销售费用"账户一般按费用项目设置明细账户并进行明细分类核算。

（五）"应收账款"账户

"应收账款"账户属于资产类账户，主要核算企业应向购买方收取的销售款项。该账户借方登记因销售而增加的应收账款；贷方登记已收回的应收账款；期末余额一般在借方，反映尚未收回的应收账款数额。"应收账款"账户一般按债务人设置明细账户并进行明细分类核算。

（六）"其他业务收入"账户

"其他业务收入"账户属于损益类账户，生产制造企业使用该账户核算主营业务活动之外的其他经营活动实现的收入，如出租固定资产或无形资产、出租或出售包装物、销售原材料等实现的收入。该账户贷方登记当期取得的各项其他业务收入；期末应将账户余额从借方结转至"本年利润"账户贷方，结转后该账户无余额。"其他业务收入"账户一般按其他业务收入类别设置明细账并进行明细分类核算。

（七）"其他业务成本"账户

"其他业务成本"账户属于损益类账户，主要核算企业为取得其他业务收入而发生的相应销售成本。该账户借方登记当期发生的各项其他业务成本；贷方登记期末结转至"本年利润"账户的其他业务成本数额；期末结转后，该账户无余额。"其他业务成本"账户一般按其他业务收入类别设置明细账并进行明细分类核算。

随学随练4-14

产品销售业务核算设置的主要账户

学习子任务二
产品销售业务的核算

一、主营业务收入的核算

【例4-29】湖北大地有限公司销售给金花公司甲产品500件，单价300元，共计

150 000元，增值税销项税额为19 500元。款项已经收到并存入银行。

解析：这是一笔现款交易业务，该笔经济业务的发生，一方面表明企业销售收入和增值税销项税额的增加，应分别记入“主营业务收入”和“应交税费——应交增值税（销项税额）”账户的贷方；另一方面说明银行存款的增加，应记入“银行存款”账户的借方。根据有关原始凭证，编制如下会计分录：

借：银行存款　　169 500

　贷：主营业务收入　　150 000

　　　应交税费——应交增值税（销项税额）　　19 500

【例4-30】湖北大地有限公司销售给东方公司甲产品1 000件，单价285元，货款共计285 000元，增值税销项税额为37 050元。款项尚未收到。

解析：这是一笔赊销业务，根据权责发生制原则，企业确认收入的标准是商品所有权是否转移，而非是否收取款项。虽然这批商品销售货款尚未收到，但销售过程已经完成，商品所有权已经转移给买方，应将其应收货款计入本月的产品销售收入。因此，该笔经济业务的发生，一方面使企业销售收入和增值税销项税额增加，应分别记入“主营业务收入”和“应交税费——应交增值税（销项税额）”账户的贷方；另一方面使应收账款增加，应记入“应收账款”账户的借方。根据有关原始凭证，编制如下会计分录：

借：应收账款——东方公司　　322 050

　贷：主营业务收入　　285 000

　　　应交税费——应交增值税（销项税额）　　37 050

【例4-31】湖北大地有限公司采用商业汇票结算方式向西方公司销售乙产品100件，每件售价1 000元，价款共计100 000元，增值税销项税额为13 000元，收到西方公司签发的商业承兑汇票一张，汇票的期限为4个月。

解析：这是一笔采用商业承兑汇票结算的赊销业务，该笔经济业务的发生，一方面使企业的应收票据增加，应记入“应收票据”账户的借方；另一方面使企业的产品销售收入和增值税销项税额增加，应分别记入“主营业务收入”和“应交税费——应交增值税（销项税额）”账户的贷方。根据有关原始凭证，编制如下会计分录：

借：应收票据——西方公司　　113 000

　贷：主营业务收入　　100 000

　　　应交税费——应交增值税（销项税额）　　13 000

4个月后，汇票到期，企业收到款项，应收票据减少，届时根据有关原始凭证，编制如下会计分录：

借：银行存款　　113 000

　贷：应收票据——西方公司　　113 000

二、主营业务成本的核算

【例4-32】湖北大地有限公司结转本月已售的甲产品生产成本27 000元，乙产品生产成本70 000元。

解析：这笔经济业务的发生，一方面说明库存产成品因销售而减少，应记入“库存商品”账户的贷方；另一方面说明当期费用增加，应记入“主营业务成本”账户的借方。根据有关原始凭证，编制如下会计分录：

重难点微课 4-4

主营业务收入和主营业务成本的核算

借：主营业务成本——甲产品　　27 000
　　　　　　　　——乙产品　　70 000
　贷：库存商品——甲产品　　27 000
　　　　　　　——乙产品　　70 000

三、税费及款项结算的核算

【例4-33】按税法的规定计提本月应交城市维护建设税1 400元，教育费附加600元。

解析：这笔经济业务的发生，一方面说明税金及附加增加，应记入“税金及附加”账户的借方；另一方面说明应交国库的税款增加，形成企业的一项负债，应记入“应交税费”账户的贷方。根据有关原始凭证，编制如下会计分录：

借：税金及附加　　2 000
　贷：应交税费——应交城市维护建设税　　1 400
　　　　　　　——应交教育费附加　　600

【例4-34】湖北大地有限公司收到南方公司前欠货款250 000元，存入银行。

解析：这笔经济业务的发生，一方面说明银行存款增加，应记入“银行存款”账户的借方；另一方面说明应收账款减少，应记入“应收账款”账户的贷方。根据有关原始凭证，编制如下会计分录：

借：银行存款　　250 000
　贷：应收账款——南方公司　　250 000

【例4-35】湖北大地有限公司以银行存款支付产品广告费3 000元。

解析：这项经济业务的发生，一方面使企业的银行存款减少，应记入“银行存款”账户的贷方；另一方面使产品销售费用增加，应记入“销售费用”账户的借方。根据有关原始凭证，编制如下会计分录：

借：销售费用　　3 000
　贷：银行存款　　3 000

思考与解读4-4

思考：你能说说企业从原材料领用到结转主营业务成本的流转过程吗？

解读：原材料领用时，从原材料结转到生产成本或制造费用，制造费用分摊计入生产成本；产品完工入库时，从生产成本结转到库存商品；产品销售后，从库存商品结转到主营业务成本。

随学随练4-15

产品销售业务的核算

学习子任务三
其他销售业务的核算

生产制造企业的其他业务收入主要是指主营业务活动之外的其他经营活动实现的收入，如出租固定资产或无形资产、出租或出售包装物、销售原材料等实现的收入；其他业务成本是为取得其他业务收入而发生的相应销售成本，如已出租固定资产的折旧费、出租包装物应摊销的成本以及售出原材料的成本等。

【例4-36】湖北大地有限公司出售A材料一批，售价20 000元，增值税销项税额为2 600元，款项已收到并存入银行。该批材料的成本为17 000元。

解析：这笔经济业务属于产品销售以外的其他销售业务，应通过“其他业务收入”和“其他业务成本”账户核算。对发生的收入，一方面应记入“银行存款”账户的借方；另一方面应记入“其他业务收入”和“应交税费——应交增值税（销项税额）”账户的贷方。结转已销材料的实际采购成本，一方面应记入“其他业务成本”账户的借方；另一方面应记入“原材料”账户的贷方。根据有关原始凭证，编制如下会计分录：

取得材料销售收入时：

借：银行存款　　22 600

　贷：其他业务收入　　20 000

　　　应交税费——应交增值税（销项税额）　　2 600

结转已销材料成本时：

借：其他业务成本　　17 000

　贷：原材料　　17 000

随学随练4-16

其他销售业务的核算

5 学习任务五 利润形成和分配业务的核算

学习子任务一
核算利润形成

随学随练4-17

利润形成与分配业务会计核算的内容

一、利润形成会计核算的内容

利润是企业在一定会计期间的经营成果，包括收入减去费用后的净额以及直接计入当期利润的利得和损失。利润是综合反映企业在一定期间内生产经营成果的重要指标，利润形成核算的主要内容包括营业利润、利润总额和净利润的核算。

二、利润的计算

根据《企业会计准则第30号——财务报表列报》的规定，利润包括营业利润、利润总额、净利润三个部分。因此，企业在一定会计期间实现的利润（或亏损）是由以下几部分构成的：

重难点微课 4-5
利润的计算

（一）营业利润

营业利润的计算公式如下：

$$\text{营业利润}=\text{营业收入}-\text{营业成本}-\text{税金及附加}-\text{销售费用}-\text{管理费用}-\text{财务费用}+\text{公允价值变动收益（或－损失）}+\text{投资收益（或－损失）}+\text{其他收益}+\text{资产处置收益（或－损失）}-\text{资产减值损失}$$

其中：营业收入包括主营业务收入和其他业务收入；营业成本包括主营业务成本和其他业务成本。

（二）利润总额

利润总额的计算公式如下：

利润总额=营业利润+营业外收入-营业外支出

（三）净利润

净利润的计算公式如下：

净利润=利润总额-所得税费用

随学随练4-18
利润的计算

根据《中华人民共和国企业所得税法》的规定，企业应按应纳税所得额的一定比例（即企业所得税率，一般为25%）缴纳企业所得税。企业所得税属于企业的一项费用，应直接计入当期损益。企业利润总额减去所得税费用后的净额，即企业当期实现的净利润。净利润应按法定程序进行分配。

三、期间费用的核算

（一）期间费用的内容

费用按是否计入产品成本分为生产费用和期间费用。在产品生产过程中发生的、计入产品成本的费用称为生产费用；不计入产品成本的费用称为期间费用。期间费用一般包括管理费用、销售费用和财务费用。

管理费用是指企业行政管理部门为组织和管理生产经营活动而发生的各项耗费，包括企业的董事会和行政管理部门在企业的经营管理中发生的或者应由企业统一负担的公司经费（如行政管理部门的职工薪酬、修理费、物料消耗、低值易耗品摊销、办公费和差旅费等）、工会经费、董事会费（包括董事会成员津贴、会议费和差旅费等）、聘请中介机构费、咨询费（含顾问费）、诉讼费、业务招待费、房产税、车船税、城镇土地使用税、印花税、技术转让费、矿产资源补偿费、研究费用、排污费等。

销售费用是指企业销售商品和材料、提供劳务的过程中发生的各种费用，包括运输费、装卸费、保险费、包装费、展览费、广告费、商品维修费、预计产品质量保证损失等，以及为销售本企业商品而专设的销售机构（含销售网点、售后服务网点等）的职工薪酬、业务费、折旧费等经营费用。

财务费用是指企业为筹集生产经营所需资金等而发生的筹资费用，包括利息支出（减利息收入）、汇兑损益以及向金融机构缴纳的手续费等。

思考与解读4-5

思考：财务人员的职工薪酬记入“财务费用”账户吗？

解读：财务人员的职工薪酬不能记入“财务费用”账户，应记入“管理费用”账户。

（二）期间费用核算设置的主要账户

1.“管理费用”账户

“管理费用”账户属于损益类账户，借方登记本期发生的各种管理费用；贷方登记期末结转至“本年利润”账户的本期管理费用总额；期末结转后，该账户无余额。“管理费用”账户应按照费用项目设置明细账并进行明细分类核算。

【例4-37】人力资源部张明报销差旅费2 500元（假定不考虑增值税），张明出差前预借现金3 000元，报销时退回多余款。

解析：

借：管理费用　　2 500

　　库存现金　　500

　贷：其他应收款——张明　　3 000

2.“销售费用”账户

“销售费用”账户属于损益类账户，借方登记本期发生的各种销售费用；贷方登记期末结转至“本年利润”账户的本期销售费用总额；期末结转后，该账户无余额。“销售费用”账户应按照费用项目设置明细账并进行明细分类核算。

【例4-38】9月18日，收到某货运公司运费发票，系湖北大地有限公司向北方公司发运产品的运费1 000元，增值税90元。审核无误，签发转账支票付讫。

解析：

借：销售费用　　1 000

　　应交税费——应交增值税（进项税额）　　90

　贷：银行存款　　1 090

3.“财务费用”账户

“财务费用”账户属于损益类账户，企业发生的财务费用，借记“财务费用”账户，贷记“应付利息”“银行存款”等账户。期末应将“财务费用”账户余额结转至“本年利润”账户，期末结转后，该账户无余额。“财务费用”账户应按照费用项目设置明细账并进行明细分类核算。

随学随练4-19

期间费用的核算

【例4-39】中国工商银行直接从银行账户中划扣企业本月贷款利息1 500元。

解析：

借：财务费用　　1 500

　贷：银行存款　　1 500

四、营业外收支的核算

营业外收支是指企业非日常经营活动中形成的利得和损失，分别通过“营业外收入”和“营业外支出”账户进行核算。

（一）“营业外收入”账户

“营业外收入”账户属于损益类账户，主要核算企业发生的与企业日常经营业务无关的各项利得，包括接受捐赠利得、非流动资产处置利得、非货币性资产交换利得、债务重组利得、罚款收入、政府补助等。企业在确认各项利得时，登记在该账户的贷方；期末结转至“本年利润”账户时，登记在该账户的借方。期末结转后，该账户无余额。“营业外收入”账户可按营业外收入的内容设置明细账户。

（二）“营业外支出”账户

“营业外支出”账户属于损益类账户，主要核算企业发生的与企业日常经营业务无关的各项损失，包括非流动资产处置损失、非货币性资产交换损失、债务重组损失、非常损失、捐赠支出、罚款支出等。企业在确认各项损失或支出时，登记在该账户的借方；期末结转至“本年利润”账户时，登记在该账户的贷方；期末结转后，该账户无余额。“营业外支出”账户可按营业外支出的内容设置明细账户。

【例4-40】湖北大地有限公司收到大发公司交来的违约罚款6 000元，存入银行。

解析：这笔经济业务的发生，一方面使营业外收入增加，应记入“营业外收入”账户的贷方；另一方面使银行存款增加，应记入“银行存款”账户的借方。根据有关原始凭证，编制如下会计分录：

借：银行存款　　6 000

　贷：营业外收入　　6 000

【例4-41】湖北大地有限公司用银行存款向希望工程捐款3 000元。

解析：这笔经济业务的发生，一方面使营业外支出增加，应记入“营业外支出”账户的借方；另一方面使银行存款减少，应记入“银行存款”账户的贷方。根据有关原始凭证，编制如下会计分录：

借：营业外支出　　3 000

　贷：银行存款　　3 000

随学随练4-20

营业外收支的核算

五、投资收益的核算

企业应设置“投资收益”账户，核算企业对外投资所获得的收益或发生的损失。“投资收益”账户属于损益类账户，贷方登记企业取得的投资收益和期末结转至“本年利润”的投资净损失；借方登记企业发生的投资损失和期末结转至“本年利润”的投资净收益；期末结转后，“投资收益”账户无余额。

【例4-42】湖北大地有限公司收到购买的黄河集团发行的债券利息收入8 000元，存入银行。

解析：这笔经济业务的发生，一方面使银行存款增加，应记入“银行存款”账户的借方；另一方面使债券投资收益增加，应记入“投资收益”账户的贷方。根据有关原始凭证，编制如下会计分录：

借：银行存款　　8 000

　贷：投资收益　　8 000

随学随练4-21

投资收益的核算

六、所得税费用的核算

企业所得税是根据企业应纳税所得额的一定比例上交的一种税费。企业应纳税所得额可根据企业的利润总额按照《中华人民共和国企业所得税法》的规定进行调整后计算得出。企业应纳所得税税额的计算公式如下：

应纳税所得额=利润总额±纳税调整项目

应纳所得税税额=当期应纳税所得额×适用的企业所得税税率

为了核算企业当期的所得税费用，应设置“所得税费用”账户。该账户属于损益类账户，主要核算企业当期的所得税费用。发生本期所得税费用时，登记在该账户的借方；期末结转至“本年利润”账户时，登记在该账户的贷方；期末结转后，“所得税费用”账户无余额。

【例 4-43】湖北大地有限公司本月实现利润总额 100 000 元，适用的所得税税率为 25%。假定无其他纳税调整事项，本月利润总额就是本月应纳税所得额。

解析：本月应纳税所得额=本月利润总额=100 000 元

本月应纳所得税税额=100 000×25%=25 000（元）

根据以上计算，其会计分录如下：

随学随练4-22

所得税费用的核算

借：所得税费用　　25 000

　　贷：应交税费——应交所得税　　25 000

实际交纳所得税时：

借：应交税费——应交所得税　　25 000

　　贷：银行存款　　25 000

七、利润形成的核算

重难点微课 4-6

利润形成的核算

企业在会计期末要进行结账。结账的方法主要有账结法和表结法两种。账结法一般要求在每月的月末将各损益类账户记录的各类收入、费用的发生额合计数全部结转至“本年利润”账户，在“本年利润”账户中结算出本期损益金额和本年累计损益总额。表结法通常不要求每月结转损益类账户的发生额合计数，一般在会计年度终了时才一次结转至“本年利润”账户。采用表结法时，一般通过编制月度、季度或者半年度“利润表”的方式计算本期损益金额。

为了核算年度内企业实现的利润（包括盈利或亏损），应设置“本年利润”账户。该账户属于所有者权益类账户，贷方登记期末从损益类账户结转的各种当期经济利益的流入金额的合计数（如主营业务收入、其他业务收入、营业外收入以及投资净收益等）；借方登记期末从损益类账户结转的各种经济利益流出金额的合计数（如主营业务成本、其他业务成本、管理费用、营业外支出以及投资净损失等）。损益类账户结转入该账户后，该账户期末余额如在贷方，反映为企业本年度累计实现的净盈利；期末余额如在借方，则反映为企业本年度累计发生的净亏损。年末，“本年利润”账户的余额应结转至“利润分配——未分配利润”。期末结转后，“本年利润”账户无余额。

【例 4-44】月末，湖北大地有限公司本月各收入、费用类账户的余额见表 4-2。

表4-2　　　　**湖北大地有限公司本月各收入、费用类账户余额表**　　　　单位：元

费用类账户		收入类账户	
主营业务成本	250 000	主营业务收入	350 000
税金及附加	1 600	其他业务收入	9 000
销售费用	5 000	投资收益	21 000
管理费用	15 000	营业外收入	5 500
财务费用	600		
营业外支出	4 000		
其他业务成本	5 000		

解析：结转各损益类账户的余额至“本年利润”账户。收入类账户结转至“本年利润”账户，则收入类账户发生减少，应记入收入类账户的借方；而对于“本年利润”账户来说，则发生增加，应记入“本年利润”账户的贷方。费用类账户结转至“本年利润”账户，则费用类账户发生减少，应记入费用类账户的贷方；而对于“本年利润”账户来说，则发生减少，应记入“本年利润”账户的借方。

首先，将本月收入类各账户的期末余额转入“本年利润”账户的贷方，编制会计分录如下：

借：主营业务收入　　350 000
　　其他业务收入　　9 000
　　投资收益　　21 000
　　营业外收入　　5 500
　贷：本年利润　　385 500

其次，将本月各费用类账户的期末余额转入“本年利润”账户的借方，编制会计分录如下：

借：本年利润　　281 200
　贷：主营业务成本　　250 000
　　税金及附加　　1 600
　　销售费用　　5 000
　　管理费用　　15 000
　　财务费用　　600
　　营业外支出　　4 000
　　其他业务成本　　5 000

【例 4-45】假设湖北大地有限公司本月实现的利润总额为104 300元，本期的利润总额与应纳税所得额一致，按利润总额的25%计算并结转所得税费用。

解析：应纳所得税税额=104 300×25%=26 075（元）

这笔经济业务的发生，一方面使企业的所得税费用增加26 075元；另一方面由于该笔所得税尚未上交，使企业应交所得税这项负债增加26 075元。因此，该笔业

务涉及“所得税费用”和“应交税费——应交所得税”两个账户。其会计分录如下：

借：所得税费用　　26 075

　贷：应交税费——应交所得税　　26 075

同时，与其他损益类账户一样，期末应将“所得税费用”账户结转至“本年利润”账户，其会计分录如下：

随学随练4-23

利润形成的核算

借：本年利润　　26 075

　贷：所得税费用　　26 075

当期利润总额扣除当期所得税费用后的金额为78 225元（104 300-26 075），为本期实现的净利润。企业实现的净利润在年终要按照国家有关规定进行合理分配。

学习子任务二

核算利润分配业务

一、利润分配的程序

利润分配是指企业根据国家有关规定和企业章程、投资者协议等，对企业当年可供分配的利润所进行的分配。其中：

可供分配的利润 = 当年实现的净利润（或净亏损）+ 年初未分配利润（或减年初未弥补亏损）+ 其他转入

按照《中华人民共和国公司法》的规定，企业利润分配的顺序为：

（一）提取法定盈余公积

法定盈余公积是指企业根据有关法律的规定从净利润中提取的公积金。公司制企业法定盈余公积的提取比例为当年实现净利润的10%，但以前年度累计的法定盈余公积达到公司注册资本的50%时，可以不再提取。

（二）提取任意盈余公积

随学随练4-24

利润分配的程序

任意盈余公积是指企业根据股东大会的决定从净利润中提取的公积金。

（三）向投资者分配利润或股利

企业可以根据股东大会的决定从可供分配的利润中向投资者分配利润或者股利。

经过上述分配程序后仍有利润留存的，作为企业的未分配利润。

二、利润分配核算设置的主要账户

（一）“利润分配”账户

“利润分配”账户属于所有者权益类账户，用于核算企业本年度净利润的分配（或亏损的弥补）和历年结存的未分配利润（或未弥补亏损）情况。年末，应将“本年利润”账户余额结转至“利润分配——未分配利润”；使用盈余公积弥补亏损的，应登记在“利润分配——其他转入”的贷方；企业进行利润分配时，一般登记在该账户各明细账的借方。该账户余额如在贷方，反映为累计未分配利润；该账户余额如在借方，反映为累计未弥补的亏损。“利润分配”账户应设置“提取法定盈余公积”“提取任意盈余公积”“应付现金股利（或应付利润）”“盈余公积补亏”“未分配利润”等明细账户。

（二）“盈余公积”账户

“盈余公积”账户属于所有者权益类账户，用于核算企业从净利润中提取的法定盈余公积和任意盈余公积。企业按规定提取法定盈余公积和任意盈余公积时，登记在该账户的贷方；按规定用途使用盈余公积时，登记在该账户的贷方；余额一般在贷方，表示已提取尚未使用的盈余公积数额。“盈余公积”账户应设置“法定盈余公积”“任意盈余公积”等明细账户。

随学随练4-25

利润分配核算设置的主要账户

（三）“应付利润”或“应付股利”账户

“应付利润”或“应付股利”账户属于负债类账户，用于核算企业应付给投资者的股利或利润。企业按规定提取应付投资者利润（股利）时，登记在该账户的贷方；支付投资者利润（股利）时，登记在该账户的借方；余额一般在贷方，表示已提取尚未支付的数额。

三、利润分配的核算

【例4-46】假设湖北大地有限公司年终确认本年实现净利润240 000元，根据有关规定和决议，按净利润的10%提取法定盈余公积24 000元，按净利润的15%提取任意盈余公积36 000元，按净利润的50%向投资者分配利润120 000元。

解析：（1）将本年实现的净利润240 000元从“本年利润”账户结转至“利润分配——未分配利润”明细账户。

这笔经济业务的发生，一方面说明本年利润减少，应记入“本年利润”账户的借方；另一方面使利润分配增加，所有者权益增加，应记入“利润分配——未分配利润”账户的贷方。其会计分录如下：

借：本年利润　　240 000

　贷：利润分配——未分配利润　　240 000

（2）提取法定盈余公积和任意盈余公积。

这笔经济业务的发生，一方面使所有者权益减少，应记入“利润分配”账户的借方；另一方面使盈余公积增加，应记入“盈余公积”账户的贷方。其会计分录如下：

借：利润分配——提取法定盈余公积　　24 000

　　　　　——提取任意盈余公积　　36 000

　贷：盈余公积——法定盈余公积　　24 000

　　　　　　——任意盈余公积　　36 000

（3）向投资者分配利润。

这笔经济业务的发生，一方面使所有者权益减少，应记入“利润分配”账户的借方；另一方面使应付利润增加，应记入“应付利润”账户的贷方。其会计分录如下：

借：利润分配——应付利润　　120 000

　　贷：应付利润　　120 000

（4）当年实现的利润净额240 000元扣除利润分配额180 000元（60 000+120 000）后的差额为60 000元，为湖北大地有限公司当年未分配利润。利润分配结束后，将本年已分配的利润180 000元转入“利润分配——未分配利润”明细账户。其会计分录如下：

随学随练4-26

利润分配的核算

借：利润分配——未分配利润　　180 000

　　贷：利润分配——提取法定盈余公积　　24 000

　　　　　　　　——提取任意盈余公积　　36 000

　　　　　　　　——应付利润　　120 000

项目阶段测试（线上）

项目技能训练（线上+线下）

◎线上技能训练（实训）

◎线下技能训练

1.接受投资业务的核算

【资料】绿地公司发生下列经济业务：

（1）收到蓝天公司投资款250 000元，存入银行。

（2）向日葵公司投入原材料一批，投资各方确定其价值为200 000元（暂不考虑增值税）。

要求：根据上述经济业务编制会计分录。

2.银行借款业务的核算

【资料】绿地公司发生下列经济业务：

（1）向中国工商银行借入1年期贷款100 000元，存入银行。

（2）因临时资金需要，向中国银行归元寺支行借入期限为3个月的贷款200 000元，存入银行。

要求：根据上述经济业务编制会计分录。

3.制造业企业材料采购业务的核算

【资料】绿地公司11月发生下列经济业务：

（1）3日，购入甲材料8 000千克，单价10元/千克，价款总计80 000元，增值税进项税额为10 400元，款项以银行存款支付，材料已验收入库。

（2）6日，从明涛公司购入乙材料1 000千克，单价25元/千克，价款总计25 000元，增值税进项税额为3 250元，款项尚未支付，材料尚未到达。

要求：根据上述经济业务编制会计分录。

4.制造业企业生产业务的核算和产品成本的计算

【资料】绿地公司11月发生下列经济业务：

（1）车间生产甲产品领用A材料50 000元，生产乙产品领用B材料65 000元；车间一般性耗用C材料20 000元；行政管理部门耗用C材料8 000元。

（2）计提本月固定资产折旧26 000元，其中车间固定资产计提折旧16 000元，行政管理部门固定资产计提折旧10 000元。

（3）计提本月应付职工工资80 000元，其中生产甲产品生产工人工资30 000元，生产乙产品生产工人工资25 000元，车间管理人员工资10 000元，行政管理人员工资15 000元。

（4）结转本月发生的制造费用，并按生产工人工资比例在甲、乙两种产品之间分配。

（5）本月投产的甲产品3 000件、乙产品3 500件全部完工并验收入库，甲产品、乙产品均无期初在产品。

要求：根据上述经济业务编制会计分录。

5.制造业企业销售过程业务的核算

【资料】绿地公司11月发生下列经济业务：

（1）6日，向通达公司销售甲产品500件，单价80元/件，价款总计40 000元，增值税销项税额为5 200元，产品已发出，货款全部收到并存入银行。

（2）7日，销售给星云公司乙产品1 000件，单价70元/件，价款总计70 000元，增值税销项税额为9 100元，产品已发出，款项尚未收到。

要求：根据上述经济业务编制会计分录。

6.制造业企业利润形成和利润分配的核算

【资料】绿地公司11月发生下列经济业务：

（1）30日，将本月发生的主营业务收入295 000元、其他业务收入18 000元、营业外收入38 500元和投资收益10 000元转入“本年利润”账户。

（2）30日，将本月发生的主营业务成本148 750元、其他业务成本12 650元、税金及附加2 040元、销售费用7 950元、管理费用47 600元、财务费用1 200元和营业外支出55 000元转入“本年利润”账户。

（3）30日，按利润总额的25%计算本月应交所得税。

（4）30日，将所得税费用转入“本年利润”账户。

要求：根据上述经济业务编制会计分录。

7.利润形成及分配业务的核算

【资料】湖北大地有限公司2022年度实现净利润120 000元，该公司按净利润的10%提取法定盈余公积，按净利润的5%提取任意盈余公积，按净利润的50%向投资者分配利润。

要求：编制以下相关经济业务的会计分录：

（1）将本年利润年末余额结转到“利润分配”账户。

（2）提取法定盈余公积。

（3）提取任意盈余公积。

（4）向投资者分配利润。

（5）结转利润分配除未分配利润以外的其他明细账户。

项目五

成本核算与管理

本项目主要介绍如何进行成本的核算与管理。学习本项目要求理解成本的含义、成本计算的意义，重点掌握资产入账价值、营业成本的计算，以及通过成本性态分析对成本进行分类。本项目包含四个学习任务：熟悉成本的内涵、核算计入资产的成本、发出存货成本的计算和成本性态分析与成本分类。

知识传授目标

1. 理解成本的含义；
2. 掌握资产入账价值的计算，营业成本的计算；
3. 熟悉成本性态分析的特点和分类。

能力培养目标

1. 能核算资产的入账价值；
2. 能够进行营业成本的计算；
3. 能判断固定成本和变动成本。

价值塑造目标

1. 秉持“诚实、正直、客观和责任”的公民道德原则；
2. 培养爱岗敬业、诚实守信、坚持准则的职业道德；
3. 提升对“诚信”社会主义核心价值观的认识。

项目思维导图

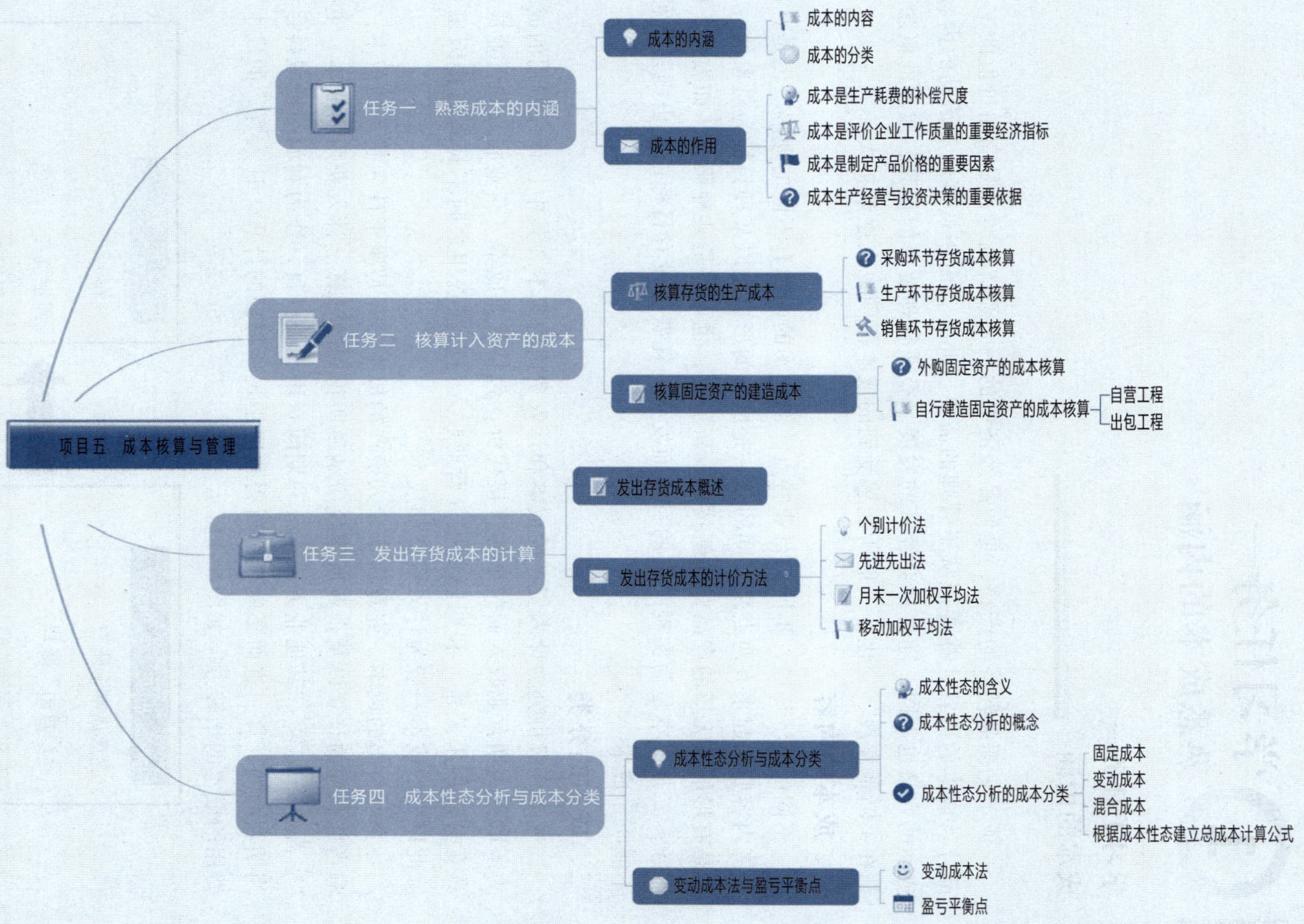
项目五 成本核算与管理
任务一 熟悉成本的内涵
成本的内涵
成本的内容
成本的分类
成本的作用
成本是生产耗费的补偿尺度
成本是评价企业工作质量的重要经济指标
成本是制定产品价格的重要因素
成本生产经营与投资决策的重要依据
任务二 核算计入资产的成本
核算存货的生产成本
采购环节存货成本核算
生产环节存货成本核算
销售环节存货成本核算
核算固定资产的建造成本
外购固定资产的成本核算
自行建造固定资产的成本核算
自营工程
出包工程
任务三 发出存货成本的计算
发出存货成本概述
发出存货成本的计价方法
个别计价法
先进先出法
月末一次加权平均法
移动加权平均法
任务四 成本性态分析与成本分类
成本性态分析与成本分类
成本性态的含义
成本性态分析的概念
成本性态分析的成本分类
固定成本
变动成本
混合成本
根据成本性态建立总成本计算公式
变动成本法与盈亏平衡点
变动成本法
盈亏平衡点

项目知识学习

项目导入与案例分析

沃尔玛的成本优势

学习任务一 熟悉成本的内涵

学习子任务一 成本的内涵

成本是商品经济的产物，是商品经济中的一个经济范畴，是商品价值的主要组成部分。成本的内容往往要服从于管理的需要。此外，由于从事经济活动的内容不同，成本的含义也不同。随着社会经济的发展、企业管理要求的提高，成本的概念和内涵都在不断地发展、变化，人们所能感受到的成本范围也在逐渐扩大。

一、成本的内容

不同的经济环境，不同的行业特点，对成本的内涵有不同的理解。但是，成本的经济内容归纳起来有两点是共同的：一是成本的形成是以某种目标为对象的，目标可以是有形的或无形的产品，如新技术、新工艺，也可以是某种服务，如教育、医疗等服务；二是成本是为实现一定的目标而发生的耗费，没有目标的支出则是一种损失，不能叫作成本。

二、成本的分类

成本一般可分为计入资产的成本和计入费用的成本。其中，计入费用的成本是指为了取得当期营业收入而付出的直接代价，包括营业成本（营业收入和营业成本之间具有直接因果关系）和期间费用（营业收入与期间费用之间不具有直接因果关系），除此以外的成本一般为计入资产的成本。

企业付出的成本，究竟属于计入资产的成本，还是属于计入费用的成本，直接影响当期利润的计算以及企业所得税应纳税所得额的计算。计入费用的成本，主要涉及“主营业务成本”“其他业务成本”和期间费用相关科目，作为利润的抵减科目，影响当期利润的计算，进而影响企业所得税应纳税所得额的计算。计入资产的成本与计入费用的成本的结转方向如图 5-1 所示。

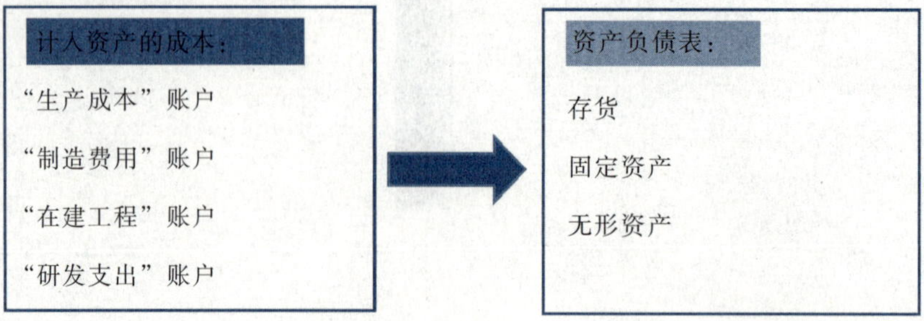

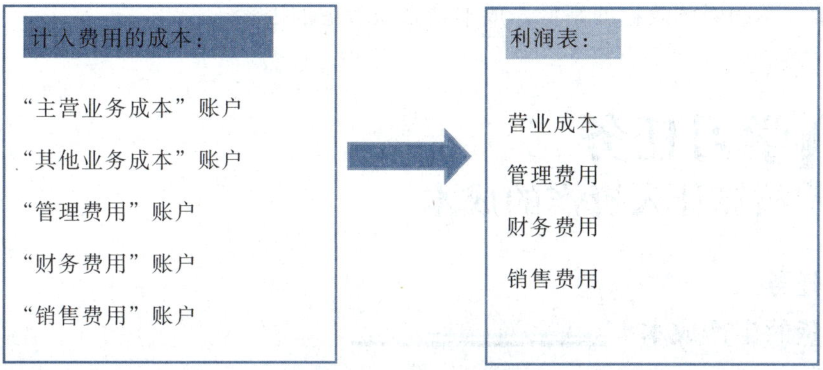

图5-1　计入资产的成本与计入费用的成本的结转方向

小知识5-1　根据《中华人民共和国企业所得税法》第八条的规定，企业实际发生的与取得收入有关的、合理的支出，准予在计算应纳税所得额时扣除。《中华人民共和国企业所得税法实施条例》第二十八条进一步规定，企业发生的支出应当区分收益性支出和资本性支出。收益性支出在发生当期直接扣除；资本性支出应当分期扣除或者计入有关资产成本，不得在发生当期直接扣除。

随学随练5-1
成本的内涵

学习子任务二
成本的作用

一、成本是生产耗费的补偿尺度

企业为了保证生产经营持续稳定运行，必须从企业的销售收入中对生产耗费，即资金耗费进行补偿，而成本就是衡量这一补偿份额的尺度。只有成本得到完全补偿，企业才能维持资金的周转。如果企业不能按照成本来补偿生产耗费，则企业资金就会出现短缺，就不能按原有的规模进行再生产，企业的经营规模就会不断缩小并出现亏损，待资源消耗殆尽，企业将面临倒闭。

二、成本是评价企业工作质量的重要经济指标

成本是一项综合性的经济指标，企业经营管理中各方面工作的成绩，都可以直接或间接地在成本上反映出来。例如，生产工艺流程复杂与简单，原材料消耗量的大小，劳动生产率的高低以及产品质量的优劣都可以通过成本直接或间接地反映出来。

三、成本是制定产品价格的重要因素

产品价格是产品价值的货币表现。企业在制定产品价格时都应遵循价值规律的基本要求，通常产品价格应大体上符合其价值。准确地计算产品的价值，难度较大，通过计算产品成本可以间接地、相对地估算产品的价值。因此，成本就成为企业制定产品价格的重要因素。

四、成本是生产经营投资决策的重要依据

在市场价格一定的条件下，成本的高低直接影响企业的盈利水平与市场竞争能力。企业在进行生产经营与投资决策时，多是以效益的高低作为决策的评价标准，而

衡量决策方案的经济效益的高低，成本是必须考虑的因素。

2 学习任务二 核算计入资产的成本

学习子任务二 核算存货的生产成本

重难点微课 5-1

存货的生产成本

存货一般应当按照成本计量。根据存货流通特点，我们从采购、生产和销售三个环节来核算存货的生产成本。

一、采购环节存货成本核算

存货的采购成本，一般包括购买价款、相关税费、运输费、装卸费、保险费以及其他可归属于存货采购成本的费用。

【例 5-1】红霞家具有限公司为增值税一般纳税人，2022 年 3 月接到一份订单，用客户指定的外地某种特殊木材生产桌椅。为此，从绿地林业有限公司采购原材料，增值税专用发票上注明的原材料金额为 2 000 元，增值税税额为 260 元，价税合计 2 260 元。卖方负责运货，货物经长途运输运达红霞家具有限公司。

解析：(1) 支付货款取得增值税专用发票时：

借：在途物资　　2 000
　　应交税费——应交增值税（进项税额）　　260
　贷：银行存款　　2 260

(2) 原材料验收入库时

借：原材料　　2 000
　贷：在途物资　　2 000

该业务原材料采购成本的核算流程如图 5-2 所示。

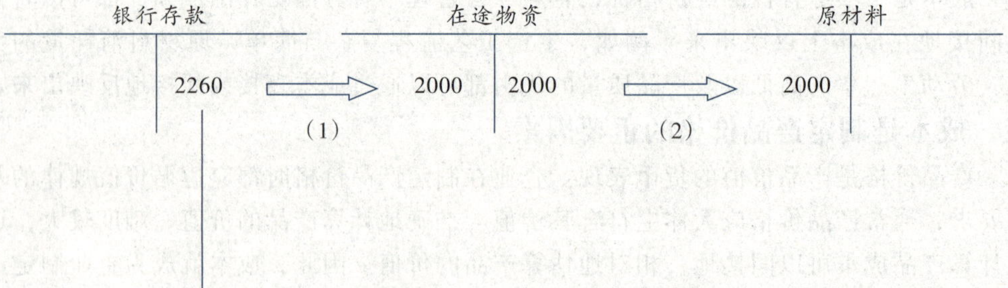

图 5-2 原材料采购成本的核算流程

二、生产环节存货成本核算

在生产环节，企业一般通过核算产品的制造成本来衡量产品的生产投入。

产品的制造成本是指产品制造环节发生的全部成本，包括直接材料、直接人工和制造费用。制造费用是生产车间、分厂、项目部发生的间接费用，如生产车间的固定资产折旧，以及多个产品共同负担的水费、电费、蒸汽费等开支。

工业（制造业）企业采用“生产成本”科目核算生产产品的制造成本。该科目可按产品品种或批次进行明细核算。对于生产过程中发生的与某种产品直接相关的成本（如直接负责生产该产品的工人的薪酬、生产过程中使用的原材料等，被称作直接人工和直接材料），可直接记入“生产成本”科目进行归集；对于与多种产品相关、不便直接计入某种产品的成本（如车间发生的水、电、气开支以及车间管理人员的工资等），则先通过“制造费用”科目进行归集，然后再按企业内部管理制度事先确定的成本计算标准分配记入“生产成本”科目，“生产成本”科目的借方登记增加额，贷方登记减少额。该科目期末余额在借方，反映企业尚未完成全部工序的在产品的成本。

工业（制造业）企业设“制造费用”科目核算其生产车间、部门为生产产品和提供劳务而发生的各项间接费用，如车间发生的难以直接对应某种产品而是由多种产品共同分担的水、电、气开支和车间管理人员的工资等。在实务工作中，车间建筑物、机器设备等固定资产的折旧也是先计入制造费用，然后分摊计入生产成本。“制造费用”科目可根据管理需要按不同的生产车间、部门和开支项目进行明细核算。该科目借方登记增加额，贷方登记减少额（结转额）。该科目的借方余额在期末通常应及时结转至“生产成本”科目，因此，除季节性生产企业外，该科目期末应当无余额。

“生产成本”科目记录了直接材料、直接人工等直接成本，以及从“制造费用”科目分配过来的间接费用。因此，该账户可以全面反映产品的全部成本。工业（制造业）企业设“库存商品”科目核算企业库存的产成品的成本。该科目可按库存商品的种类、品种和规格进行明细核算。该科目借方登记增加额，贷方登记减少额。科目期末余额在借方，反映企业库存商品的成本。

【例 5-2】红霞家具有限公司的订制品生产车间领用原材料用于写字桌和椅子的生产，写字桌和椅子各用了价值1 000元的木料。

解析：将生产产品领用的木材，直接计入生产成本：

借：生产成本——写字桌　　1 000

　　　　　　——椅子　　1 000

　贷：原材料　　2 000

【例 5-3】红霞家具有限公司的订制品生产车间发放从事直接生产工人的工资1 200元。按照劳动量分配给写字桌的直接人工成本为900元，分配给椅子的直接人工成本为300元。

解析：(1) 将直接人工开支计入产品成本

借：生产成本——写字桌　　900

　　　　　　——椅子　　300

贷：应付职工薪酬　　1 200

（2）发放生产工人工资时

借：应付职工薪酬　　1 200

贷：银行存款　　1 200

【例 5-4】红霞家具有限公司的订制品生产车间归集该车间发生的与该批订单有关的各项间接支出，用银行存款支付了水、电、气等车间开支100元和车间主任工资700元，当月对车间的固定资产计提折旧2 000元。

解析：（1）归集车间发生的各种费用

借：制造费用　　2 800

贷：应付职工薪酬　　700

银行存款　　100

累计折旧　　2 000

（2）发放车间主任工资时

借：应付职工薪酬　　700

贷：银行存款　　700

【例 5-5】红霞家具有限公司的订制品生产车间将归集的间接费用分配给各项在产品，按照公司的成本核算方法，制造费用由写字桌和椅子平均分摊。

解析：按照公司的成本核算方法，写字桌和椅子各自分摊1 400元制造费用。

借：生产成本——写字桌　　1 400

——椅子　　1 400

贷：制造费用　　2 800

【例 5-6】红霞家具有限公司的订制产品已经完成全部工序（结合【例 5-2】至【例 5-6】），产成品（一张写字桌和一把椅子）已经从车间运到仓库并办理完成入库手续。

解析：（1）计算产品成本

产品成本=直接材料+直接人工+制造费用，根据“生成成本”科目明细账：

写字桌的加工成本=1 000+900+1 400=3 300（元）

椅子的加工成本=1 000+300+1 400=2 700（元）

（2）结转已完工产品的成本

产品完工并验收合格后，将“生产成本”账户的贷方转入“库存商品”账户的借方：

借：库存商品——写字桌　　3 300

——椅子　　2 700

贷：生产成本——写字桌　　3 300

——椅子　　2 700

此业务产品成本的核算流程如图 5-3所示。

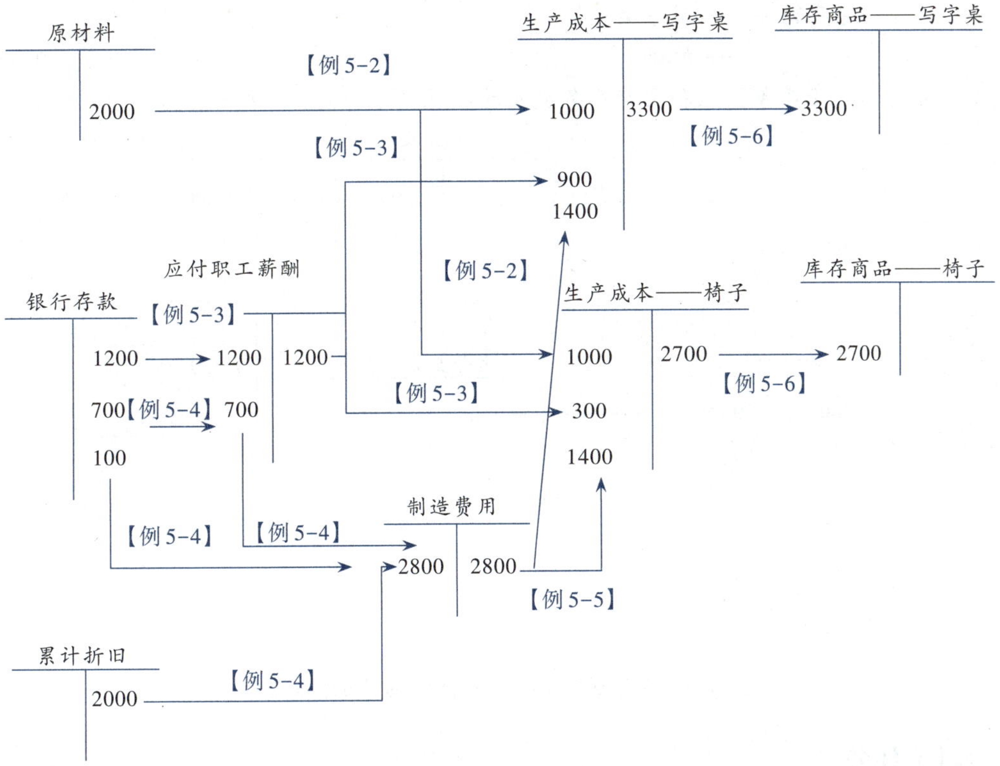

图5-3　产品成本的核算流程

随学随练5-2

存货的生产成本

小链接5-1　财政部制定的《企业产品成本核算制度（试行）》链接见http://www.mof.gov.cn/zhengwuxinxi/xinwenlianbo/beijingcaizhengxinxilianbo/201310/t20131010_996986.htm。

三、销售环节存货成本核算

出售库存商品时，企业应按所收取的货款（或取得收款的权利），借记"银行存款"科目（或"应收账款"科目），按库存商品的不含税价格，贷记"主营业务收入"科目，按增值税税额，贷记"应交税费——应交增值税（销项税额）"科目。同时，按库存商品的实际成本，借记"主营业务成本"科目，贷记"库存商品"科目。

【例5-7】2022年3月31日，绿城家具有限公司依合同约定的价格和交货时间把写字桌和椅子销售给客户。增值税专用发票上注明的金额为10 000元，税额为1 300元，价税合计11 300元。货款已经划入公司的银行账户。写字桌的成本为3 300元，椅子的成本为2 700元。

解析：（1）取得销售收入时：

借：银行存款　　11 300

　贷：主营业务收入　　10 000

　　应交税费——应交增值税（销项税额）　　1 300

（2）结转销售成本时：

借：主营业务成本　　6 000

贷：库存商品——写字桌 3 300

——椅子 2 700

此业务主营业务收入和主营业务成本的核算流程如图5-4所示。

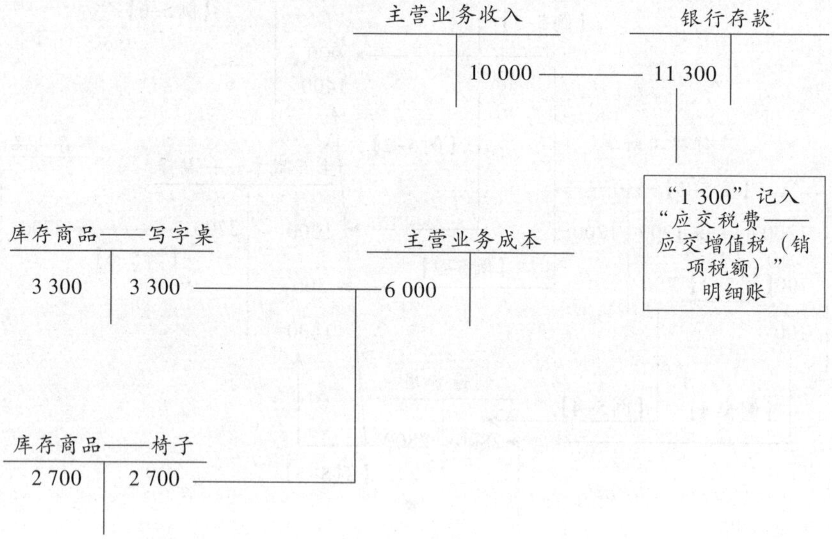

图5-4　主营业务收入和主营业务成本的核算流程

学习子任务二

核算固定资产的建造成本

外购的需要安装的固定资产或者自行建造的固定资产，企业通常需要通过“在建工程”科目来归集其入账成本。

一、外购固定资产的成本核算

企业外购的固定资产，应将实际支付的购买价款、相关税费、使固定资产达到预定可使用状态前所发生的可归属于该项资产的运输费、装卸费、安装费和专业人员服务费等，作为固定资产的取得成本。其中，相关税费不包括按照现行增值税制度规定可以从销项税额中抵扣的增值税进项税额。

企业作为一般纳税人，购入不需要安装的固定资产时，应将支付的购买价款、使固定资产达到预定可使用状态前所发生的可归属于该项资产的运输费、装卸费和专业人员服务费等，作为固定资产成本，借记“固定资产”科目，取得增值税专用发票、海关完税证明或公路发票等增值税扣税凭证，并经税务机关认证可以抵扣的，应按专用发票上注明的增值税进项税额，借记“应交税费——应交增值税（进项税额）”科目，贷记“银行存款”“应付账款”等科目。

企业作为一般纳税人，购入需要安装的固定资产时，应在购入固定资产取得成本的基础上，加上安装调试成本作为入账成本。按照购入需安装的固定资产的取得成本，借记“在建工程”科目，按购入固定资产时可抵扣的增值税进项税额，借记“应交税费——应交增值税（进项税额）”科目，贷记“银行存款”“应付账款”等科目；按照发生的安装调试成本，借记“在建工程”科目，按取得的外部单位提供的增值税专用发票上注明的增值税进项税额，借记“应交税费——应交增值税（进项税额）”科目，贷记“银行存款”等科目；耗用了本单位的材料或人工的，按应承担的成本金额，借记“在建工程”科目，贷记“原材料”“应付职工薪酬”等科目。安装完成达到预定可使用状态时，由“在建工程”科目转入“固定资产”科目，借记“固定资产”科目，贷记“在建工程”科目。

企业作为小规模纳税人，购入固定资产发生的增值税进项税额应计入固定资产成本，借记“固定资产”或“在建工程”科目，不通过“应交税费——应交增值税”科目核算。企业以一笔款项购入多项没有单独标价的固定资产，应将各项资产单独确认，并按各项固定资产公允价值的比例对总成本进行分配，分别确定各项固定资产的成本。

【例5-8】2022年5月21日，青山公司购入一台不需要安装即可投入使用的设备，取得的增值税专用发票上注明的价款为30 000元，增值税税额为3 900元，另支付包装费并取得增值税专用发票，注明包装费700元，税率6%，增值税税额42元，款项以银行存款支付。青山公司为增值税一般纳税人。

解析：

借：固定资产　　30 700

　　应交税费——应交增值税（进项税额）　　3 942

　贷：银行存款　　34 642

重难点微课 5-2

固定资产的建造成本

小知识5-2 购入固定资产的买价、包装费均应计入固定资产成本。

二、自行建造固定资产的成本核算

企业自行建造固定资产，应当将建造该项资产达到预定可使用状态前所发生的必要支出，作为固定资产成本。

企业自行建造固定资产，应先通过“在建工程”科目核算，工程达到预定可使用状态时，再从“在建工程”科目转入“固定资产”科目。企业自行建造固定资产，主要有自营工程和出包工程两种方式，采用的建造方式不同，其会计处理也不同。

（一）自营工程

自营工程是指企业自行组织工程物资采购、自行组织施工人员施工的建筑工程和安装工程。购入工程物资时，按已认证的增值税专用发票上注明的价款，借记“工程物资”科目，按增值税专用发票上注明的增值税进项税额，借记“应交税费——应交增值税（进项税额）”科目，按实际支付或应付的金额，贷记“银行存款”“应付账款”等科目。领用工程物资时，借记“在建工程”科目，贷记“工程物资”科目；在建工程领用本企业原材料时，借记“在建工程”科目，贷记“原材料”科目；在建工程领用本企业生产的商品时，借记“在建工程”科目，贷记“库存商品”科目；自营工程发生的其他费用（如工程人员薪酬等），借记“在建工程”科目，贷记“银行存款”“应付职工薪酬”等科目。自营工程达到预定可使用状态时，按其成本，借记“固定资产”科目，贷记“在建工程”科目。

（二）出包工程

出包工程是指企业通过招标方式将工程项目发包给建造承包商，由建造承包商组织施工的建筑工程和安装工程。出包工程的具体支出主要由建造承包商核算，在这种方式下，“在建工程”科目主要反映企业与建造承包商办理工程价款结算的情况。企业支付给建造承包商的工程价款作为工程成本，通过“在建工程”科目核算。

企业按合理估计的发包工程进度和合同规定向建造承包商结算进度款，并由对方开具增值税专用发票，按增值税专用发票上注明的价款，借记“在建工程”科目，按增值税专用发票上注明的增值税进项税额，借记“应交税费——应交增值税（进项税额）”科目，按应实际支付的金额，贷记“银行存款”科目。工程达到预定可使用状态时，按其成本，借记“固定资产”科目，贷记“在建工程”科目。

【例5-9】青山公司为增值税一般纳税人，将一间厂房的建造工程出包给大地公司（增值税一般纳税人）承建。2021年7月18日，青山公司按合理估计的发包工程进度和合同规定向大地公司结算进度款并取得其开具的增值税专用发票，注明工程款60万元，增值税税率9%，增值税税额5.4万元。2022年4月1日，工程完工后，青山公司收到大地公司有关工程结算单据，补付工程款并取得其开具的增值税专用发票，注明工程款40万元，增值税税率9%，增值税税额3.6万元。工程完工并达到预定可使用状态。

解析：

（1）按合理估计的发包工程进度和合同规定向大地公司结算进度款时：

借：在建工程　　600 000
　　应交税费——应交增值税（进项税额）　　54 000
　贷：银行存款　　654 000

（2）补付工程款时：

借：在建工程　　400000
　　应交税费——应交增值税（进项税额）　　36 000
　贷：银行存款　　436 000

（3）工程完工并达到预定可使用状态时：

借：固定资产　　1000 000
　贷：在建工程　　1000 000

随学随练5-3

自建固定资产的核算

3 学习任务三 发出存货成本的计算

学习子任务一 发出存货成本概述

企业发出存货的计价方法直接影响发出存货成本、结存存货成本和经营成果的计算结果，选择并采用合理科学的计价方法是合理准确计算成本和经营成果的基础。企业应当根据各类存货的实物流转方式、存货的性质、企业管理的要求等实际情况，合理地选择发出存货成本的计算方法，以合理确定当期发出存货的成本。对于性质和用途相同的存货，应当采用相同的成本计价方法确定发出存货的成本。

实务中，企业发出存货可以按实际成本核算，也可以按计划成本核算。如采用计划成本核算，会计期末应调整为实际成本。在实际成本核算方式下，企业可采用的发出存货成本计价方法有个别计价法、先进先出法、月末一次加权平均法和移动加权平均法。计价方法一经选用，不得随意变更。

学习子任务二

发出存货成本的计价方法

一、个别计价法

重难点微课 5-3

发出存货的计价方法

个别计价法是假设存货具体项目的实物流转与成本流转相一致，逐一辨认各批发出存货和期末存货所属的购进批次或生产批次，分别按其购入或生产时所确定的单位成本计算其发出存货和期末存货成本的方法。在这种方法下，把每一种存货的实际成本作为计算发出存货成本和期末存货成本的基础。

个别计价法的成本计算准确，符合实际情况，但在存货收发频繁的情况下，分辨其发出成本的工作量较大。因此，这种方法通常适用于不能替代使用的存货、为特定项目专门购入或制造的存货以及提供的劳务，如珠宝、名画等贵重物品。

【例 5-10】2022 年 5 月，红霞公司甲商品的购销明细账见表 5-1。

表 5-1　　甲商品购销明细账

日期		摘要	收入			发出			结存		
月	日		数量（件）	单价（元）	金额（元）	数量（件）	单价（元）	金额（元）	数量（件）	单价（元）	金额（元）
5	1	期初余额							150	10	1500
	5	购入	100	12	1200				250		
	11	销售				200			50		
	16	购入	200	14	2800				250		
	20	销售				100			150		
	23	购入	100	15	1500				250		
	27	销售				100			150		
	31	本期合计	400	–	5500	400	–		150		

假设经过具体辨认，本期发出存货的单位成本如下：5 月 11 日发出的 200 件存货中，100 件是期初结存存货，单位成本为 10 元，另外 100 件为 5 月 5 日购入存货，单位成本为 12 元；5 月 20 日发出的 100 件存货系 5 月 16 日购入，单位成本为 14 元；5 月 27 日发出的 100 件存货中，50 件为期初结存，单位成本为 10 元，50 件为 5 月 23 日购入，单位成本为 15 元。红霞公司 5 月甲商品个别计价法下购销明细账见表 5-2。

随学随练 5-4

发出存货的计价方法

表 5-2　　　　　　　　　　　　**甲商品购销明细账（个别计价法）**

日期		摘要	收入			发出			结存		
月	日		数量（件）	单价（元）	金额（元）	数量（件）	单价（元）	金额（元）	数量（件）	单价（元）	金额（元）
5	1	期初余额							150	10	1 500
	5	购入	100	12	1 200				150 100	10 12	1 500 1 200
	11	销售				100 100	10 12	1 000 1 200	50	10	500
	16	购入	200	14	2 800				50 200	10 14	500 2 800
	20	销售				100	14	1 400	50 100	10 14	500 1 400
	23	购入	100	15	1 500				50 100 100	10 14 15	500 1 400 1 500
	27	销售				50 50	10 15	500 750	100 50	14 15	1 400 750
	31	本期合计	400	–	5 500	400	–	4 850	100 50	14 15	1 400 750

解析：从表 5-2 可知，红霞公司本期发出存货成本及期末结存存货成本如下：

本期发出存货成本=（100×10+100×12）+（100×14）+（50×10+50×15）=4 850（元）

期末结存存货成本=100×14+50×15=2 150（元）

或：

期末结存存货成本=期初结存存货成本+本期收入存货成本−本期发出存货成本

=150×10+（100×12+200×14+100×15）−4 850

=1 500+5 500−4 850

=2 150（元）

二、先进先出法

先进先出法是指以先购入的存货先发出（销售或耗用）这样一种存货实物流动假设为前提，对发出存货进行计价的一种方法。采用这种方法，先购入的存货成本在后购入存货成本之前转出，据此确定发出存货和期末存货的成本。

具体方法：收入存货时，逐笔登记收入存货的数量、单价和金额；发出存货时，按照先进先出的原则逐笔登记存货的发出成本和结存金额。先进先出法可以随时结转存货发出成本，但较烦琐。如果存货收发业务较多且存货单价不稳定，则工作量较大。在物价持续上升时，期末存货成本接近于市价，而发出成本偏低，会高估企业当期利润和存货价值，反之，会低估企业当期利润和存货价值。

【例 5-11】承【例 5-10】，假设红霞公司采用先进先出法核算存货，甲商品先进先出法下购销明细账见表 5-3。从该表可以看出存货成本的计价顺序：5 月 11 日发出的200件存货，按先进先出法的流转顺序，应先发出期初库存存货150件，即1 500元（150×10），再发出5月5日购入的存货50件，即600元（50×12），其他依次类推。

表5-3　　　　甲商品购销明细账（先进先出法）

日期		摘要	收入			发出			结存		
月	日		数量（件）	单价（元）	金额（元）	数量（件）	单价（元）	金额（元）	数量（件）	单价（元）	金额（元）
5	1	期初余额							150	10	1 500
	5	购入	100	12	1 200				150 100	10 12	1 500 1 200
	11	销售				150 50	10 12	1 500 600	50	12	600
	16	购入	200	14	2 800				50 200	12 14	600 2 800
	20	销售				50 50	12 14	600 700	150	14	2 100
	23	购入	100	15	1 500				150 100	14 15	2 100 1 500
	27	销售				100	1400	1 400	50 100	14 15	700 1 500
	31	本期合计	400	–	5 500	400	–	4 800	50 100	14 15	700 1 500

解析：红霞公司甲商品购销明细账显示，甲商品期初结存存货1 500元（150×10），本期购入存货三批，按先后顺序分别为1 200元（100×12）、2 800元（200×14）、1 500元（100×15）。本期发出存货成本和期末结存存货成本分别为：

本期发出存货成本=（150×10+50×12）+（50×12+50×14）+（100×14）

=4 800（元）

期末结存存货成本=50×14+100×15=2 200（元）

或：

期末结存存货成本=期初结存存货成本+本期收入存货成本–本期发出存货成本

=150×10+（100×12+200×14+100×15）–4800

=1 500+5 500–4 800

=2 200（元）

随学随练5-5

先进先出法的核算

三、月末一次加权平均法

月末一次加权平均法是指以本月全部进货数量加上月初存货数量作为权数，去除本月全部进货成本加上月初存货成本，计算出存货加权平均单位成本，以此为基础计算本月发出存货的成本和期末结存存货的成本的一种方法。其计算公式如下：

$$\text{存货单位成本}=\left(\text{月初结存存货成本}+\text{本月收入存货成本之和}\right)\div\left(\text{月初结存存货的数量}+\text{本月收入存货数量之和}\right)$$

本月发出存货的成本=本月发出存货的数量×存货单位成本

本月月末结存存货成本=月末结存存货的数量×存货单位成本

或：

本月月末结存存货成本=月初结存存货成本+本月收入存货成本−本月发出存货成本

【例 5-12】承[例 5-10]，假设红霞公司采用月末一次加权平均法核算存货，计算5月甲商品的平均单位成本。

解析：5月甲商品的平均单位成本 =（月初结存存货成本 + 本月收入存货成本之和）÷（月初结存存货数量 + 本月收入存货数量之和）

=（150×10+100×12+200×14+100×15）÷（150+100+200+100）

≈12.727（元）

则5月甲商品的发出成本与期末结存成本分别为：

5月甲商品的发出成本=400×12.727=5 090.80（元）

5月甲商品的期末结存成本 = 月初结存存货成本 + 本月收入存货成本 − 本月发出存货成本 =[150×10+（100×12+200×14+100×15）]−5 090.80

=7 000−5 090.80=1 909.20（元）

5月甲商品月末一次加权平均法下购销明细账见表5-4。

表 5-4　甲商品购销明细账（月末一次加权平均法）

日期		摘要	收入			发出			结存		
月	日		数量（件）	单价（元）	金额（元）	数量（件）	单价（元）	金额（元）	数量（件）	单价（元）	金额（元）
5	1	期初余额							150	10	1500
	5	购入	100	12	1 200				250	–	–
	11	销售				200	–		50	–	–
	16	购入	200	14	2 800				250	–	–
	20	销售				100	–		150	–	–
	23	购入	100	15	1 500				250	–	–
	27	销售				100	–		150	–	–
	31	本期合计	400	–	5 500	400	12.727	5 090.80	150	**12.728	*1909.20

标注：*1909.20采用“月末结存存货成本=月初结存存货成本+本月收入存货成本−本月发出存货成本”计算确定；**12.728=1909.20÷150。

随学随练5-6

月末一次加权平均法的核算

小知识5-3　采用月末一次加权平均法只在月末一次计算加权平均单位成本，可以简化成本计算工作。但由于只在月末计算加权平均单位成本和发出存货成本，不便于存货成本的日常管理与控制。

四、移动加权平均法

移动加权平均法是指以每次进货的成本与原有结存存货的成本的合计额，除以每次进货数量与原有结存存货数量的合计数，据以计算加权平均单位成本，作为下次进货前计算发出存货成本依据的一种方法。计算公式如下：

存货单位成本=（原有结存存货成本+本次进货成本）÷（原有结存存货数量+本次进货数量）

本次发出存货成本=本次发出存货数量×本次发货前存货的单位成本

本月月末结存存货成本=月末结存存货的数量×本月月末存货单位成本

或：

本月月末结存存货成本=月初结存存货成本+本月收入存货成本−本月发出存货成本

【例 5−13】承[例 5−10]假设红霞公司采用移动加权平均法核算存货，计算5月甲商品各平均单位成本。

解析：5月5日购入存货后的平均单位成本=（150×10+100×12）÷（150+100）=10.80（元）

5月16日购入存货后的平均单位成本=（50×10.80+200×14）÷（50+200）=13.36（元）

5月23日购入存货后的平均单位成本=（150×13.36+100×15）÷（150+100）=14.016（元）

本次发出存货成本=本次发出存货数量×本次发货前存货的单位成本

5月11日销售存货的成本=200×10.80=2 160（元）

5月20日销售存货的成本=100×13.36=1 336（元）

5月27日销售存货的成本=100×14.016=1 401.60（元）

本月月末库存存货成本=月末库存存货的数量×本月月末存货单位成本=150×14.016=2 102.40（元）

或者：

本月月末结存存货成本=月初结存存货成本+本月收入存货成本−本月发出存货成本=150×10+[（100×12）+（200×14）+（100×15）]−[（200×10.80）+（100×13.36）+（100×14.016）]

=1 500+（1 200+2 800+1 500）−（2 160+1 336+1 401.6）

=1 500+5 500−4 897.60

=2 102.40（元）

5月，甲商品移动加权平均法下购销明细账见表5−5。

表5−5　甲商品购销明细账（移动加权平均法）

日期		摘要	收入			发出			结存		
月	日		数量（件）	单价（元）	金额（元）	数量（件）	单价（元）	金额（元）	数量（件）	单价（元）	金额（元）
5	1	期初余额							150	10	1 500
	5	购入	100	12	1 200				250	10.80	2 700
	11	销售				200	10.80	2 160	50	10.80	540
	16	购入	200	14	2 800				250	13.36	3 340
	20	销售				100	13.36	1 336	150	13.36	2 004
	23	购入	100	15	1 500				250	14.016	3 504
	27	销售				100	14.016	1 401.60	150	14.016	2 102.40
	31	本期合计	400	−	5 500	400	−	4 897.60	150	14.016	2 102.40

随学随练5−7

移动加权平均法的核算

小知识5−4　采用移动加权平均法能够使企业管理层及时了解存货的结存情况，计算的平均单位成本以及发出和结存的存货成本比较客观。但由于每次收货都要计算一次平均单位成本，计算工作量较大，对收发货较频繁的企业不太适用。

4 学习任务四 成本性态分析与成本分类

学习子任务四 成本性态分析与成本分类

一、成本性态的含义

成本性态亦称为成本习性，是指成本总额变化与业务量之间的依存关系，即成本随业务量变化而表现出来的特性。业务量按产销关系可以分为生产量和销售量，按表现形式则可以分为时间量和货币量。成本与产销量之间的依存关系是客观的、固有的，故称为“习性”。利用成本习性，可从数量上研究成本与业务量变动之间的规律性联系，为企业正确进行管理决策、改善经营管理提供有价值的成本信息，也有助于企业加强成本的过程控制，挖掘企业降本增效的潜力。

二、成本性态分析的概念

成本性态分析是指在明确各种成本性态的基础上，按照一定的程序和方法，最终将全部成本区分为固定成本和变动成本两大类，并建立相应成本函数模型 $y=a+bx$ 的过程。

成本性态分析具有相对性、暂时性和可转化性。同一时期内、同一成本项目在不同企业之间可能具有不同的性态；就同一企业而言，同一成本项目在不同时期可能有不同的性态；在同一时空条件下，某些成本项目可以在固定成本和变动成本之间相互转化。

重难点微课 5-4

成本性态分析的成本分类

三、成本性态分析的成本分类

按照成本性态，通常可以把成本区分为固定成本、变动成本和混合成本。

(一) 固定成本

固定成本是指其总额在一定时期及一定产量范围内，不直接受业务量变动的影响而保持固定不变的成本。固定成本总额不因业务量的变动而变动，但单位固定成本（单位业务量负担的固定成本）会与业务量呈反向变动关系。

小知识 5-5 固定成本包括固定资产折旧、管理人员工资、利息、公司管理费等每年固定发生的费用，不随产量的增加而增加。产量越大，单位固定成本（单位业务量负担的固定成本）越小。

小案例 5-1 安信公司生产甲产品需要购买某大型设备，该设备每月折旧 10 000 元，该设备最大生产能力为 1 000 件/月。当该公司每月的产量在 400、500、1 000 件时，其折旧额不会随产量变动而变动，每月折旧额都是 10 000 元。但每件甲产品因产量不同分别承担的单位固定成本为 25 元、20 元、10 元，随着产量上升，单位产品分摊的固定成本（折旧）下降了。

（二）变动成本

变动成本是指在特定的业务量范围内，其总额会随业务量的变动而呈正比例变动的成本。变动成本总额与业务量呈正比例变动，但单位变动成本（单位业务量负担的变动成本）不变。

小知识5-6 变动成本包括原材料、工人工资及福利费、水电费、制造费用等，其随着产量的增加而增加，但单位变动成本不变。

小案例5-2 安信公司生产甲产品，单位产品的变动成本为60元，当产量为400件时，变动成本为24 000元；当产量为500件时，变动成本为30 000元；当产量为1 000件时，变动成本为60 000元。变动成本总额成比例增加，但单位产品的变动成本仍保持60元不变。

（三）混合成本

混合成本就是“混合”了固定成本和变动成本两种不同性质的成本。一方面，混合成本随业务量的变化而变化；另一方面，混合成本的变化又不能与业务量的变化保持正比例关系。

（四）根据成本性态建立总成本计算公式

在将混合成本按照一定的方法区分为固定成本和变动成本之后，根据成本性态，企业的总成本公式就可以表示为：

总成本=固定成本总额+变动成本总额=固定成本总额+（单位变动成本×业务量）

小案例5-3 企业要生产一种商品，有两种不同的生产方案，A方案：固定成本650元，单位变动成本4元，B方案：固定成本400元，单位变动成本5元。如果生产量是150台和300台，应分别选择哪种生产方案？

如果生产量为150台，选择B方案，生产成本为1 150元（150×5+400）。如果产量为300台，选择A方案，生产成本为1 850元（300×4+650）。上面的案例中，A方案的固定成本比B方案多250元，但B方案变动成本比A方案多1元，所以两者平衡点是250件，如果产量低于250件，选择B方案成本更低，但如果产量超过250件，则选择A方案成本更低。

随学随练5-8

成本性态分析成本的分类

学习子任务二 变动成本法与盈亏平衡点

重难点微课 5-5

成本性态分析的方法

一、变动成本法

变动成本法是指在计算产品成本时，只包括直接材料、直接人工和变动性制造费用，而不包括固定性制造费用，并将所有固定成本作为期间成本从当期收入中全额扣除的一种成本计算方法。

这种方法依据成本性态对各项成本费用进行分解，将直接材料、直接人工作为变动成本，将制造费用分解为变动性制造费用和固定性制造费用两部分进行核算，如图5-5所示。

生产成本
- 直接材料
- 直接人工
- 变动性制造费用
- 固定性制造费用

非生产成本
- 销售费用
- 管理费用

（直接材料、直接人工、变动性制造费用 → 产品成本；固定性制造费用、销售费用、管理费用 → 期间成本）

图5-5　变动成本法成本分解图

【例5-14】假定甲公司只生产一种产品，相关资料见表5-6。请按照变动成本法核算产品成本。

表5-6　**甲公司产品有关资料**

销售资料		成本资料			
项目	数量（件）	项目	金额（元）	明细项目	金额（元）
本年产量	2 000	直接材料	70 000	–	–
期初存货	0	直接人工	40 000	–	–
期末存货	200	制造费用	40 000	变动费用	10 000
				固定费用	30 000
本年销售量	1 800	销售费用	30 000	变动费用	10 000
				固定费用	20 000
销售单价	100	管理费用	10 000	变动费用	1 000
				固定费用	9 000

解析：按照变动成本法，计算产品成本只需要考虑直接材料、直接人工和变动性制造费用，成本计算单见表5-7。

表5-7　**甲公司产品成本计算单**

成本项目	变动成本计算法	
	总成本	单位成本
直接材料	70 000	35
直接人工	40 000	20
变动制造费用	10 000	5
变动生产成本	120 000	60
固定制造费用	–	–
全部生产成本	–	–

小知识5-7　变动成本法在计算产品成本时，认为固定生产成本只是为企业生产提供条件，只和生产期间有关，不会因产量的增减而增减，所以不应计入产品成本。

二、盈亏平衡点

盈亏平衡点，也称保本点，是指企业不盈不亏时对应的销售量或销售额，它对企业来说是很重要的管理信息。在盈亏平衡点上，企业的销售收入正好补偿全部变动成本和固定成本，该点的销售量就是盈亏平衡点销售量，该点的销售额就是盈亏平衡点销售额。

计算和确定盈亏平衡点，能帮助企业管理人员控制和分析销售量与利润之间的关系，即企业要盈利，其产销量必须超过盈亏平衡点。计算和确定盈亏平衡点的另一重要作用在于，超过盈亏平衡点后的产销量所提供的边际贡献就是企业的利润。这是因为全部固定成本已在盈亏平衡点时由边际贡献所补偿，超过盈亏平衡点以后的边际贡献不再需要补偿固定成本，因而它们全部是利润。这样，通过盈亏平衡点分析就能预测企业的未来利润。盈亏平衡点的销售量和销售额，可通过以下方法计算获得。

以单一品种下盈亏平衡点的计算为例，假设 $y_1=Px$，其中，y_1为销售收入，P为产品单价，x为销售量，$y_2=a+bx$，其中，y_2为总成本，a为固定成本总额，b为产品单位变动成本，x为销售量，令 $y_1=y_2$，

则：$Px=a+bx$，$x=a/(P-b)$

此时销售量x为盈亏平衡点销售量，即

盈亏平衡点销售量=固定成本/（单价−单位变动成本）

=固定成本/单位边际贡献

等式两边同乘以销售单价，即可得盈亏平衡点销售额，则有：

盈亏平衡点销售额=固定成本/边际贡献率

【例5−15】假定甲公司只生产一种产品，该产品销售单价为100元/件，单位变动成本为60元，固定成本总额为20 000元，该公司的目标利润为30 000元，请计算该公司保利点销售量和保利点销售额。

解析：保利点销售量=（20 000+30 000）÷（100−60）=1 250（件）

保利点销售额=1 250×100=125 000（元）

项目阶段测试（线上）

项目技能训练（线上+线下）

◎ 线上技能训练（实训）

◎线下技能训练

1.计算固定资产的价值：彩云科技股份公司2022年购入一台需要安装调试的机器设备。增值税专用发票上注明的设备金额为400万元，增值税税额为52万元，价税合计为452万元，另发生装卸费0.86万元，安装调试阶段支付公司工程项目组工资9

万元。

要求：请计算该固定资产的入账价值。

2.练习发出存货成本的核算

资料：天天美食食品有限公司强筋挂面的购销情况见表5-8。

表5-8 库存商品明细表

品名：强筋挂面 数量单位：箱 金额单位：元

月	日	摘要	收入			发出			结存		
			数量	单价	金额	数量	单价	金额	数量	单价	金额
9	9	采购	3 000	600							
	10	销售				1 600					
	15	采购	2 000	700							
	16	销售				1 200					
	20	采购	1 000	800							
	21	销售				2 000					
	本月合计										

要求：分别采用先进先出法、月末一次加权平均法、移动加权平均法计算企业月末强筋挂面的结存金额和当月的主营业务成本。

项目六

填制与审核记账凭证

本项目主要介绍填制与审核记账凭证的处理。企业日常经济活动都要记录下来，在会计中记录这些活动的载体就是记账凭证。本项目包含五个学习任务：记账凭证的基本内容、记账凭证的填制、记账凭证的审核、会计凭证的传递与保管、新业态下的凭证处理。

知识传授目标

1. 了解记账凭证的种类；
2. 熟悉不同类型的记账凭证；
3. 掌握记账凭证的格式。

能力培养目标

1. 能理解记账凭证的功能；
2. 会分析记账凭证的内容；
3. 会填列记账凭证。

价值塑造目标

1. 养成“客观公正”的会计职业道德意识；
2. 提升“操守为重，不做假账”的会计职业素养；
3. 提高对“实事求是”的认知水平。

项目思维导图

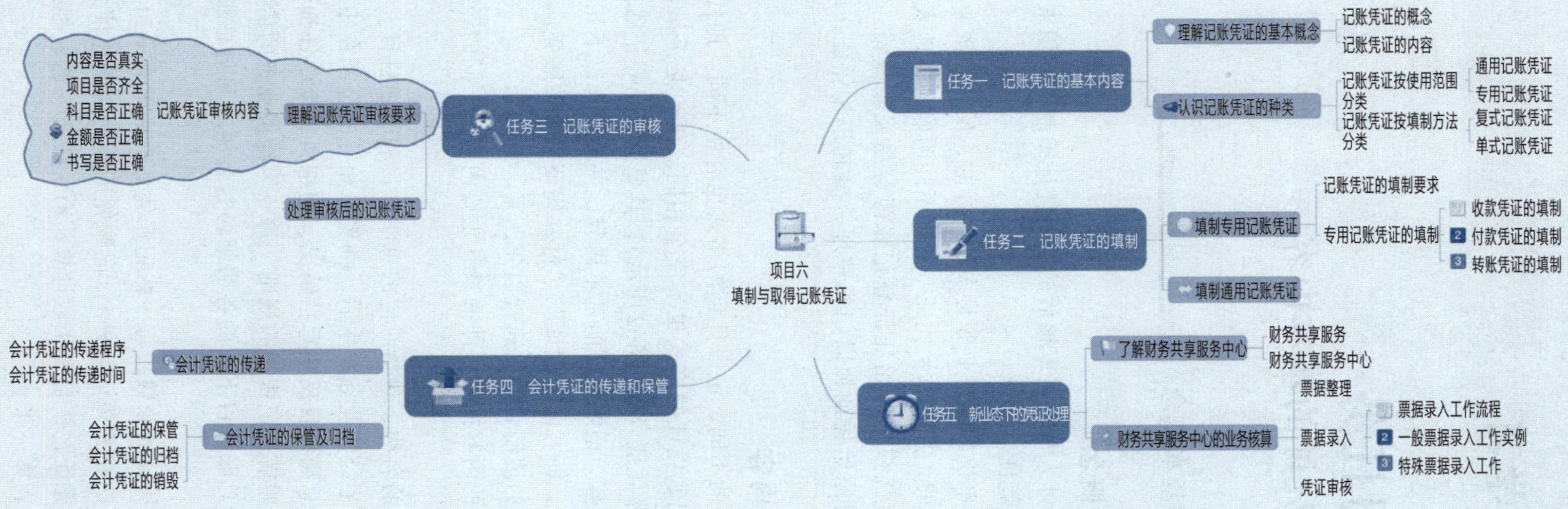
项目六
填制与取得记账凭证
任务一　记账凭证的基本内容
理解记账凭证的基本概念
记账凭证的概念
记账凭证的内容
认识记账凭证的种类
记账凭证按使用范围分类
通用记账凭证
专用记账凭证
记账凭证按填制方法分类
复式记账凭证
单式记账凭证
任务二　记账凭证的填制
填制专用记账凭证
记账凭证的填制要求
专用记账凭证的填制
收款凭证的填制
付款凭证的填制
转账凭证的填制
填制通用记账凭证
任务五　新业态下的凭证处理
了解财务共享服务中心
财务共享服务
财务共享服务中心
财务共享服务中心的业务核算
票据整理
票据录入
票据录入工作流程
一般票据录入工作实例
特殊票据录入工作
凭证审核
任务三　记账凭证的审核
理解记账凭证审核要求
记账凭证审核内容
内容是否真实
项目是否齐全
科目是否正确
金额是否正确
书写是否正确
处理审核后的记账凭证
任务四　会计凭证的传递和保管
会计凭证的传递
会计凭证的传递程序
会计凭证的传递时间
会计凭证的保管及归档
会计凭证的保管
会计凭证的归档
会计凭证的销毁

项目知识学习

项目导入与案例分析

瑞幸咖啡遭做空，财务造假浮上来

1 学习任务一 记账凭证的基本内容

学习子任务一 理解记账凭证的基本概念

一、记账凭证的概念

记账凭证是会计人员根据审核后的原始凭证编制的，用来确定会计分录，作为账簿登记依据的会计凭证。

随学随练6-1

记账凭证的概念

由于一个会计单位的经济业务是多种多样的，反映经济业务的原始凭证的格式和内容也是各不相同的，加之原始凭证一般都不能明确具体地表明经济业务应记入的账户及借贷方向，直接根据原始凭证登记账簿容易发生差错。因此，为了便于记账，在记账之前需要对原始凭证加以归类整理，编制记账凭证，确定会计分录，据以登记账簿。

二、记账凭证的内容

重难点微课6-1

记账凭证的内容

由于记账方法的不同，记账凭证的格式也有所不同。即使采用同一种记账方法，各个单位使用的记账凭证的格式也不完全相同。无论是手工记账凭证（如图6-1所示），还是电子记账凭证（如图6-2所示），其要能满足登记账簿的需要，就必须具备一些共同的基本内容。记账凭证的基本内容，一般包含以下几项：

（1）凭证名称，即“收款凭证”、“付款凭证”、“转账凭证”或“记账凭证”。

（2）记账凭证的填制日期，通常以年、月、日表示。

（3）经济业务的内容摘要，即摘录其主要内容，不同的经济业务应有不同的表述方法。

（4）会计科目的名称，包括对应的总账科目和明细科目。因为我们采用的是复式记账法，所以每一笔经济业务发生后，都要以相等的金额在相对应的两个或两个以上科目中进行反映。总账科目反映总括情况，明细科目反映详细情况。

（5）金额，按照借贷记账法的规则，每一笔经济业务的借方金额与贷方金额永远是相等的；每一个总账科目下面的各明细科目金额之和与总账科目的金额是相等的，方向也是一致的。

（6）所附原始凭证的张数，每一张记账凭证都应附有原始凭证（更正错账、结账以及期末结转利润的相关凭证除外）。记账凭证所附原始凭证张数的计算原则是：没有经过汇总的原始凭证，按自然张数计算，有一张算一张；经过汇总的原始凭证，每一张汇总单或汇总表算一张。

（7）有关责任人的签名或盖章，包括填制凭证人员、稽核人员、记账人员、会计机构负责人员、会计主管人员签名或盖章，收付款的记账凭证还应由出纳人员签名或盖章。

（8）记账凭证编号。

（9）过账备注。

记账凭证

2022年05月11日　　　　记字总号 012 分号

摘要	总账科目	明细科目	借方金额											贷方金额											√
			亿	千	百	十	万	千	百	十	元	角	分	亿	千	百	十	万	千	百	十	元	角	分	
收到投资款	银行存款	交通银行武汉关山支行				1	5	0	0	0	0	0	0												□
	实收资本	武汉天华商贸有限公司															1	5	0	0	0	0	0	0	□
																									□
																									□
																									□
																									□
合　　计					¥	1	5	0	0	0	0	0	0			¥	1	5	0	0	0	0	0	0	□

附单据 2 张

会计主管：张磊　记账：陈晓云　出纳：汪小凤　复核：　制单：陈晓云

图6-1　手工记账凭证示意图

记账凭证

记字 20 号　　　　日期：2022-06-19　　　　附单据 5 张

摘要	科目名称	借方金额	贷方金额
接受原材料投资	原材料-环何PVC革	50 000.00	
接受原材料投资	应交税费-应交增值税-进项税额	6 500.00	
接受原材料投资	实收资本-北京华兴有限公司		56 500.00
		56 500.00	56 500.00

记账　陈晓云　　审核　　出纳　汪小凤　　制单　陈晓云

图6-2　电子记账凭证示意图

随学随练6-2

记账凭证的内容

学习子任务二

认识记账凭证的种类

重难点微课 6-2

记账凭证的种类

从不同的角度，记账凭证可以分成不同的种类。按使用范围不同，记账凭证可分为通用记账凭证和专用记账凭证；按填制方法不同，记账凭证可分为复式记账凭证和单式记账凭证。

一、记账凭证按使用范围分类

（一）通用记账凭证

通用记账凭证是指各类经济业务共同使用、具有统一格式的记账凭证。此类记账凭证适宜那些业务比较简单、业务量较少的单位。通用记账凭证的格式，如图6-3所示。

记账凭证

年 月 日

字总号 分号

摘要	总账科目	明细科目	借方金额											贷方金额											√
			亿	千	百	十	万	千	百	十	元	角	分	亿	千	百	十	万	千	百	十	元	角	分	
合计																									

附单据 张

会计主管： 记账： 出纳： 复核： 制单：

图6-3 通用记账凭证示意图

（二）专用记账凭证

专用记账凭证是指按照经济业务的某种特定属性定向使用的凭证。此类记账凭证按其是否反映货币资金收付业务，可分为收款凭证、付款凭证和转账凭证三种。

收款凭证是指专门用于登记库存现金和银行存款收入业务的记账凭证。收款凭证分为库存现金收款凭证和银行存款收款凭证，它们分别根据有关库存现金和银行存款收入业务的原始凭证填制。收款凭证是登记库存现金日记账、银行存款日记账以及有关明细账和总账等账簿的依据，也是出纳人员收讫款项的依据。收款凭证的格式如图6-4所示。

收 款 凭 证

字第 号

借方科目： 年 月 日

摘要	对方科目		金额										√
	总账科目	明细科目	千	百	十	万	千	百	十	元	角	分	
合计													

附单据 张

会计主管： 记账： 出纳： 复核： 制单：

图6-4 收款凭证示意图

付款凭证是指专门用于登记库存现金和银行存款支出业务的记账凭证。付款凭证分为库存现金付款凭证和银行存款付款凭证，它们分别根据有关库存现金和银行存款支付业务的原始凭证填制。付款凭证是登记库存现金日记账、银行存款日记账以及有关明细账和总账等账簿的依据，也是出纳人员付讫款项的依据。付款凭证的格式如图6-5所示。

付　款　凭　证

字第　　号

贷方科目：________　　　　年　月　日

摘要	借方科目		记账	金额									
	总账科目	明细科目		千	百	十	万	千	百	十	元	角	分
			□										
			□										
			□										
			□										
			□										
			□										
合计			□										

附单据　张

会计主管：　　记账：　　出纳：　　复核：　　制单：

图6-5　付款凭证示意图

转账凭证是指专门用于登记库存现金和银行存款收付业务以外的转账业务的记账凭证。转账凭证根据有关转账业务的原始凭证填制，是登记有关明细账和总账等账簿的依据。转账凭证的格式如图6-6所示。

转　账　凭　证

字第　　号

年　月　日

摘要	总账科目	明细科目	借方金额											贷方金额											√
			亿	千	百	十	万	千	百	十	元	角	分	亿	千	百	十	万	千	百	十	元	角	分	
																									□
																									□
																									□
																									□
																									□
																									□
合		计																							□

附单据　张

会计主管：　　记账：　　复核：　　制单：

图6-6　转账凭证示意图

随学随练6-3

记账凭证按使用范围分类

二、记账凭证按填制方法分类

（一）复式记账凭证

复式记账凭证是指将每一笔经济业务所涉及的全部科目及发生额均在同一张记账凭证中反映出来的会计凭证。复式记账凭证能够集中反映会计科目之间的对应关系，便于了解有关经济业务的全貌，还可以减少凭证的数量；但复式记账凭证不便于汇总每一会计科目的发生额和进行分工记账。前述通用记账凭证、收款凭证、付款凭证和转账凭证都属于复式记账凭证。

（二）单式记账凭证

单式记账凭证是指只填列经济业务所涉及的一个会计科目及金额的记账凭证。由于一张凭证只填列一个会计科目，因此使用单式记账凭证便于汇总每个会计科目的发生额，进行分工记账；但单式记账凭证填制工作量大，在一张凭证上反映不出经济业务的全貌，不便于查账。单式记账凭证的格式见表6-1、表6-2。

表6-1 借项记账凭证

对方科目： 年 月 日 编号

摘 要	科 目		金 额											√
	总账科目	明细科目	亿	千	百	十	万	千	百	十	元	角	分	
合计														

附件 张

会计主管： 记账： 出纳： 复核：

表6-2 贷项记账凭证

对方科目： 年 月 日 编号

摘 要	科 目		金 额											√
	总账科目	明细科目	亿	千	百	十	万	千	百	十	元	角	分	
合计														

附件 张

会计主管： 记账： 出纳： 复核：

随学随练6-4

记账凭证按填制方法分类

2 学习任务二 记账凭证的填制

原始凭证只能表明经济业务的具体内容，而且种类繁多、数量庞大、格式不一，不便于直接入账。为了分类反映经济业务的内容，必须按会计核算方法的要求将其归类、整理，编制记账凭证，指明经济业务应记入的账户名称以及应借、应贷的金额，作为记账的直接依据。

学习子任务一 填制专用记账凭证

一、记账凭证的填制要求

重难点微课 6-3 记账凭证的填制要求

记账凭证填制的正确性直接关系到记账的真实性和准确性。记账凭证的填制除了要做到真实可靠、内容完整、填制及时、书写规范外，还必须符合以下要求：

（一）填制依据合法

填制记账凭证必须以审核无误的原始凭证为依据。记账凭证可以根据一张原始凭证填制，或者根据若干张同类原始凭证汇总填制，也可以根据原始凭证汇总表填制。但是，不同内容和类别的原始凭证不能汇总填列在一张记账凭证上。以自制的原始凭证或者原始凭证汇总表代替记账凭证使用的，其必须具备记账凭证应有的内容。

（二）填制日期正确

由于发生的收付款业务要在当日记入日记账，所以填制收、付款凭证的日期应是货币资金收、付的实际日期，与原始凭证所记载的日期不一定相同；而转账凭证是以收到原始凭证的日期作为填制记账凭证的日期的，其经济业务发生的实际日期应在摘要栏中注明。

（三）摘要简明确切

摘要栏是对经济业务的简要说明，填写时既要简明，又要确切。对于收付款业务，要写明收付款对象的名称和款项内容，使用银行支票的，还应填写支票号码；对于购买材料、商品业务，要写明供应单位名称和主要品种、数量；对于往来业务，要写明对方单位、业务经手人、发生时间等内容。

（四）账户对应清楚

会计科目使用必须正确，应借、应贷账户的对应关系必须清楚。编制会计分录要先借后贷，可以填制一借多贷或多借一贷的会计分录。如果某项经济业务需要编制多借多贷的会计分录，为了反映该项经济业务的全貌，可以采用多借多贷会计科目的对应关系，不必人为地将一项经济业务所涉及的会计科目分开，编制两张记账凭证。

（五）金额准确规范

记账凭证的金额必须与原始凭证的金额相等，金额的登记方向必须正确，填写应符合数字书写规范。在填写金额数字时，阿拉伯数字书写要规范，应平行对准借贷栏次和科目栏次，防止错栏串行。金额数字要填写到分位，如果角位、分位没有数字，要写“00”字样，如248.00元；如果角位有数字，分位没有数字，则要在分位上写“0”字样，如248.80元。“角”“分”与“元”应在同一水平线上，不得上下错开。每笔经济业务填入金额数字后，要在记账凭证的合计行填写合计金额，一笔经济业务因涉及较多会计科目需要在一张记账凭证上填写多行或填写多张记账凭证的，一般在每张记账凭证的合计行都填写合计金额，并在合计数前面填写货币符号“¥”，不是合计数则不填写货币符号。

（六）凭证连续编号

凭证应由主管该项业务的会计人员，按业务发生的顺序及记账凭证的种类采用“字号编号法”连续编号。记账凭证编号的方法有多种，既可以按现金收付、银行存款收付和转账业务三类进行编号，也可以按现金收入、现金支出、银行存款收入、银行存款支出和转账业务五类进行编号，或者将转账业务按照具体内容再分成几类编号。无论采用哪一种编号方法，都应该按“月”编号，即每月都从1号编起，顺序编至月末。一笔经济业务需要填制两张或者两张以上记账凭证的，可以采用分数编号法编号，如25号会计事项需要填制三张记账凭证，就可以分别编成$25\frac{1}{3}$号、$25\frac{2}{3}$号、$25\frac{3}{3}$号。

（七）按行逐项填写

记账凭证应按行次逐项填写，不得跳行或留有空行，对记账凭证中的空行，应该画斜线或一条“S”形线注销。画线应从金额栏最后一笔金额数字下的空行画到合计数行上面的空行，要注意斜线两端都不能画到有金额数字的行次上。

（八）规范更正差错

如果在填制记账凭证时发生差错，应当重新填制。已经登记入账的记账凭证，在当年内发现填写错误的，可以用红字填写一张与原内容相同的记账凭证，并在摘要栏注明“注销某月某日第某号凭证”字样，同时再用蓝字重新填制一张正确的记账凭证，注明“订正某月某日第某号凭证”字样，并据以登记入账。如果会计科目没有错误，只是金额错误，也可以根据正确数字与错误数字之间的差额，另编一张调整记账凭证，调增金额用蓝字，调减金额用红字。发现以前年度记账凭证有错误的，应当用蓝字填制一张更正的记账凭证。

（九）附件张数计算

除结账和更正错误外，记账凭证必须附有原始凭证并注明所附原始凭证的张数。所附原始凭证张数的计算，一般以原始凭证的自然张数为准。与记账凭证中经济业务记录有关的每一张证据，都应当作为记账凭证的附件。如果记账凭证中附有原始凭证汇总表，则应该把所附的原始凭证和原始凭证汇总表的张数一起计入附件的张数之内。但报销差旅费等零散票券，可以粘贴在一张纸上，作为一张原始凭证。一张原始凭证涉及几张记账凭证的，可以将该原始凭证附在一张主要的记账凭证后面，在其他记账凭证上注明该主要记账凭证的编号或者附上该原始凭证的复印件。

一张原始凭证所列的支出需要由两个及两个以上单位共同负担时，应当由保存该原始凭证的单位开具原始凭证分割单给其他应负担单位。原始凭证分割单必须具备原始凭证的基本内容，包括凭证的名称、填制凭证的日期、填制凭证单位的名称或填制人的姓名、经办人员的签名或盖章、接受凭证单位的名称、经济业务内容、数量、单价、金额和费用的分担情况等。

随学随练6-5

记账凭证的填制要求

（十）记账凭证签章

记账凭证填制完成后，需要由有关会计人员签名或盖章，以便加强对凭证的管理，分清会计人员之间的经济责任，使会计工作岗位之间实现相互制约、相互监督。

二、专用记账凭证的填制

（一）收款凭证的填制

收款凭证应根据审核无误的有关库存现金或银行存款收入业务的原始凭证进行填制。它是出纳人员办理收款业务的依据，也是会计人员登记库存现金日记账、银行存款日记账以及其他相关账簿的依据。收款凭证的特点表现为表头所列科目为借方科目。在借贷记账法下，根据收入业务的经济性质，借方科目应填列“库存现金”或“银行存款”科目；而贷方科目应填列借方科目的对应科目，并将总账科目和明细科目逐一写清。贷方金额栏填写金额数目；合计栏既表明贷方金额又表明借方金额。账页栏或“√”栏内标明所登记的账簿页数或注明“√”以示已经登记入账。收款凭证可按“收字第××号”统一编号；也可以按库存现金收入业务以“现收字第××号”顺序编号，银行存款收入业务以“银收字第××号”顺序编号。附件张数是指附在记账凭证后面的原始凭证张数。最后是有关人员的签字或盖章。

【例6-1】华中公司2022年6月5日收到职工王云归还的借款800元。会计人员根据有关单据填制收款凭证（如图6-7所示）。

收 款 凭 证

现收字第 005 号

借方科目：库存现金　　　　2022年 06月 05日

摘　要	对方科目：总账科目	对方科目：明细科目	千	百	十	万	千	百	十	元	角	分	√
职工还款	其他应收款	王云						8	0	0	0	0	
合　计							¥	8	0	0	0	0	

附单据 1 张

会计主管：张磊　　记账：陈晓云　　出纳：汪小凤　　复核：　　制单：陈晓云

图6-7 收款凭证示意图

随学随练6-6

收款凭证的填制

（二）付款凭证的填制

付款凭证的填制依据是审核无误的有关库存现金或银行存款付出业务的原始凭证。在借贷记账法下，付款凭证的填制方法与收款凭证大致相同，区别在于：付款凭证左上角表头反映的是贷方科目，表内反映的是借方科目及金额。其编号原则与收款凭证相同。

【例 6-2】华中公司2022年6月12日以银行存款偿还借款50 000元。会计人员根据有关单据填制付款凭证（如图6-8所示）。

付 款 凭 证

贷方科目：银行存款　　　　2022年 06月 12日　　　　银付字第 003 号

摘要	借方科目		记账	金额									
	总账科目	明细科目		千	百	十	万	千	百	十	元	角	分
还借款	短期借款	工商银行					5	0	0	0	0	0	0
合计						¥	5	0	0	0	0	0	0

附单据1张

会计主管：张磊　　记账：陈晓云　　出纳：汪小凤　　复核：　　制单：陈晓云

图6-8　付款凭证示意图

随学随练6-7

付款凭证的填制

需要注意的是：对于库存现金和银行存款之间相互划转的业务，如从银行提取现金和将现金存入银行，为了避免重复记账，只编制付款凭证，不编制收款凭证。当发生从银行提取现金的业务时，只编制银行存款付款凭证；当发生将现金存入银行的业务时，只编制库存现金付款凭证。

（三）转账凭证的填制

转账凭证是根据审核无误的与转账业务有关且与货币资金的收付无关的原始凭证进行填制的。在转账凭证中，总账科目和明细科目栏填列有关经济业务涉及的总账科目和所属明细科目，借方科目反映的金额记在与借方科目同行的借方金额栏内；贷方科目反映的金额记在与贷方科目同行的贷方金额栏内；在合计栏，借方金额应该等于贷方金额。转账凭证的编号是按“转字第××号”编制的。

【例 6-3】华中公司2022年6月30日结转本月所得税89 000元。会计人员根据有关单据填制转账凭证（如图6-9所示）。

转账凭证

转字第 089 号

2022年06月30日

摘要	总账科目	明细科目	借方金额（亿千百十万千百十元角分）	贷方金额（亿千百十万千百十元角分）	√
结转所得税	本年利润		8900000		
	所得税费用			8900000	
合计			8900000	8900000	

附单据 张

会计主管：张磊　记账：陈晓云　复核：　制单：陈晓云

图6-9　转账凭证示意图

随学随练6-8

转账凭证的填制

学习子任务二

填制通用记账凭证

通用记账凭证是一种适用于各种经济业务的记账凭证。采用通用记账凭证的经济单位，不再根据经济业务的内容分别填制收款凭证、付款凭证和转账凭证，而是均采用统一的记账凭证格式。在借贷记账法下，将经济业务所涉及的会计科目全部填列在凭证内，借方在先，贷方在后；将各会计科目所应记的金额填列在“借方金额”或“贷方金额”栏内，借、贷方金额合计数应相等。账页栏或“√”栏内标明所登记的账簿页数或注明“√”以示已经登记入账。制单人应在填制凭证完毕后签名盖章，并填写所附原始凭证的张数。通用记账凭证的格式和填制方法与专用记账凭证中的转账凭证相同。规模不大、收付款业务不多的单位，可以采用通用记账凭证进行账务处理。

【例6-4】华中公司2022年6月2日销售甲产品一批，售价10 000元，增值税销项税额1 300元，款项暂欠。会计人员根据有关原始凭证填制通用记账凭证（如图6-10所示）。

记账凭证

记字总号 003 分号

2022年06月02日

摘要	总账科目	明细科目	借方金额（亿千百十万千百十元角分）	贷方金额（亿千百十万千百十元角分）	√
销售甲产品	应收账款		1130000		
	主营业务收入			1000000	
	应交税费	应交增值税（销项税额）		130000	
合计			¥1130000	¥1130000	

附单据 3 张

会计主管：张磊　记账：陈晓云　出纳：汪小凤　复核：　制单：陈晓云

图6-10　通用记账凭证示意图

随学随练6-9

通用记账凭证的填制

通用记账凭证表头中间填列业务发生的日期，右上角填列凭证编号；表体填列摘要、借贷方科目、借贷方金额和附单据张数；表尾须业务人员签章。

3 学习任务三 记账凭证的审核

学习子任务一 理解记账凭证审核要求

重难点微课 6-4
记账凭证的审核要求

记账凭证是会计人员登记账簿的直接依据，收、付款凭证是出纳人员收付款项的依据，为了保证账簿记录的正确性，监督各种款项的收付、财产物资的收发、往来款项的结算以及其他经济业务的合理合法性，必须在记账前对记账凭证进行审核。记账凭证的审核包括以下几个方面：

1.内容是否真实

审核记账凭证是否附有原始凭证，所附原始凭证的内容是否与记账凭证记录的内容一致，原始凭证汇总表与记账凭证的内容是否一致。

2.项目是否齐全

审核记账凭证的项目是否齐全，如日期、凭证编号、摘要、会计科目、金额、所附单据张数及有关人员签章等。

3.科目是否正确

审核记账凭证的应借、应贷科目是否正确，是否有明确的账户对应关系，所使用的会计科目是否符合企业会计准则、会计制度的规定等。

4.金额是否正确

审核记账凭证所记录的金额与原始凭证的有关金额是否一致，原始凭证汇总表的金额与记账凭证的金额合计是否相符，原始凭证中的数量、单价、金额是否正确等。

随学随练6-10
记账凭证的审核要求

5.书写是否正确

审核记账凭证中的文字记录是否工整，数字是否清晰，是否按规定使用蓝黑墨水或碳素墨水笔书写，是否按规定进行更正等。

另外，出纳人员在办理完收付款业务后，应在原始凭证上加盖收讫或付讫的戳记，以免重复收付。

学习子任务二 处理审核后的记账凭证

在会计凭证的审核中发现问题应立即加以解决。凭证填写错误的，要按规定进行更正；对违反财经纪律、财务制度，不按计划、规定、合同办理以及铺张浪费、营私舞弊等凭证，应拒绝受理、不予报销付款；对伪造凭证、涂改单据、虚报冒领等不法行为，应及时向有关方面反映，严肃处理。

思考与解读6-1

思考：记账凭证与原始凭证的区别是什么？

解读：原始凭证与记账凭证的区别包括：（1）原始凭证由经办人员填制；记账凭证一律由会计人员填制。（2）原始凭证是根据发生或完成的经济业务填制的；记账凭证是根据审核后的原始凭证填制的。（3）原始凭证仅用以记录、证明经济业务已经发生或完成；记账凭证要依据会计科目对已经发生或完成的经济业务进行归类、整理。（4）原始凭证是填制记账凭证的依据；记账凭证是登记账簿的依据。

随学随练6-11

记账凭证审核后的处理

重难点微课6-5

会计凭证的传递与保管要求

4 学习任务四 会计凭证的传递和保管

学习子任务一 会计凭证的传递

会计凭证的传递具体包括两部分：一是会计凭证在企业内部各部门及经办人员之间传递的线路，即会计凭证的传递程序；二是会计凭证在各环节及有关人员中的停留及传送时间，即会计凭证的传递时间。

（一）会计凭证的传递程序

会计凭证的传递程序是会计管理制度的组成部分，应当在会计制度中明确规定。为了使会计凭证有序地传递，并符合内部牵制的原则，应当为各种会计凭证规定科学合理的传递程序，明确取得或填制会计凭证以后，应交到哪个部门、哪个工作岗位上，由何人接办业务手续，直至归档保管为止。如果凭证为一式数联的，应当具体规定每一联移交何处，有何用途。各企业都应该根据其经济业务的主要特点以及经营管理和会计核算方面的要求，根据其部门和员工情况，设计合理的传递程序，以使会计凭证流转线路通畅，提高传递速度，增强工作效率。同时，还要根据各业务部门的特点及人员的配置，制定会计凭证在每一个业务部门合理的停留时间及传送时间，确保会计凭证核算的质量，从而加速会计凭证的传递。

（二）会计凭证的传递时间

随学随练6-12

会计凭证的传递

会计凭证的传递时间是会计凭证从取得或填制至归档保管间隔的时间。不同会计凭证所反映的经济业务的内容、性质不同，所涉及的内部控制制度的规定也有所区别，所以传递时间的长短也不尽一致。一般来讲，对于重要的经济事项，控制制度严格，控制环节较多，会计凭证传递的时间相对长一些；反之，则相对短一些。各单位为了使每个工作环节有序衔接，相互督促，提高工作效率，确保会计核算的质量，应当根据办理各项业务手续所需要的时间，规定会计凭证的传递时间。在规定中，应具体明确会计凭证在各部门、各业务环节的停留时间和有关人员的责任，保证能够及时反映会计信息。

学习子任务二
会计凭证的保管及归档

会计凭证的保管是指会计凭证在登记入账后的整理、装订和归档存查。从内容上分，分为原始凭证的保管和记账凭证的保管；从时间上分，分为装订成册以前的保管和装订成册以后的保管。会计凭证是重要的会计核算资料，也是重要的经济档案和历史资料。各单位必须对其妥善保管，不得丢失或任意销毁，以备日后查阅。

（一）会计凭证的保管

会计凭证的保管应做到以下几点：

（1）会计凭证要及时传递，不得积压。及时传递会计凭证不仅可以保证会计核算的及时性，而且可以降低会计凭证散失的可能性。

（2）记账凭证登记完毕后，应当按照分类和编号顺序保管，以免散失。

（3）应定期将记账凭证按编号顺序整理，检查有无缺号和附件是否齐全，然后附上封面和封底，装订成册。为了防止散失，应在装订线上贴上封签，加盖会计人员印章，不得任意拆装。在封面上，应注明单位名称、所属年度和月份、起讫日期以及记账凭证种类、张数、起止编号等。

（4）对于某些重要的原始凭证，如合同等，为便于日后查阅，可另行归档保管；对于某些数量较多的原始凭证，如发货票、收货单等，可以不附在记账凭证后面，单独装订保管，在封面注明记账凭证日期、编号、种类，同时在记账凭证上注明“附件另订”及原始凭证的名称和编号。

（5）从外单位取得的原始凭证如有遗失，应取得原签发单位盖有公章的证明，并注明原凭证的编号、名称和内容等，由经办单位负责人批准后，方能代替原始凭证。如果确实无法取得相关证明，如火车票、船票、飞机票等凭证，应由当事人写明详细情况，由经办单位负责人批准后，才能代作原始凭证。

（6）装订成册的会计凭证应由专人负责集中保管，按年、月顺序排列，以便查阅。查阅会计凭证应有一定的手续制度。作为会计档案，原始凭证不得外借，其他单位如因特殊原因需要使用原始凭证的，经本单位领导批准后可以复制。向外单位提供原始凭证复印件的，应在备查簿中登记，由提供人和收取人共同签章。

（7）单位可以利用计算机、网络通信等信息技术手段管理会计凭证，但须采取有效措施，防止电子会计凭证被篡改。建立电子会计凭证备份制度，能够有效降低自然灾害、意外事故和人为破坏的损失。

（二）会计凭证的归档

当年形成的会计凭证，在会计年度终了后，可由单位会计管理机构临时保管一年，再移交单位档案管理机构保管。因工作需要确需推迟移交的，应当经单位档案管理机构同意。

单位会计管理机构临时保管会计凭证最长不得超过3年。临时保管期间，会计凭证的保管应当符合国家档案管理的有关规定，且出纳人员不得兼管会计凭证。

（三）会计凭证的销毁

会计凭证的保管期限及销毁手续，应严格遵循《会计档案管理办法》的有关规定。一般会计凭证的保管期限为30年，未满保管期限的会计凭证不得销毁。会计凭证保管期满后，必须按照规定的审批手续，报经批准后才能销毁。销毁前要填制“会计档案销毁目录”交档案管理部门编入会计档案销毁清册。批准销毁后要进行监销，并取得销毁过程中有关人员签字或盖章的证明。

随学随练6-13

会计凭证的归档

小链接6-1 《会计档案管理办法》的链接见http：//www.gov.cn/gongbao/content/2016/content_5041555.htm。

5 学习任务五 新业态下的凭证处理

随着大数据、人工智能、移动互联网、云计算、物联网、区块链等新技术的广泛应用，会计行业也出现了新的业态形式。下面以财务共享服务中心为例来学习新业态下凭证的处理。

学习子任务一 了解财务共享服务中心

一、财务共享服务

财务共享服务是将集团企业中在各分子公司或社会上不同组织主体，分散式开展的基础性财务工作集中起来，由一个相对独立的部门、业务单元或者组织来集中完成的服务共享形式。

二、财务共享服务中心

财务共享服务中心，又称财务共享中心，是提供财务共享服务的业务单位。

学习子任务二 财务共享服务中心的业务核算

财务共享服务中心的业务核算以“服务型财务共享中心”基础操作和基础业务处理技能为主，不涉及流程再造后的流程核算和业务管理。“服务型财务共享中心”云核算的内容包括智能记账云模式的期初建账、票据录入、凭证审核、期末结账、档案管理等。本项目主要使用“财务共享服务职业技能等级证书教学平台”介绍票据录入及凭证审核等内容，期初建账和期末结账的内容将在项目七中进行介绍，档案管理的内容将在项目十中进行介绍。

一、票据整理

财务共享服务中心完成期初建账后，即可开展票据录入工作。实务工作中，财务共享服务中心票据录入分为两个方面：一方面是票据扫描整理工作，另一方面是票据录入工作。

月初，在收到客户寄送来的核算资料后，经财务共享服务中心的收发会计核对无误，转给整理扫描会计进行整理、编号、扫描成图片并上传到系统中，录入会计再将系统中的电子票据进行整理分类。

根据经济业务的类型，整理扫描会计将票据分为八大业务类型，具体为：销售类、收款类、转款类、采购类、费用类、付款类、工资类、成本类。判断票据对应业务类型是十分关键的。常见的业务类型及票据见表6-3。

表6-3　　常见的业务类型及票据

业务类型	业务内容	票据名称
销售类	销售商品、销售原材料、提供应税服务等	发票（记账联）等
收款类	销售收款、提供应税服务等	银行业务回单（收款）凭证等
转款类	存/取现等	银行业务回单（付款）凭证、国内支付业务收/付款回单等
采购类	采购商品、采购原材料等	发票（发票联）等
费用类	房屋租赁费、物业管理费、快递费、汽车费、差旅费、业务招待费、会计服务费等	报销单、差旅费报销单、发票（发票联）等
付款类	支付货款、银行手续费、缴纳税费等	银行业务回单（付款）凭证、银行电子缴税付款凭证等
工资类	计提工资、发放工资等	工资汇总表、工资明细表等
成本类	领用材料、产成品入库等	出库单、库存相关单据等

随学随练6-14

票据整理

二、票据录入

票据录入工作就是对票据整理环节完成的8大类票据，按照系统的要求进行业务信息提取录入，系统将自动生成凭证、自动登账、自动生成报表。

（一）票据录入工作流程

票据录入工作流程为：

第一步，登录财务云共享中心，选择所属行业、企业名称、记账归属日期，如图6-11所示。

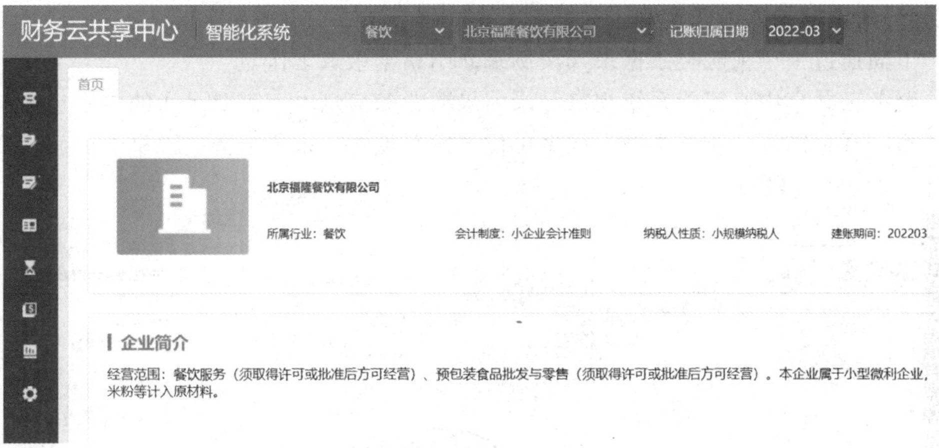

图 6-11　登录财务云共享中心

第二步，单击系统左侧“影像管理系统”→“影像获取”→“上传影像”，即可完成获取票据的操作，之后可进行“影像整理”，如图 6-12 所示。

图 6-12　获取影像

第三步，在“智能凭证中心”进行票据录入，如图 6-13 所示。

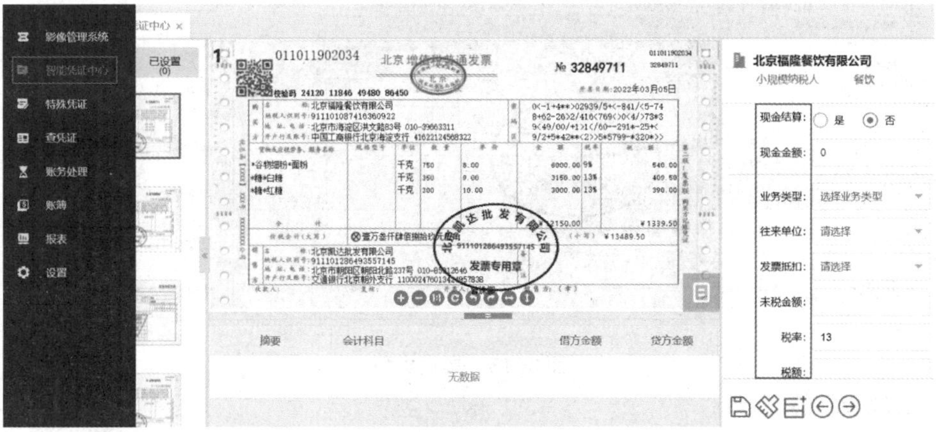

图 6-13　票据录入

(二)一般票据录入工作实例

下面通过一个采购类票据录入实例来介绍票据录入工作。

财务云共享中心智能系统规定，录入采购业务信息时，需要录入的内容包括：票据类型、现金结算、业务类型、往来单位、发票抵扣、未税金额、税率、税额、价税合计，如图6-14所示。

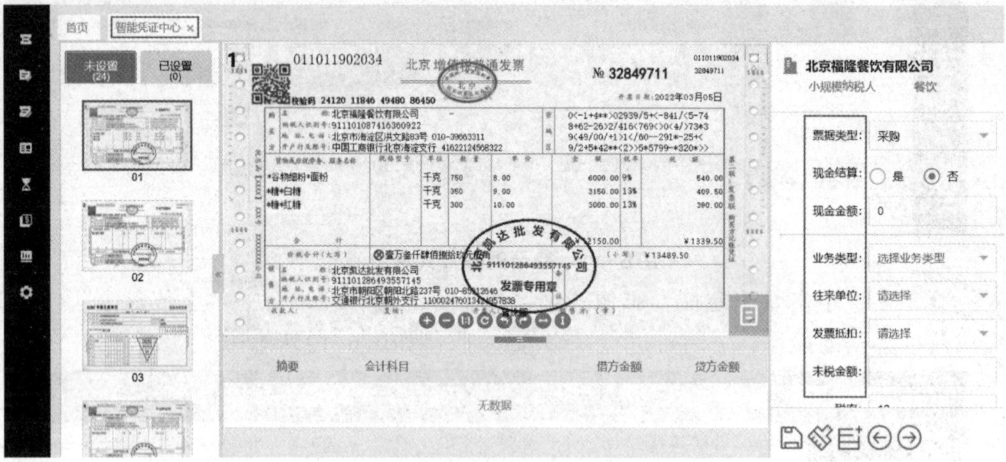

图6-14 采购业务信息

1.票据类型

根据票据信息判定票据类型，采购业务的判定标准为：①购买方名称与会计主体核对一致。②依据发票联次，货物或应税劳务、服务名称和采购方的行业性质和业务范围相结合进行判断，有的时候还需要看发票的备注。

判定为采购业务的票据，在票据整理时选择票据类型为“采购”，在票据录入中“票据类型”自动带出类型为“采购”，如图6-15所示。

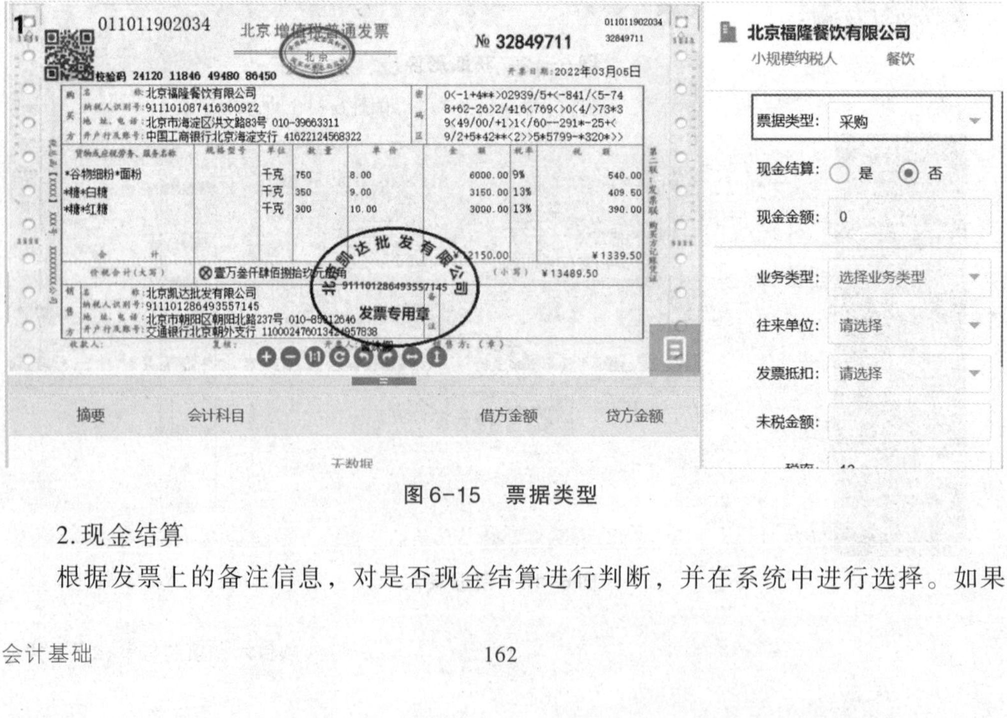

图6-15 票据类型

2.现金结算

根据发票上的备注信息，对是否现金结算进行判断，并在系统中进行选择。如果是现金结算业务，则不需要填写往来单位。本例中的票据备注中无“现金”字样，故在“现金结算”处选择“否”，如图6-16所示。

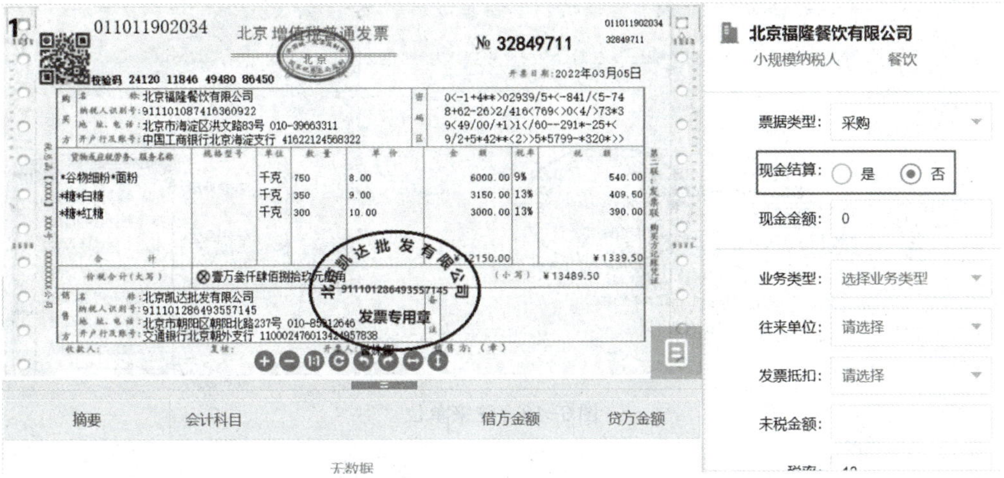

图6-16 现金结算

3.业务类型

财务云共享中心的采购业务类型包括：商品、原材料、固定资产、低值易耗品、税控设备（及维护费）、无形资产、服务成本。根据发票中采购的货物或应税劳务、服务名称进行判断，并在系统中“业务类型”下拉框中进行选择。本例中根据会计主体“北京福隆餐饮有限公司”以及采购的商品“面粉”“白糖”“红糖”，判断采购业务类型为“原材料”，如图6-17所示。

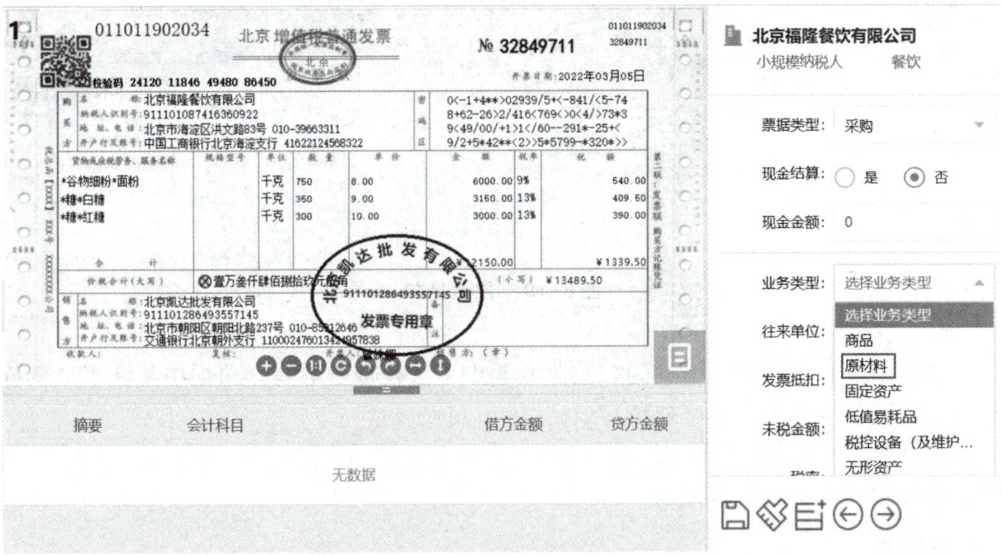

图6-17 业务类型

4.往来单位

根据票据信息中销货方名称来判定往来单位，并在系统“往来单位”下拉框中进行选择如图6-18所示。往来单位较多时，可以在框中输入关键字进行检索。

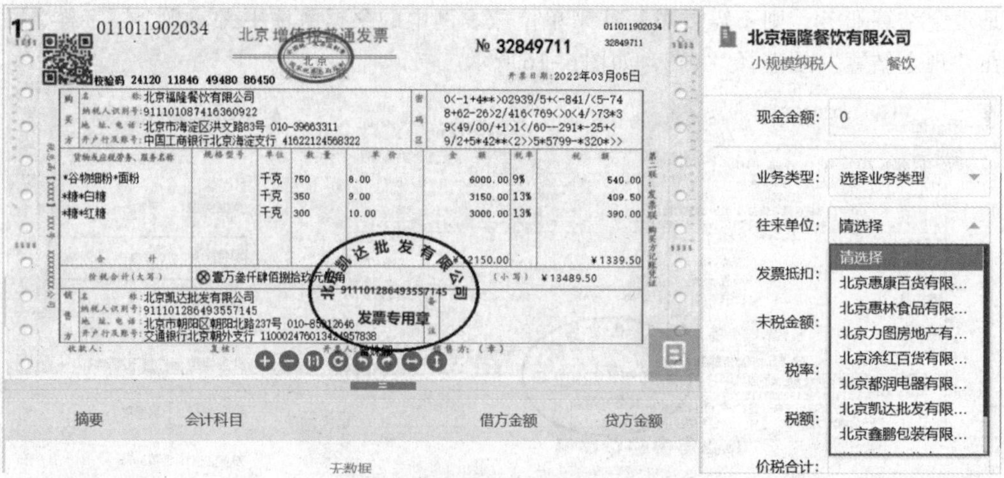

图6-18　往来单位

5. 发票抵扣

根据发票类型以及增值税进项税额抵扣政策判断发票是否可以抵扣，并在系统中“发票抵扣”下拉框中进行选择，如图6-19所示。

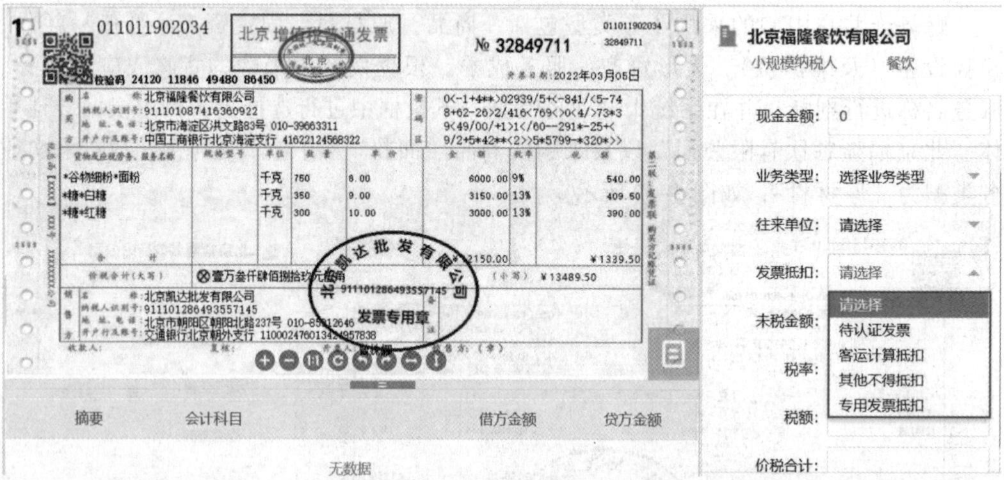

图6-19　发票抵扣

6. 未税金额

票据中没有备注金额信息的，按照发票中不含税金额填写；票据中备注了金额信息的，按照备注的不含税金额填写。

7. 税率

根据票据中税率信息填写。

8. 税额

未税金额和税率填写完毕，“税额”信息会由系统自动计算。如果有尾差导致自动计算金额与发票上税额不一致，或者与根据备注中价税合计与未税金额的差额计算的税额不一致的，要将自动计算的税额改成发票上税额的金额或者按照备注中数据计算的税额。

9.价税合计

未税金额和税率填写完毕，“价税合计”金额由系统自动计算。

票据录入全部完成，点击“保存”按钮，系统自动生成凭证，如图6-20所示。

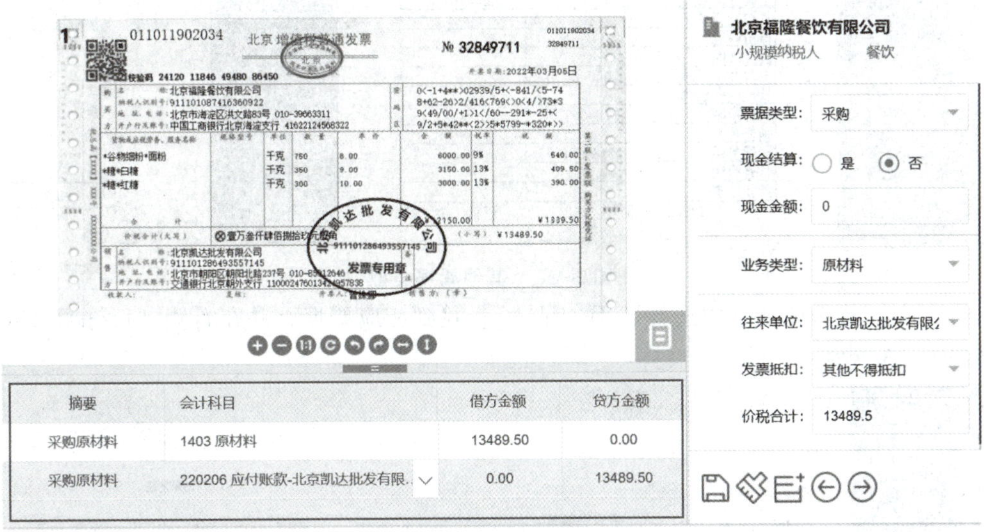

图6-20　生成凭证

可以在智能凭证中心“已设置”中进行查看，如图6-21所示。

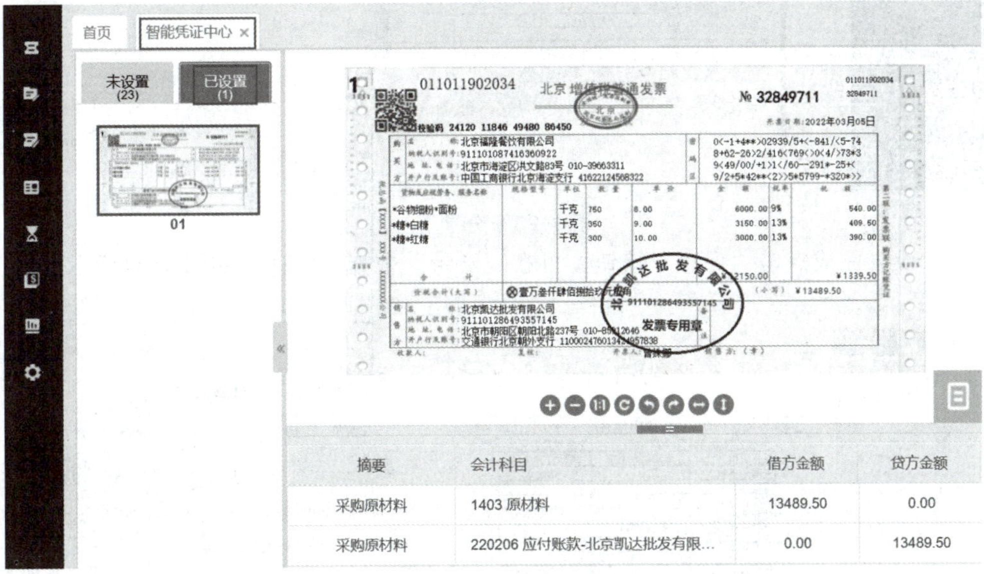

图6-21　查看凭证

收入类、费用类等其他类型业务处理流程与采购类业务类似，不再赘述。

（三）特殊票据录入工作

折旧与摊销、计提各项税费计算表等8大类业务之外的业务在系统中不能直接生成凭证，需要手动录入凭证。

1.在票据整理中选择票据类型为“其他（手工凭证）”，如图6-22所示。

图6-22 其他票据类型

2.在“特殊凭证”中选择“手工录入”，找到相应票据，并在右侧进行分录录入，如图6-23所示。

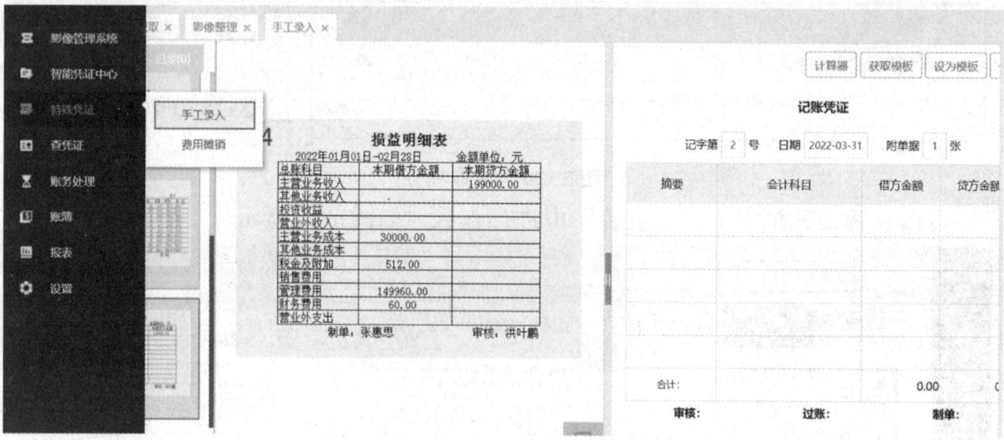

图6-23 分录录入

3.录入完成点击“保存”按钮，可在“已录”中查看凭证，如图6-24所示。

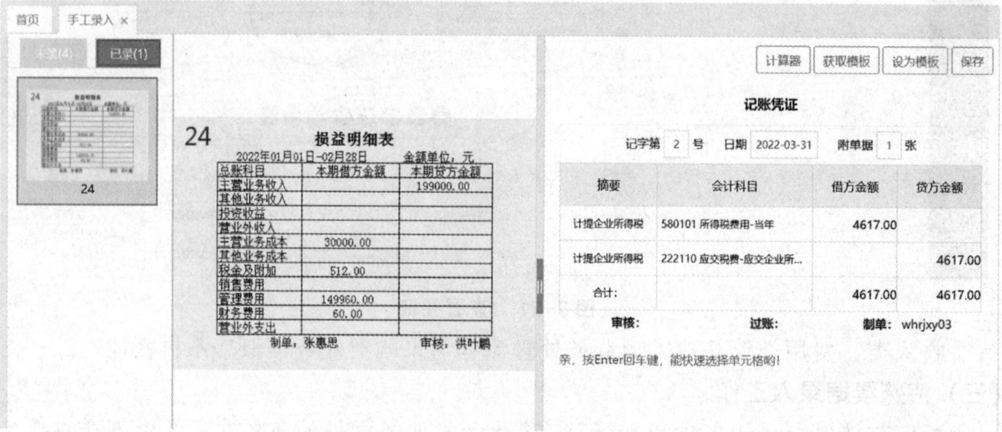

图6-24 查看凭证

在所有票据录入完毕并检查无误后，可以在“查凭证”中查看所有已录入的凭证，如图6-25所示。

图6-25 查看所有已录入凭证

三、凭证审核

票据录入工作完成后，系统自动生成记账凭证，为了保证经济业务能够正确合理地入账，必须对记账凭证进行审核。每审核完一笔记账凭证，勾选其对应的勾选框，完成所有记账凭证的审核后，点击“审核”按钮，完成对所有记账凭证的审核，如图6-26所示。

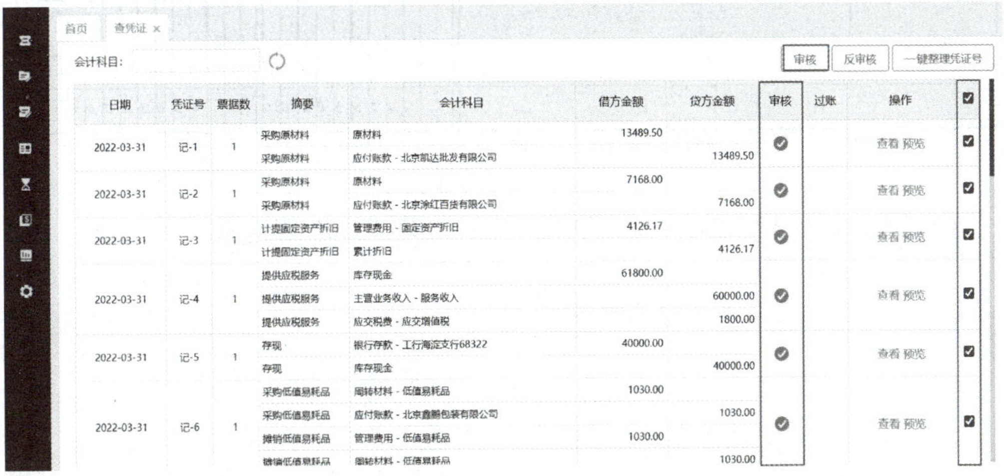

图6-26 审核凭证

随学随练6-15

票据录入

项目阶段测试 （线上）

项目技能训练（线上+线下）

◎ 线上技能训练（实训）

◎线下技能训练

【资料】湖北富宏鞋业有限公司2022年6月16日购入原材料的记账凭证如图6-27所示。

记账凭证

2022 年 06 月 16 日　　　　记字总号　　　　分号

摘要	总账科目	明细科目	借方金额											贷方金额											√
			亿	千	百	十	万	千	百	十	元	角	分	亿	千	百	十	万	千	百	十	元	角	分	
购买原材料	原材料	特级布料					5	0	0	0	0	0	0												□
	应交税费	应交增值税						6	5	0	0	0	0												□ 附单据
		工商银行																5	6	5	0	0	0	0	□
																									□ 张
																									□
																									□
合		计				¥	5	6	5	0	0	0	0				¥	5	6	5	0	0	0	0	□

会计主管:　　　　记账:　　　　出纳:　　　　复核:　　　　制单:

图6-27　记账凭证

请对上述记账凭证进行审核，并指出其存在的问题及处理措施。

项目七

登记账簿

本项目主要介绍账簿的登记方法。会计账簿是连接会计凭证和会计报表的桥梁，设置和登记账簿是编制会计报表的基础。本项目包含四个学习任务：设置和启用账簿、登记账簿、核对账簿和更正错账、结账。

知识传授目标

1. 认识账簿的种类;
2. 理解账簿的启用和登记规则;
3. 理解核对账簿的内容;
4. 掌握错账更正的方法;
5. 理解结账的程序及方法。

能力培养目标

1. 能正确地启用和登记账簿;
2. 能准确、完整地核对账簿;
3. 能正确地更正错账。

价值塑造目标

1. 养成“坚持准则”的会计职业道德意识;
2. 提升“熟悉准则，遵循准则，坚持准则”的会计职业素养;
3. 加强对会计职业的使命感和荣誉感。

项目思维导图

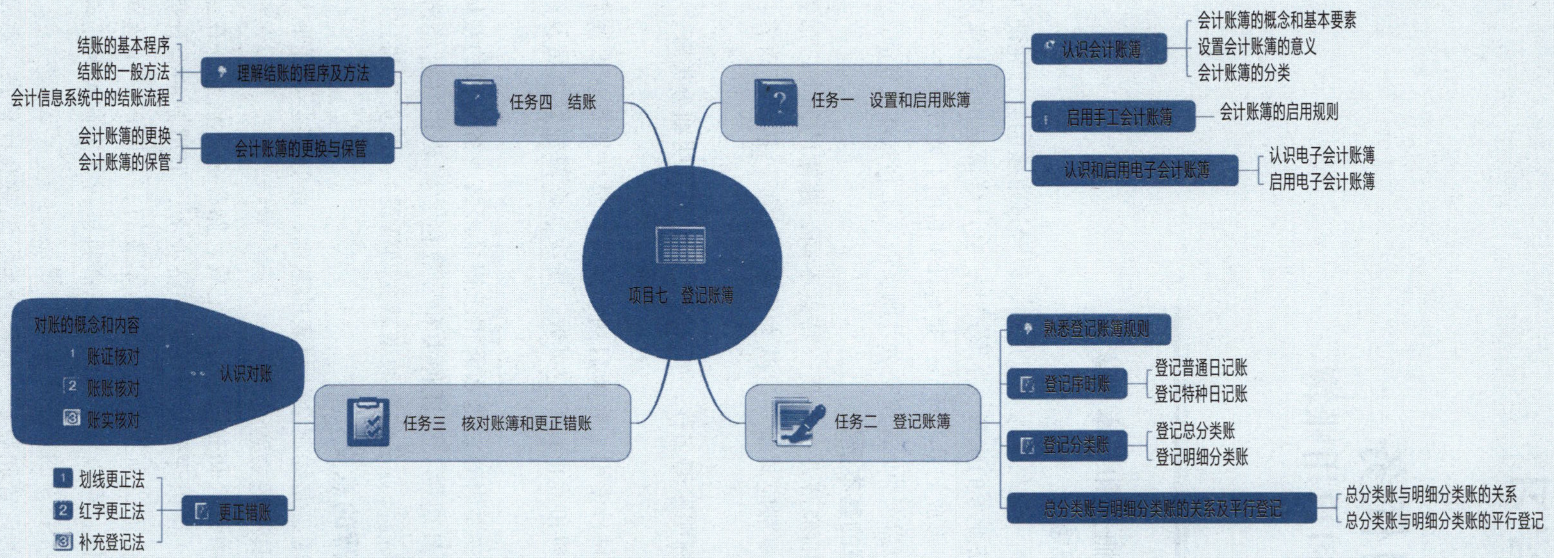

项目七　登记账簿
任务一　设置和启用账簿
认识会计账簿
会计账簿的概念和基本要素
设置会计账簿的意义
会计账簿的分类
启用手工会计账簿
会计账簿的启用规则
认识和启用电子会计账簿
认识电子会计账簿
启用电子会计账簿
任务二　登记账簿
熟悉登记账簿规则
登记序时账
登记普通日记账
登记特种日记账
登记分类账
登记总分类账
登记明细分类账
总分类账与明细分类账的关系及平行登记
总分类账与明细分类账的关系
总分类账与明细分类账的平行登记
任务三　核对账簿和更正错账
认识对账
对账的概念和内容
1 账证核对
2 账账核对
3 账实核对
更正错账
1 划线更正法
2 红字更正法
3 补充登记法
任务四　结账
理解结账的程序及方法
结账的基本程序
结账的一般方法
会计信息系统中的结账流程
会计账簿的更换与保管
会计账簿的更换
会计账簿的保管

项目知识学习

项目导入与案例分析

獐子岛“扇贝绝收”事件

1 学习任务一 设置和启用账簿

学习子任务一 认识会计账簿

一、会计账簿的概念和基本要素

（一）会计账簿的概念

会计账簿是指由一定格式账页组成的，以经过审核的会计凭证为依据，全面、系统、连续地记录各项经济业务的账簿。在形式上，会计账簿是由若干账页组成的；在实质上，会计账簿是会计信息形成的重要环节，是会计资料的主要载体之一，也是会计资料的重要组成部分。各单位应当按照国家统一会计制度的规定和会计业务的需要设置会计账簿。

（二）手工会计账簿的基本要素

由于会计主体的经济业务性质、特点不同，账簿的种类、形式和格式也不完全一样。但是，所有账簿都应具备一些基本要素，主要包括以下内容：

1.封面

封面主要用来标明账簿名称，如总分类账、各种明细分类账、库存现金日记账等。

2.扉页

扉页主要列明科目索引、账簿启用和经管人员一览表。账簿启用和经管人员一览表要求填明启用日期和截止日期、页数、册次、账簿经管人员及经管时间等。

随学随练7-1

会计账簿的概念和基本要素

3.账页

账页是账簿的主要内容，是账簿用于记录经济业务事项的载体。账页的基本内容应包括账户名称、日期栏、凭证种类和号数栏、摘要栏（对经济业务内容的简要说明）、金额栏（记录经济业务的金额增减变动情况）、总页次和分户页次等基本内容。

二、设置会计账簿的意义

设置和登记账簿，是编制会计报表的基础，是连接会计凭证与会计报表的中间环节，在会计核算中具有重要意义。

（1）通过账簿的设置和登记，可以记载、储存会计信息。在会计核算中，通过填制和审核会计凭证，可以详细记录每项经济业务，但填制的会计凭证都是零散地反映某一项或几项经济业务，所提供的信息是零散的、片断的、不连续的。通过设置账簿并在账簿中进行登记，可以将分散的凭证资料进行整理归类和汇总，从而系统、全面地提供一定时期经济业务的发生情况及结果。

（2）通过账簿的设置和登记，可以分类、汇总会计信息。账簿由不同的相互关联的账户所构成。通过账簿记录，一方面可以分门别类地反映各项会计信息，提供一定时期内经济活动的详细情况；另一方面可以通过发生额、余额计算，提供各方面所需要的总括会计信息，即反映财务状况及经营成果的综合价值指标。

（3）通过账簿的设置和登记，可以检查、校正会计信息。账簿记录是对会计凭证信息的进一步整理。如在永续盘存制下，通过对有关账户余额与实际盘点或核查结果的核对可以确认财产的盘盈或盘亏情况，并根据实际结存数额调整账簿记录，做到账实相符，提供真实、可靠的会计信息。

随学随练7-2

会计账簿的意义

（4）通过账簿的设置和登记，可以编报、输出会计信息，定期进行结账，进行有关账簿之间的核对，可以计算出本期发生额和余额，据以编制会计报表，向有关各方提供所需要的会计信息。

三、会计账簿的分类

重难点微课7-1

会计账簿的分类

在会计账簿体系中，有各种不同功能和作用的账簿，它们各自独立又相互补充。为了便于了解和使用，必须从不同的角度对会计账簿进行分类。

（一）会计账簿按其用途不同，可分为序时账、分类账和备查账

1.序时账

序时账又称日记账，是按经济业务发生或完成时间的先后顺序进行登记的账簿。按其记录内容的不同，日记账又分为普通日记账和特种日记账。普通日记账是指用来逐笔记录全部经济业务的序时账簿，即把每天发生的各项经济业务逐日逐笔地登记在日记账中，并确定会计分录，据以登记总分类账。特种日记账是用来逐笔记录某一特定种类经济业务的序时账簿。目前在我国，大多数单位一般只设库存现金日记账（见表7-1）、银行存款日记账（见表7-2）这两种特种日记账。

表7-1　　库存现金日记账　　第1页

年		凭证		票据号数	摘要	借方									贷方									余额									核对
月	日	种类	号数			百	十	万	千	百	十	元	角	分	百	十	万	千	百	十	元	角	分	百	十	万	千	百	十	元	角	分	
					过次页																												

表7-2 **银行存款日记账**

年		凭证		支票		摘要	借方									核对	贷方									核对	余额								
月	日	种类	号数	类别	号数		百	十	万	千	百	十	元	角	分		百	十	万	千	百	十	元	角	分		百	十	万	千	百	十	元	角	分
						过次页																													

2.分类账

分类账，是对全部经济业务按照会计要素的具体类别而设置的，对分类账户进行分类登记的账簿。按照总分类账户分类登记经济业务事项的是总分类账，简称总账；按照明细分类账户分类登记经济业务事项的是明细分类账，简称明细账。分类账是会计主体必须设置的账簿，是编制会计报表的主要依据。

3.备查账

备查账又称辅助账簿，是对某些在序时账簿和分类账簿等主要账簿中不进行登记或者登记不够详细的经济业务事项进行补充登记时使用的账簿。这些账簿可以对某些经济业务的内容提供必需的参考资料，但是它记录的信息不必编入会计报表中，所以也称为表外记录。备查账没有固定格式，可由各单位根据管理的需要自行设置与设计，如经营租入固定资产登记簿、应收票据备查簿、受托加工来料登记簿等。

（二）会计账簿按其外形特征不同，可分为订本式账簿、活页式账簿和卡片式账簿

1.订本式账簿

订本式账簿也称订本账，是指在账簿启用前就把具有账户基本结构并连续编号的若干张账页固定地装订成册的账簿。这种账簿的优点是：可以避免账页散失，防止账页被随意抽换，比较安全；其缺点是：由于账页固定，不能根据需要增加或减少，不便于按需调整各账户的账页，也不便于分工记账。这种账簿一般适用于总分类账、库存现金日记账和银行存款日记账。

2.活页式账簿

活页式账簿也称活页账，是指年度内账页不固定装订成册，而是将其放置在活页

账夹中的账簿。当账簿登记完毕之后（通常是一个会计年度结束之后），才能将账页予以装订，加具封面，并给各账页连续编号。这种账簿的优点是：随时取放，便于账页的增加和重新排列，便于分工记账及记账工作电算化；其缺点是：账页容易散失和被随意抽换。活页账在年度终了时，应及时装订成册，妥善保管。各种明细分类账一般采用活页式账簿。

3.卡片式账簿

卡片式账簿又称卡片账，是指由许多具有一定格式的卡片组成，存放在特定的卡片箱内的账簿。卡片账的卡片一般装在卡片箱内，不装订成册，可以随时存放，也可以跨年度长期使用。这种账簿的优点是：便于随时查阅，也便于按不同要求归类整理，不易损坏；其缺点是：账页容易散失和被随意抽换。因此，在使用卡片账时应对账页连续编号，并加盖有关人员图章，卡片箱应由专人保管，更换新账后也应封扎保管，以保证其安全性。在我国，大部分企业一般只对固定资产明细账采用卡片账形式，少数企业在材料核算中也使用材料卡片。

（三）会计账簿按其账页的格式不同，可分为两栏式账簿、三栏式账簿、多栏式账簿、数量金额式账簿和横线登记式账簿

1.两栏式账簿

两栏式账簿，是指只有借方和贷方两个金额栏目的账簿。普通日记账一般采用这种账页格式。

2.三栏式账簿

三栏式账簿，是指其账页格式的主要部分为借方、贷方和余额三栏或者收入、支出和余额三栏。三栏式账簿又可分为设对方科目和不设对方科目的三栏式账簿两种。其区别在于摘要栏和借方科目栏之间是否有“对方科目”一栏，有“对方科目”栏的，称为设对方科目的三栏式账簿；没有“对方科目”栏的，称为不设对方科目的三栏式账簿。三栏式账簿主要适用于库存现金日记账、银行存款日记账、总分类账以及资本、债权债务明细账等。

3.多栏式账簿

多栏式账簿，是指根据经济业务的内容和管理的需要，在账页的“借方”和“贷方”栏内再分别按照明细科目或某明细科目的各明细项目设置若干专栏的账簿。这种账簿可以按“借方”和“贷方”分别设专栏，也可以只设“借方”专栏，其“贷方”的内容在相应的借方专栏内用红字登记，表示冲减。收入、费用明细账一般采用这种账页格式。

4.数量金额式账簿

数量金额式账簿，是指在账页中分设“借方”“贷方”“余额”或者“收入”“发出”“结存”三大栏，并在每一大栏内分设数量、单价和金额三小栏的账簿。数量金额式账簿能够反映财产物资的实物数量和价值量。原材料、库存商品和产成品等明细账一般采用这种账页格式。

随学随练7-3

会计账簿的分类

5.横线登记式账簿

横线登记式账簿又称平行式账簿，是指将前后密切相关的经济业务登记在同一行

上，以便检查每笔业务的发生和完成情况的账簿。横线登记式明细分类账适用于登记材料采购、应收票据和一次性备用金业务等。

学习子任务二
启用手工会计账簿

为了保证会计账簿记录的合法性和会计资料的真实性，会计账簿应由专人负责登记，并遵守以下启用规则：

（一）认真填写封面及账簿启用和经管人员一览表

启用会计账簿时应在账簿封面上写明单位名称和账簿名称，并在账簿扉页附账簿启用和经管人员一览表（简称启用表）。启用表的主要内容包括：账簿名称、启用日期、账簿页数、记账人员和会计机构负责人、会计主管人员姓名，并加盖名章和单位公章。在账簿扉页上还应附账簿经管人员的交接记录，账簿启用及交接表见表7-3。

表7-3　账簿启用及交接表

<table>
<tr><td colspan="2">机构名称</td><td colspan="4"></td><td colspan="7">印　鉴</td></tr>
<tr><td colspan="2">账簿名称</td><td colspan="4">（第　册）</td><td colspan="7" rowspan="4"></td></tr>
<tr><td colspan="2">账簿编号</td><td colspan="4"></td></tr>
<tr><td colspan="2">账簿页数</td><td colspan="4">本账簿共计　　页
（本账簿页数检点人盖章　　）</td></tr>
<tr><td colspan="2">启用日期</td><td colspan="4">公元　年　月　日</td></tr>
<tr><td rowspan="3">经管人员</td><td colspan="2">负责人</td><td colspan="2">主管会计</td><td colspan="4">复核</td><td colspan="4">记账</td></tr>
<tr><td>姓名</td><td>盖章</td><td>姓名</td><td>盖章</td><td colspan="2">姓名</td><td colspan="2">盖章</td><td colspan="2">姓名</td><td colspan="2">盖章</td></tr>
<tr><td></td><td></td><td></td><td></td><td colspan="2"></td><td colspan="2"></td><td colspan="2"></td><td colspan="2"></td></tr>
<tr><td rowspan="6">接交记录</td><td colspan="4">经管人员</td><td colspan="4">接管</td><td colspan="4">交出</td></tr>
<tr><td colspan="2">职别</td><td colspan="2">姓名</td><td>年</td><td>月</td><td>日</td><td>盖章</td><td>年</td><td>月</td><td>日</td><td>盖章</td></tr>
<tr><td colspan="2"></td><td colspan="2"></td><td></td><td></td><td></td><td></td><td></td><td></td><td></td><td></td></tr>
<tr><td colspan="2"></td><td colspan="2"></td><td></td><td></td><td></td><td></td><td></td><td></td><td></td><td></td></tr>
<tr><td colspan="2"></td><td colspan="2"></td><td></td><td></td><td></td><td></td><td></td><td></td><td></td><td></td></tr>
<tr><td colspan="2"></td><td colspan="2"></td><td></td><td></td><td></td><td></td><td></td><td></td><td></td><td></td></tr>
<tr><td>备注</td><td colspan="12"></td></tr>
</table>

启用订本式账簿，应当从第一页到最后一页顺序编定页数，不得跳页、缺页。启用活页式账簿，应当按账户顺序编号，并定期装订成册，装订后再按实际使用的账页顺序编定页码，另加目录，记明每个账户的名称和页次。卡片式账簿在启用前应当登记卡片登记簿。

（二）严格交接手续

记账人员或者会计机构负责人、会计主管人员调动工作时，必须办理账簿交接手续，在账簿经管人员交接记录中注明交接日期、交接人员和监交人员姓名，并由双方交接人员签名或者盖章，以明确有关人员的责任，增强有关人员的责任感，维护会计记录的严肃性。

随学随练7-4

会计账簿的启用规则

（三）及时结转旧账

每年年初更换新账时，应将旧账的各账户余额过入新账的余额栏中，并在摘要栏中注明“上年结转”字样。

学习子任务三 认识和启用电子会计账簿

一、认识电子会计账簿

会计信息系统中的会计账簿即为电子账簿。手工账簿和电子账簿所记录的内容都来源于记账凭证和业务数据，不同的是手工账簿中的记录主要依据会计凭证记录手工登记，来源于手工填制的会计凭证，而电子账簿中的记录则是会计信息系统依据采集的会计凭证信息和业务数据自动生成的。

在会计信息系统中，会计账簿不再按照传统的用途、外形特征及账页格式进行分类。电子会计账簿具有格式多样化、格式动态化、应用实时化、输出多样化的特点。所有的账页均可通过计算机打印输出的活页账装订成册，在保证凭证、账簿清晰的条件下，计算机打印输出的凭证、账簿中表格线可适当减少。其中总账的账页格式有三栏借贷式和科目汇总式；明细账的账页格式有三栏式、多栏式和数量金额式等。但部分会计资料格式要重新设计和部分修改，以保证在电算化方式下的真实、准确、安全。

小知识7-1 根据《会计档案管理办法》的规定，会计档案包括通过计算机等电子设备形成、传输和存储的电子会计档案。单位档案管理机构接收电子会计档案时，应当对电子会计档案的准确性、完整性、可用性、安全性进行检测，符合要求的才能接收。

二、启用电子会计账簿

本书参考《“财务共享服务”职业技能等级证书》的标准，简要说明在财务共享服务中心启用电子会计账簿以及期初建账的工作流程。

（一）企业信息建档

在财务共享服务中心完成期初建账的首要步骤是为企业信息建档，需要收集的企业基本信息有企业名称、地址、联系人、联系方式、企业营业执照、法人身份证、财务制度、公司章程复印件等；并对所收集资料的真实性、合法性进行审查；审查无误后，录入财务共享服务中心信息系统。在建档操作时，应确保录入的企业档案信息全面、详细、真实。

（二）建账资料收集

在财务共享服务中心信息系统完成企业信息建档之后，需要收集企业人事信息及建账相关财务资料。对于新设企业和持续经营期企业，在资料收集的内容上应有所区分。建账资料收集表见表7-4。

表7-4　建账资料收集表

相关财务资料	新设企业	持续经营期企业
银行账户开户信息复印件	√	√
税务账号密码或CA证书	√	√
公司员工名单及身份证号码相关信息	√	√
社保、工资表相关信息	-	√
财务报表	-	√
当年各种税纳税申报表	-	√
上年度所得税汇算申报表	-	√
记账凭证、总账、日记账、明细账	-	√
累计发生额及余额表、往来科目明细表、长期待摊费用明细表、递延资产明细表、固定资产明细清单、无形资产明细清单	-	√
银行存款余额调节表-账户1（包括企业开立的所有账户）、银行存款余额调节表-账户2	√	√
资料交接清单	√	√

（三）企业账套建立

根据企业收集的建账资料，即可开展账套建立的工作。企业账套建立工作流程为：登录财务云共享中心，打开企业库，新增企业。新增企业时输入企业名称，选择所属行业（如图7-1所示）、纳税人制度（如图7-2所示）、会计制度（如图7-3所示）、建账期间以及填写企业描述。

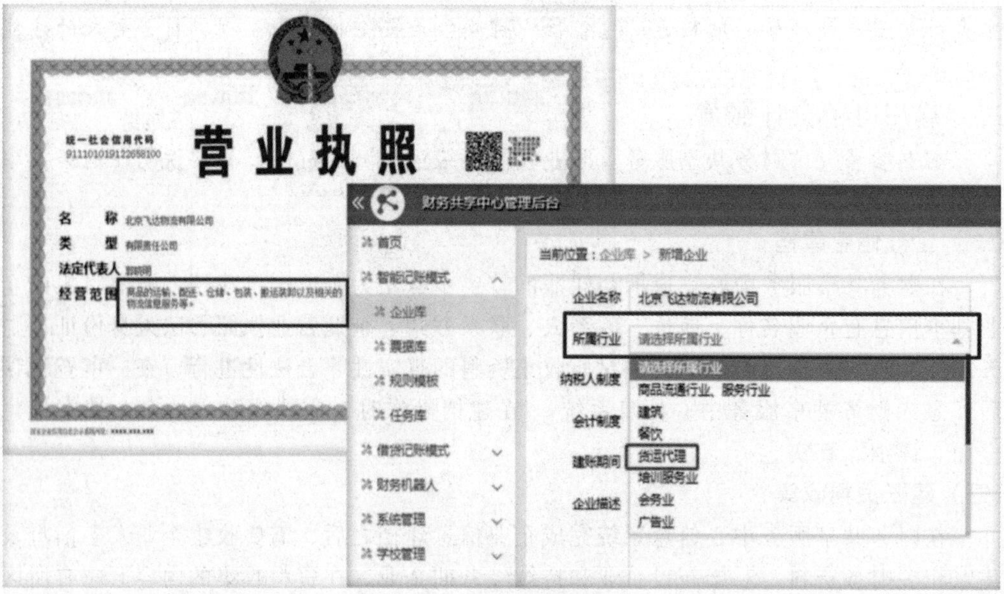

图7-1　选择所属行业

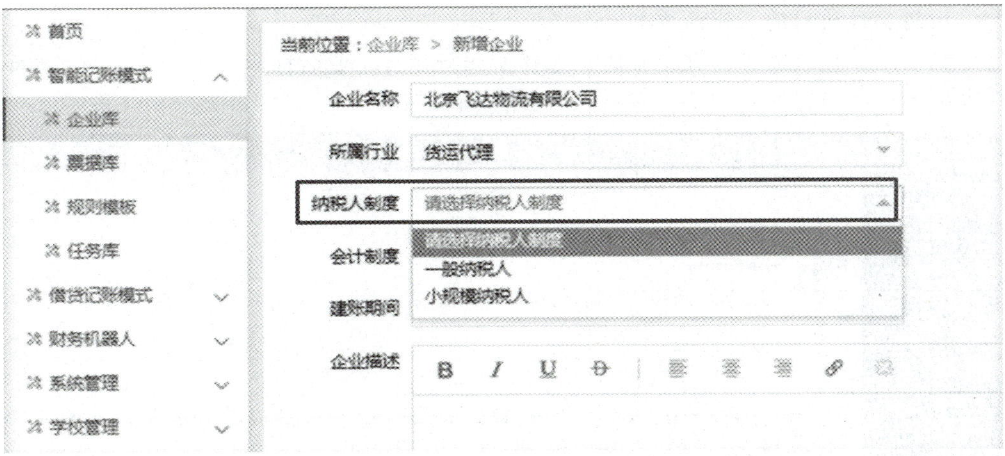

图 7-2　选择纳税人制度

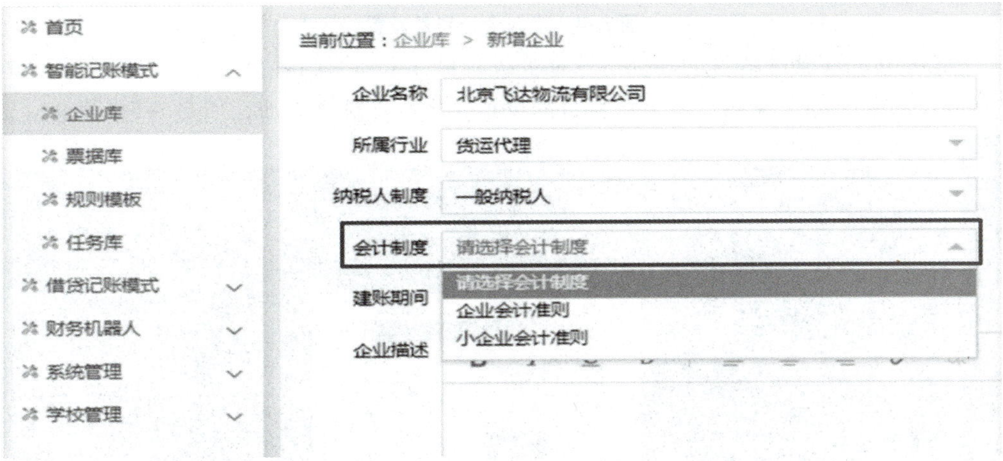

图 7-3　选择会计制度

以上录入信息的判断标准见表 7-5。

表 7-5　录入信息判断标准

平台需要录入信息	判断标准
所属行业	企业营业执照中的经营范围
纳税人制度	年应征增值税销售额 500 万元及以下认定为小规模纳税人 年应征增值税销售额 500 万元以上认定为一般纳税人
会计制度	根据企业的规模、业务量、业务特点，可供选择的企业会计制度有“企业会计准则”和“小企业会计准则”。小型企业的经济业务相对简单，可选择“小企业会计准则”。

（四）设置会计科目

企业账套建立完成后，需要在该企业的账套下设置会计科目。由于经济业务活动的具体内容、规模大小与业务繁简程度等情况不尽相同，在具体设置时，应考虑各企业的自身特点和具体情况。其中，二级科目应按照国家统一规定的标准及企业的实际要求设置。

设置会计科目的工作流程为：

第一步，登录财务云共享中心，选择所属行业、企业名称、记账归属日期。并单击系统左侧“设置”→“会计科目”，如图7-4所示。

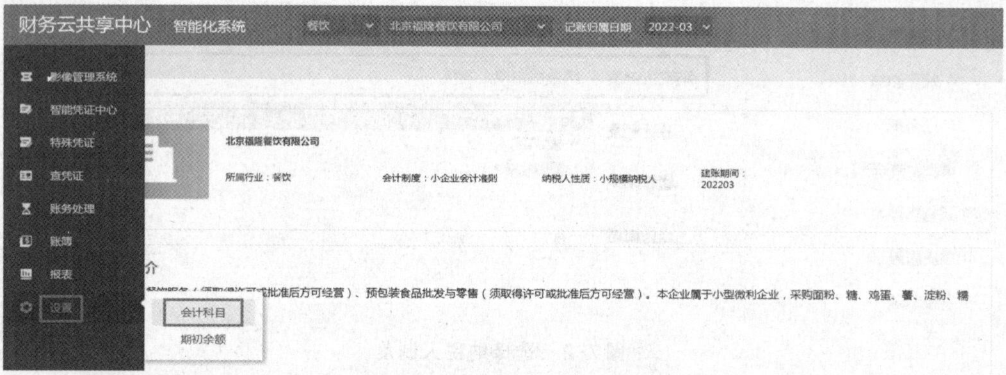

图7-4　进入会计科目设置

第二步，在会计科目的弹框中选择上级科目，增加明细科目名称，录入完成点击“保存”按钮，即完成某一个会计科目的设置，之后可继续添加，如图7-5所示。

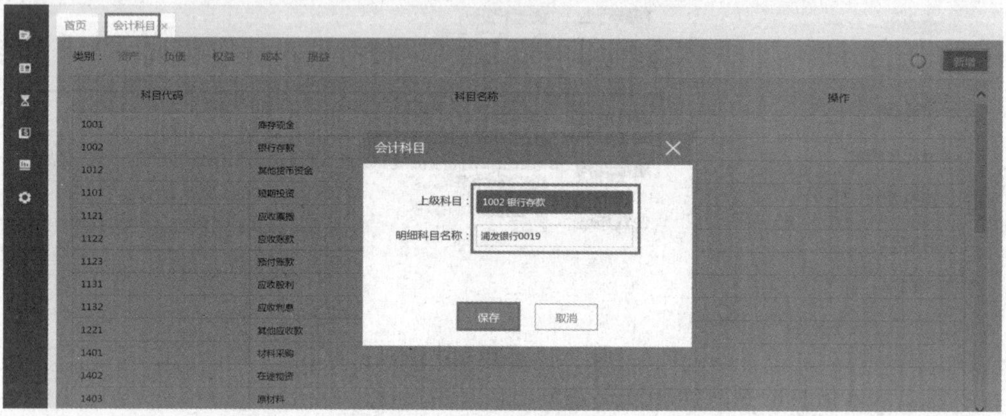

图7-5　会计科目设置

会计科目的设置要求见表7-6。

表7-6　会计科目设置要求

会计科目	明细科目设置方式
银行存款	按开立的账户
应收账款/预收账款	按客户名称
应付账款/预付账款	按供应商名称
其他应收款	按收款单位或个人
其他应付款	按应付单位或个人
库存商品	按货物名称
应付职工薪酬	按项目如工资、社保
应交税费	按税费名称
实收资本	按股东名称
主营业务收入/主营业务成本	按产品或服务
销售费用/管理费用/财务财用	按费用大类

（五）期初数据录入

企业账套建立完成后，需要在财务云共享中心信息系统中手工录入期初余额。手工录入方式下，手工输入末级科目的期初余额，上级科目将自动累加金额，如图7-6所示。红字金额应以负数表示；输入辅助核算类科目时，应注意输入辅助账的期初明细。

科目代码	科目名称	年初余额 借	年初余额 贷	累计借方	累计贷方	期初余额 借	期初余额 贷	数量/金额
1123	预付账款	340000.00				340000.00		
112301	[illegible]	220000.00				220000.00		
112302	[illegible]	120000.00				120000.00		
1131	应收股利							
1132	应收利息							
1221	其他应收款							
1401	材料采购							
1402	在途物资							
1403	原材料	19800.00				19800.00		
140301	[illegible]	19800.00				19800.00		
1404	材料成本差异							
1405	库存商品							

340000.00=220000.00+120000.00

图7-6　期初余额表

下面以会计主体“北京福隆餐饮有限公司”为例来介绍期初数据录入工作。

第一步，登录财务云共享中心，选择所属行业“餐饮”、建账企业“北京福隆餐饮有限公司”、记账归属日期“2022-03”。单击系统左侧“设置”→“期初余额”，如图7-7所示，并进行期初余额初始化，如图7-8所示。

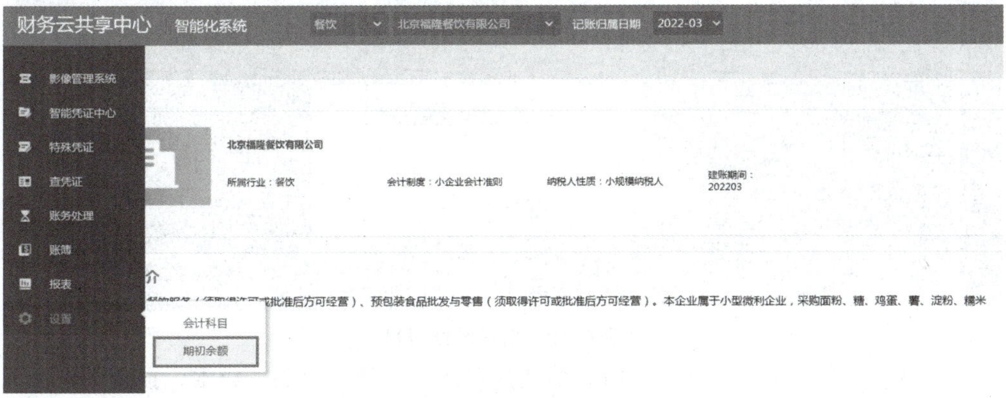

图7-7　进入期初余额设置

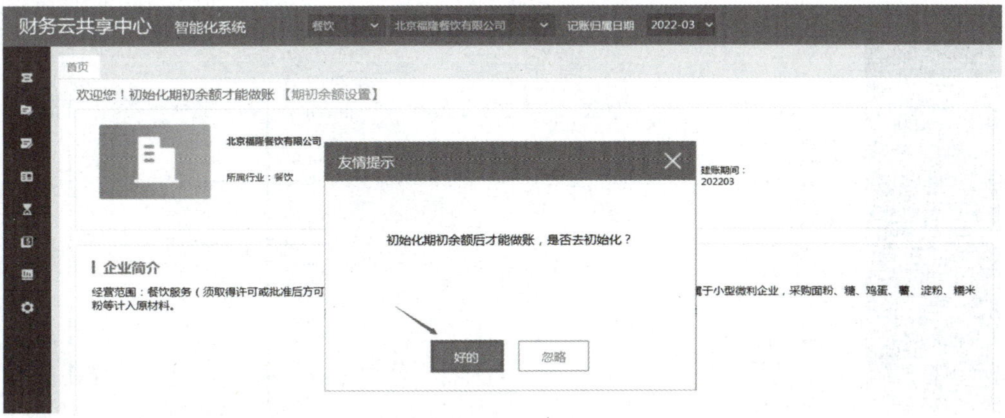

图7-8　期初余额初始化

第二步，在“期初余额”界面单击“期初余额表下载”按钮，下载期初数据，如图7-9所示。打开“期初余额表”，查看该公司的期初数据。

图7-9　下载期初数据

第三步，单击系统左侧“设置”→“会计科目”，选择上一级会计科目“1002银行存款”，录入新的明细科目，录入完成点击“保存”按钮，如图7-10所示。新增会计明细科目时，科目代码不用修改，保证科目级次及科目名称一致即可。

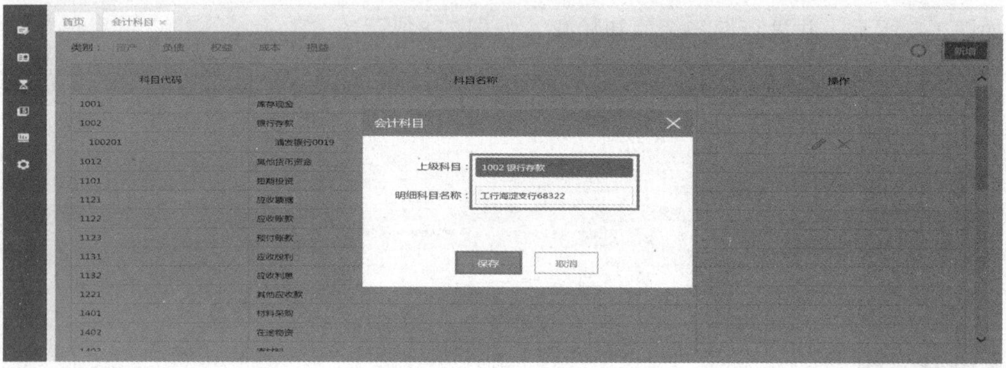

图7-10　新增明细科目

第四步，在“期初余额”界面分别选择资产、负债、权益、成本、损益类别录入期初数据，录入完成点击“保存”按钮，如图7-11所示。

图7-11　期初余额录入完成

第五步，点击“试算平衡”按钮，完成期初建账，如图7-12所示。试算平衡后才能启用账套，否则影响后续报表的取数，将导致报表不平衡。

图7-12　试算平衡

第六步，点击“启用账套”按钮，在弹出框中点击启用，则账套启用完成，如图7-13所示。

图7-13　账套启用

2 学习任务二 登记账簿

学习子任务一 熟悉登记账簿规则

账簿是编制会计报表，进行会计分析与检查的重要依据。为了保证账簿资料的真实可靠，会计人员在登记账簿时，必须严格遵守下列规则：

重难点微课
7-2

账簿登记

（一）准确完整

登记会计账簿时，应当将会计凭证日期、编号、业务内容、摘要、金额和其他有关资料逐项记入账簿内，做到数字准确、摘要清楚、登记及时、字迹工整。账簿记录中的日期，应当填写记账凭证上的日期；以自制原始凭证，如收料单、领料单等作为记账依据的，账簿记录中的日期应按自制凭证上的日期填列。

（二）注明记账符号

账簿登记完毕后，应在记账凭证上签名或者盖章，并注明已经登账的符号（一般在记账凭证上划“√”），表示已经记账，避免重记、漏记。

（三）书写留空

账簿中书写的文字和数字应紧靠底线，上面要留有适当空格，不要写满格，一般应占格距的1/2。这样，在发生登记错误时，能比较容易地进行更正，方便查账和更正错账。

（四）正常记账使用蓝黑墨水或碳素墨水

登记账簿应用蓝黑墨水或者碳素墨水笔书写，不得使用圆珠笔（银行的复写账簿除外）或者铅笔书写，主要原因是蓝黑墨水和碳素墨水可以保持账簿记录的持久性，也可防止被涂改。

（五）特殊记账使用红墨水

下列情况，可以用红色墨水笔记账：

（1）按照红字冲账的记账凭证，冲销错误记录；

（2）在不设借贷栏的多栏式账页中，登记减少数；

（3）在三栏式账簿的余额栏前，如未印明余额方向，在余额栏内登记负数余额；

（4）根据国家统一会计制度的规定可以用红字登记的其他会计记录。

除上述情况外，账簿中一般不得使用红字记账。

（六）顺序连续登记

各种账簿应按页次顺序连续登记，不得跳行、隔页。如果发生跳行、隔页，应当将空行、空页画线注销，或者注明“此行空白”“此页空白”字样，并由记账人员签名或者盖章。

（七）结出余额

凡需要结出余额的账户，结出余额后，应当在“借或贷”栏内写明“借”或者“贷”字样。没有余额的账户，应在“借或贷”栏内写“平”字，并在“余额”栏用“0”表示。

（八）过次承前

每一账页登记完毕结转下页时，应当结出本页合计数及余额，写在本页最后一行和下页第一行有关栏内，并在摘要栏内注明“过次页”和“承前页”字样；也可以将本页合计数及金额只写在下页第一行有关栏内，并在摘要栏内注明“承前页”字样，以保持账簿记录的连续性，便于对账和结账。

对需要结计本月发生额的账户，结计“过次页”的本页合计数应当为自本月初起至本页末止的发生额合计数；对需要结计本年累计发生额的账户，结计“过次页”的本页合计数应当为自本年初起至本页末止的发生额合计数；对既不需要结计本月发生额也不需要结计本年累计发生额的账户，可以只将每页末的余额结转次页。

随学随练 7-5

账簿登记规则

（九）不得涂改、刮擦、挖补

如发现账簿记录错误，不得刮擦、挖补或用褪色药水更改字迹，而应采用规定的方法更正。

学习子任务二 登记序时账

序时账又称日记账，是按经济业务发生或完成时间的先后顺序逐日逐笔进行登记的账簿。按其记录内容的不同，日记账又分为普通日记账和特种日记账。

一、登记普通日记账

普通日记账是逐日逐笔序时登记企业全部经济业务的账簿，因此普通日记账也被称为分录簿。

普通日记账一般分为“借方金额”和“贷方金额”两栏，登记每一分录的借方账户和贷方账户及相关金额，这种账簿不结余额。普通日记账的格式见表 7-7。

表 7-7 **普通日记账** 第 页

年		会计科目	摘要	借方金额	贷方金额	过账
月	日					

二、登记特种日记账

常见的特种日记账有库存现金日记账和银行存款日记账。在企事业单位中，库存现金日记账和银行存款日记账的登记，有利于加强对货币资金的日常核算和监督，有利于贯彻执行国家规定的货币资金管理制度。库存现金日记账和银行存款日记账都必须使用订本账。

（一）库存现金日记账

库存现金日记账是用来核算和监督库存现金每日的收入、支出和结存状况的账簿。它由出纳人员根据现金收款凭证、现金付款凭证和银行存款付款凭证，按经济业务发生的先后顺序，逐日逐笔进行登记。

库存现金日记账的结构一般采用“收入”“支出”“结余”三栏式。库存现金日记账中的“年”“月”“日”“凭证字号”“摘要”“对方科目”等栏，根据有关记账凭证登记；“收入”栏根据现金收款凭证和引起现金增加的银行存款付款凭证登记（从银行提取现金，只编制银行存款付款凭证）；“支出”栏根据现金付款凭证登记。每日终了，应计算全天的现金收入、支出合计数，并逐日结出现金余额，与库存现金实存数核对，以检查每日现金收付是否有误。每月期末，应结出当期“收入”栏和“支出”栏的发生额和期末余额，并与“库存现金”总账核对一致，做到日清月结，账实相符。如账实不符，应查明原因。

（二）银行存款日记账

银行存款日记账是用来核算和监督银行存款每日的收入、支出和结存情况的账簿。它是由出纳人员根据银行存款收款凭证、银行存款付款凭证和现金付款凭证，按经济业务发生的先后顺序，逐日逐笔进行登记的序时账簿。银行存款日记账应按企业在银行开立的账户和币种分别设置，每个银行存款账户设置一本银行存款日记账。

银行存款日记账的结构一般采用“收入”“支出”“结余”三栏式，由出纳人员根据银行存款的收、付款凭证和现金付款凭证，逐日逐笔按顺序登记。对于将现金存入银行的业务，因习惯上只填制现金付款凭证，不填制银行存款收款凭证，所以此时的银行存款收入数应根据相关的现金付款凭证登记。另外，因在办理银行存款收付业务时，均根据银行结算凭证办理，为便于和银行对账，银行存款日记账还设有“结算凭证种类和号数”栏，单独列出每项存款收付所依据的结算凭证种类和号数。银行存款日记账和库存现金日记账一样，每日终了时要结出余额，做到日清，以便检查监督各项收支款项，避免出现透支现象，同时也便于同银行对账单进行核对。银行存款日记账的格式与库存现金日记账的格式相似。

随学随练7-6

登记序时账

学习子任务三

登记分类账

分类账有总分类账和明细分类账两类，其登记也相应地分为总分类账的登记和明细分类账的登记。

一、登记总分类账

总分类账也称总账，是按总分类账户进行分类登记，全面、总括地反映和记录经济活动情况，并为编制会计报表提供资料的账簿。总分类账能全面、总括地反映和记录经济业务引起的资金运动和财务收支情况，并为编制会计报表提供数据。因此，任何单位都必须设置总分类账。

总分类账一般采用订本式账簿，按照会计科目的编码顺序分别开设账户，并为每个账户预留若干账页。由于总分类账只进行货币量度的核算，因此最常用的格式是三栏式，在账页中设置“借方”“贷方”“余额”三个基本金额栏。总分类账中的对应科目栏，可以设置也可以不设置。“借或贷”栏表明账户的余额是在借方还是在贷方。

总分类账的登记可以根据记账凭证逐笔登记；也可以通过一定的方式分次或按月汇总成汇总记账凭证或科目汇总表，然后据以登记；还可以根据多栏式库存现金、银行存款日记账在月末汇总登记。总分类账的格式见表 7-8。

表 7-8　　　　总分类账

科目名称：　　　　　　　　　　　　第　页

年		凭证		对方科目	摘要	借方											√	贷方											√	借或贷	余额											√
月	日	字	号			亿	千	百	十	万	千	百	十	元	角	分		亿	千	百	十	万	千	百	十	元	角	分			亿	千	百	十	万	千	百	十	元	角	分	

随学随练 7-7

登记总分类账

二、登记明细分类账

明细分类账是根据明细账户开设账页，分类、连续地登记经济业务以提供明细核算资料的账簿。根据实际需要，各种明细账分别按二级科目（或明细科目）开设账户，并为每个账户预留若干账页，用来分类、连续记录有关资产、负债、所有者权益、收入、费用、利润等详细资料。设置和运用明细分类账，有利于加强对资金的管理和使用，并可为编制会计报表提供必要的资料。因此，各单位在设置总分类账的基础上，还要根据经营管理的需要，按照总账科目设置若干必要的明细账，以形成既能提供经济活动总括情况，又能提供具体详细情况的账簿体系。

明细账的格式应根据它所反映经济业务的特点，以及财产物资管理的要求来设计，一般有三栏式明细分类账、多栏式明细分类账、数量金额式明细分类账和横线登记式明细分类账等。

（一）三栏式明细分类账

三栏式明细分类账的账页格式与总分类账的账页格式基本相同，只设“借方”“贷方”“余额”三个金额栏，不设数量栏。不同的是，总分类账账簿为订本账，而三栏式明细分类账账簿多为活页账。这种账页适用于采用金额核算的应收账款、应付账款等账户的明细核算。

（二）多栏式明细分类账

多栏式明细分类账是根据经济业务的特点和经营管理的需要，在一张账页的借方栏或贷方栏设置若干专栏，集中反映有关明细项目的核算资料的账簿。其主要适用于只计金额、不计数量，而且在管理上需要了解其构成内容的费用、成本、收入、利润类账户，如“生产成本”“制造费用”“管理费用”“主营业务收入”等账户。“本年利润”“利润分配”“应交税费——应交增值税”等科目所属明细科目则须采用借、贷方均为多栏式的明细账。

多栏式明细账账页视管理需要有多种格式。其在一张账页上，按明细科目分设若干专栏，集中反映有关明细项目的核算资料。例如“制造费用明细账”（见表7-9），在借方栏下，分设工资、福利费、折旧费、办公费、水电费、其他专栏。

表7-9 **制造费用明细账**

年		凭证		摘要	借方						贷方	金额
月	日	种类	号码		工资	福利费	折旧费	办公费	水电费	其他		

这类账页多用于费用、成本、收入、利润类科目的明细核算。

（三）数量金额式明细分类账

数量金额式明细分类账是在“收入”“发出”“结存”三栏内，再分别设置“数量”“单价”“金额”等栏目，以分别登记实物的数量和金额的账簿。数量金额式明细分类账的账页格式见表7-10。

表7-10 **数量金额式明细分类账**

科目名称：　　　　品名：　　　　规格：　　　　第　页

年		凭证		摘要	收入			发出			结存		
月	日	种类	号码		数量	单价	金额	数量	单价	金额	数量	单价	金额

随学随练7-8

登记明细分类账

数量金额式明细账适用于既要进行金额明细核算，又要进行数量明细核算的财产物资项目，如“原材料”“库存商品”等账户的明细核算。它能提供各种财产物资收入、发出、结存等的数量和金额资料，便于满足开展业务和加强管理的需要。

学习子任务四

总分类账与明细分类账的关系及平行登记

一、总分类账与明细分类账的关系

总分类账是根据总分类科目开设的，用以提供总括指标的账簿；明细分类账是根据明细分类科目开设的，用以提供明细指标的账簿。在总分类账中进行的核算，称为总分类核算；在明细分类账中进行的核算，称为明细分类核算。总分类账和明细分类账反映的信息内容是相同的，但详略程度不同。总分类账对其所属的明细分类账起着统驭和控制的作用，可称之为统驭账户；明细分类账对总分类账起着补充和说明的作用，可称之为从属账户。在实务中，各单位必须同时设置总分类账和明细分类账，进行总分类核算和明细分类核算。

随学随练7-9
总分类账与明细分类账的关系

二、总分类账与明细分类账的平行登记

在登记总分类账和明细分类账时，为了确保账簿记录的正确性和完整性，便于核对账户，必须采用平行登记。平行登记是指对同一经济业务，一方面要在总分类账中进行登记；另一方面要在该总分类账所属的明细分类账中进行登记。平行登记的要点包括以下几方面：

1.登记的期间相同

登记的期间相同是指对每项交易或事项，在记入总分类账和明细分类账的过程中，可以有先有后，但必须在同一会计期间（一般在同一月份）全部登记入账。

2.登记的方向相同

登记的方向相同即登记总分类账和明细分类账的方向相同。凡总分类账登记在借方的，其所属的明细分类账也要登记在借方；凡总分类账登记在贷方的，其所属的明细分类账也要登记在贷方。

3.登记的金额相同

登记的金额相同即记入总分类账的金额必须与记入其所属的明细分类账的金额之和相等。

企业可以根据总分类账与其所属的明细分类账的发生额和余额必然相等的原理，通过总分类账与明细分类账的相互核对，来检查总分类账及其所属的明细分类账的记录是否正确。

随学随练7-10
总分类账与明细分类账的平行登记

3 学习任务三 核对账簿和更正错账

学习子任务一 认识对账

对账，又称核对账目，是指对账簿记录的正确性进行核对的工作。在会计工作中，由于种种原因，难免发生差错，出现账实不符的情况。因此，一般在记账之后、结账之前进行对账工作，以确保会计核算资料的正确性和完整性，为编制会计报表提供真实、可靠的数据资料。对账的主要内容包括账证核对、账账核对和账实核对三个方面。

随学随练7-11
对账的概念和内容

随学随练7-12

账证核对的概念和内容

一、账证核对

账证核对是指会计账簿记录与原始凭证、记账凭证的核对。核对内容包括：时间、凭证字号、内容、金额等是否一致，记账方向是否相符，如日记账与收付款凭证相核对、总账与记账凭证相核对、明细账与记账凭证或原始凭证相核对。账证核对工作一般是在日常制证和记账工作中进行的。

二、账账核对

账账核对是指将各种会计账簿之间相对应的记录进行核对。由于会计账簿之间相对应的记录存在着内在联系，因此，通过账账核对，可以检查、验证会计账簿记录的正确性，以便及时发现错账，予以更正，保证账账相符。账账核对的内容主要包括：

（1）所有总分类账中各账户借方发生额合计数与贷方发生额合计数核对相符。

随学随练7-13

账账核对的概念和内容

（2）所有总分类账中各账户借方余额合计数与贷方余额合计数核对相符。

（3）所有总分类账中各账户余额与其所属明细分类账各账户余额之和核对相符。

（4）库存现金日记账和银行存款日记账的余额与其总分类账余额核对相符。

（5）会计部门有关财产物资的明细分类账余额与财产物资保管或使用部门的有关明细账余额核对相符。

三、账实核对

账实核对是指各种财产物资的账面余额与实有数额之间的核对。由于实物的增减变化、款项的收付都要在有关账簿中如实反映，因此，通过会计账簿记录与实物、款项的实有数进行核对，可以检查、验证款项与实物会计账簿记录的正确性，以便及时发现财产物资和货币资金管理中存在的问题，查明原因，分清责任，改善管理，保证账实相符。账实核对的主要内容包括：

随学随练7-14

账实核对的概念和内容

（1）库存现金日记账账面余额与现金实际库存数核对相符。

（2）银行存款日记账账面余额与银行对账单核对相符。

（3）各种财产物资明细分类账账面余额与实有数核对相符。

（4）各种债权债务明细账账面余额与往来单位的账面记录核对相符。

学习子任务二

更正错账

发生错账的情况多种多样，更正错账的方法也不相同。手工账中，更正错账的方法有划线更正法、红字更正法和补充登记法。在会计信息系统中，除了不使用划线更正法外，其他两种错账更正方法同样适用。

一、划线更正法

记账凭证填制正确，在记账或结账过程中发现账簿记录中文字或数字有错误，应采用划线更正法。

具体做法是：首先在错误的文字或数字上划一条红线，表示注销，划线后必须使原有字迹仍可辨认；然后将正确的文字或数字用蓝字写在划线处的上方，并由记账人员在更正处盖章，以明确责任。对于文字的错误，可以只划去错误的部分，并更正错误的部分；对于错误的数字，应当全部划红线更正，不能只更正其中个别的错误数字。例如，当把“3 457”元误记为“8 457”元时，应将错误数字“8 457”全部用红线注销后，再写上正确的数字“3 457”，而不是只删改数字“8”。

随学随练7-15

划线更正法

二、红字更正法

重难点微课7-3

红字更正法

在记账以后，发现记账凭证中应借、应贷科目或金额有错误时，可以用红字更正法进行更正。具体做法是：首先用红字金额填写一张与错误记账凭证内容完全相同的记账凭证，且在摘要栏内注明“更正某月某日第×号凭证”，并据以用红字金额登记入账，以冲销账簿中原有的错误记录；然后用蓝字重新填制一张正确的记账凭证，登记入账。这样，原来的错误记录便得以更正。

红字更正法一般适用于以下两种错账的更正：

第一种情况：记账后，如果发现记账凭证中的应借、应贷会计科目有错误，那么可以用红字更正法予以更正。

【例 7-1】甲车间领用甲材料300元用于一般性消耗。

（1）填制记账凭证时，误将借方科目写成“生产成本”，并已登记入账。原错误记账凭证内容为：

借：生产成本　　300

　贷：原材料　　300

（2）发现错误后，用红字填制一张与原错误记账凭证内容完全相同的记账凭证。

借：生产成本　　300

　贷：原材料　　300

（3）再用蓝字填制一张正确的记账凭证。

借：制造费用　　300

　贷：原材料　　300

第二种情况：记账后，如果发现记账凭证和账簿记录中应借、应贷的账户没有错误，只是所记金额大于应记金额。对于这种账簿记录的错误，更正方法是：将多记的金额用红字填制一张与原错误记账凭证会计科目相同的记账凭证，并在摘要栏内注明“更正某月某日第×号凭证”，并据以登记入账，以冲销多记的金额，使错账得以更正。

【例 7-2】仍以【例 7-1】为例，假设在编制记账凭证时应借、应贷账户没有错误，只是误将金额300元写成了3 000元，并已登记入账。

该笔业务只需用红字更正法编制一张记账凭证，将多记的金额2 700元用红字冲销即可。编制的记账凭证为：

随学随练7-16

红字更正法

借：制造费用　　2 700

　贷：原材料　　2 700

在会计信息系统中，红字一般用负数表示，因此，红字更正法也称为负数更正法。其适用范围、操作流程与手工账错账更正处理方法一致。

重难点微课
7-4

补充登记法

三、补充登记法

在记账之后，如果发现记账凭证中应借、应贷的账户没有错误，但所记金额小于应记金额，造成账簿中所记金额小于应记金额，这种错账应采用补充登记法进行更正。具体做法是：将少记金额用蓝笔填制一张与原错误记账凭证会计科目相同的记账凭证，在摘要栏内注明“补记某月某日第×号凭证”并予以登记入账，补足少记金额，使错账得以更正。

【例 7-3】仍以【例 7-1】为例，假设在编制记账凭证时应借、应贷账户没有错误，只是误将金额300元写成了30元，并已登记入账。

该笔业务只需用补充登记法编制一张记账凭证，将少记的金额270元补足即可。编制的记账凭证为：

借：制造费用　　270

　贷：原材料　　270

在会计信息系统中，补充登记法的适用范围与手工账错账更正的适用范围一致。

在错账更正的三种方法中，红字更正法和补充登记法都是用来更正因记账凭证错误而产生的记账错误；不是因记账凭证的差错而产生的记账错误，只能用划线更正法进行更正。

随学随练7-17

补充登记法

以上三种方法是对当年内发现的填写记账凭证或者记账时出现的错误而采用的更正方法，如果发现以前年度记账凭证中有错误（指会计科目和金额）并导致账簿登记出现差错的，应当用蓝字或黑字填制一张更正记账凭证。因为错误的账簿记录已经在以前会计年度终了时进行结账或决算，不可能将已经决算的数字进行红字冲销，只能用蓝字或黑字凭证对文字外的错误进行更正，并在更正凭证上特别注明“更正××年度错账”的字样。

小知识7-2　电子会计账簿的错账更正方法既要规范，又要简单便捷。如在当期凭证录入过程中就发现的凭证录入错误，可采用删除错误文字重新编辑的方法；如发现当期尚未记账的凭证错误，可直接采用删除错误凭证重新录入正确凭证的方法。而对已登账的记账凭证错误，不能采用逆向操作直接删除错误凭证同时重新录入正确凭证的方法，应根据其错误的情况采取相应的更正方法，同时在原错误记账凭证的摘要栏注明更正记账凭证的日期和编号，以便对照查找。

4 学习任务四 结账

学习子任务一 理解结账的程序及方法

企业的经济活动是连续不断的，为了定期总结企业的经营状况，并考核财务成果，需要编制财务报告，而在此之前必须在每一会计期末进行结账。结账就是在会计期末把一定时期内发生的经济业务，在全部登记入账的基础上，按规定的方法结算出每个账户的本期发生额和期末余额。会计期间一般按日历时间划分为年、季、月，结账于各会计期末进行，所以分为年结、季结、月结。

重难点微课
7-5

结账的程序和方法

一、结账的基本程序

结账前，必须将本期发生的各项经济业务和应由本期受益的收入、负担的费用全部登记入账。这样才能保证结账的有用性，确保会计报表的正确性。不得把将要发生的经济业务提前入账，也不得把已经在本期发生的经济业务延至下期（甚至以后期）入账。结账的基本程序为：

（1）将本期发生的经济业务事项全部登记入账，并保证其正确性。

（2）根据权责发生制的要求，调整有关账项，合理确定本期应计的收入和应计的费用。

（3）将损益类账户转入“本年利润”账户，结平所有损益类账户。

（4）结算出资产、负债和所有者权益类账户的本期发生额和余额，并结转至下期。

【例 7-4】湖北蓝天有限公司在 2022 年 3 月 31 日结账前，本期发生的经济业务事项已全部准确无误登记入账，并根据权责发生制原则核算出本期的应计收入和费用，公司各账户余额如表 7-11 所示。

表 7-11　**公司账户余额表**

账户名称	借方余额	贷方余额
库存现金	1 000	
银行存款	95 000	
应收账款	16 000	
库存商品	18 000	
固定资产	580 000	
累计折旧		60 000
应付账款		20 000
短期借款		100 000
实收资本		400 000
主营业务收入		395 000
主营业务成本	180 000	
销售费用	30 000	
管理费用	50 000	
财务费用	5 000	
合计	975 000	975 000

（1）将损益类账户转入“本年利润”账户，结转后损益类账户无余额。分录如下：

借：主营业务收入　　395 000

　贷：本年利润　　395 000

借：本年利润　　265 000

　贷：主营业务成本　　180 000

　　销售费用　　30 000

　　管理费用　　50 000

　　财务费用　　5 000

随学随练7-18
结账的基本程序

（2）结算出资产、负债和所有者权益类账户的余额，并结转至下期。

资产类账户余额=1 000+95 000+16 000+18 000+580 000-60 000=650 000（元）

负债类账户余额=20 000+100 000=120 000（元）

所有者权益类账户余额=395 000-265 000+400 000=530 000（元）

二、结账的一般方法

结账时，应当结出每个账户的期末余额。需要结出当月（季、年）发生额的账户，如各项收入、费用类账户等，应单列一行登记发生额，在摘要栏内注明“本月（季）合计”或“本年累计”。结出余额后，应在余额前的“借或贷”栏内写“借”或“贷”字样；没有余额的账户，应在余额栏前的“借或贷”栏内写“平”字，并在余额栏内用“0”表示。

结账时应根据不同的账户记录，分别采用不同的结账方法。

（一）月结

月末结账时，应根据不同的账簿记录，分别采用不同的方法：

（1）三栏式或数量金额式账簿，月末将当月所有业务全部入账后，在最后一笔业务记录的下面画一条通栏红线（从行首画至行尾），在红线下结算本月发生额和月末余额，在摘要栏注明“本月合计”，并在下端画一条通栏红线。对于需要逐月结算本年累计发生额的账户，应在下一行增加“本年累计发生额”。对本月未发生业务的账户，可不进行月结。

（2）只设一方的多栏式账簿，月末如需结计累计发生额及余额，在最后一笔业务下面画一条通栏红线，并连续结计增加本月的发生额、本年的累计发生额和月末余额，在摘要栏分别注明“本月借（贷）方合计”“本年借（贷）累计发生额”“月末余额”，并在每行上下端各画一条通栏红线。

（二）季结

季度结账应在本季度最后一个月的月结下一行，汇总计算本季度三个月的发生额和余额，在摘要栏注明“本季合计”，并在下端画一条通栏红线。

随学随练7-19
结账的一般方法

（三）年结

年度结账应在12月份的月结或第四季度季结的下一行，汇总计算本年四个季度的发生额和年末余额，在摘要栏注明“本年合计”，并在下端画两条通栏红线，表示本年度账簿记录已经结束。年末有余额的账户，还应在下一行的余额栏填写年末余额，在摘要栏内注明“结转下年”。

三、会计信息系统中的结账流程

在会计信息系统中，结账是一项成批数据处理工作，在每月月末计算和结转各账簿的本期发生额和期末余额，并终止本期的账务处理工作。结账只能由有结账权限的人员进行，在结账之前需要作下列检查：

（1）检查本月业务是否全部记账，有未记账凭证不能结账。

（2）月末结转必须全部生成并已记账，否则本月不能结账。

（3）检查上月是否已结账，如果上月未结账，则本月不能结账。

（4）核对总账与明细账、总账系统与其他子系统的数据是否一致，如果不一致，则不能结账。

（5）检查损益类账户是否已经全部结转完毕，否则本月不能结账。

下面以“北京福隆餐饮有限公司”为例讲解在财务云共享中心月末结账的工作流程。在该公司的票据整理、票据录入、查看凭证、凭证审核流程已完成的前提下，开始结账工作。结账流程为：过账→结转损益→审核结转损益凭证→重新过账→生成报表→结账。

第一步，登录财务云共享中心，分别选择所属行业、企业名称、记账归属日期为“餐饮”“北京福隆餐饮有限公司”“2022-03”。单击系统左侧“账务处理”→“过账”，如图7-14所示。在过账界面单击“过账”按钮，点击确定按钮，完成过账，如图7-15所示。

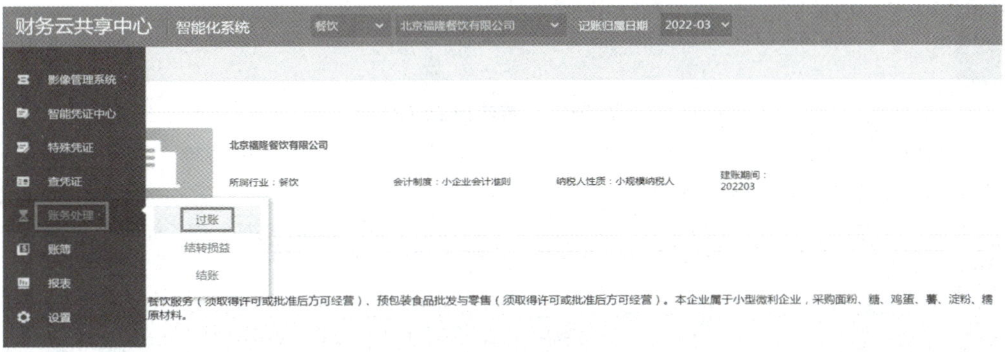

图7-14　过账

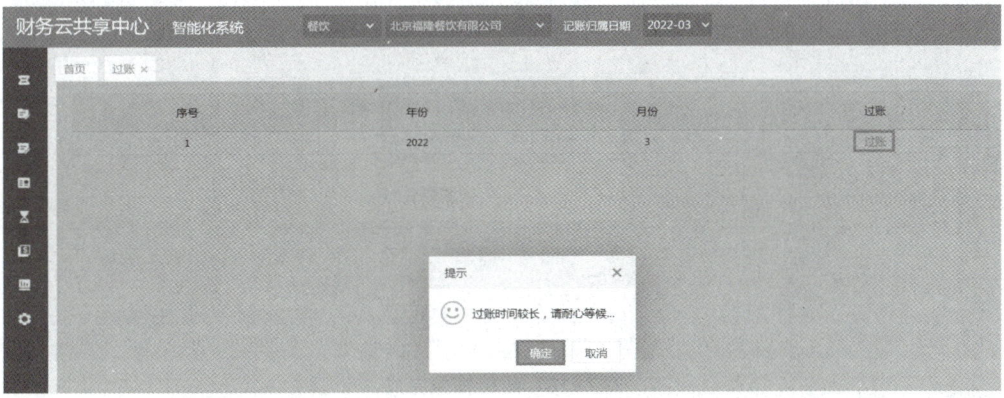

图7-15　过账完成

第二步，单击系统左侧“账务处理”→“结转损益”，如图7-16所示。在已完成过账的前提下，单击“结转损益”按钮，如图7-17所示。

图7-16 结转损益（1）

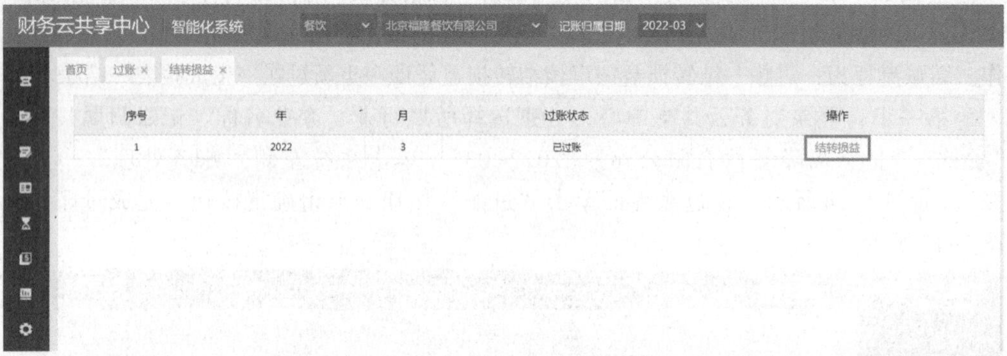

图7-17 结转损益（2）

在弹出的第一个对话框中点击“确定”按钮，弹出第二个对话框，点击“确定”按钮结转损益，如图7-18所示。

图7-18 结转损益完成

结转损益完成后，点击弹出对话框中的“确定”按钮，进行重新过账，如图7-19所示。

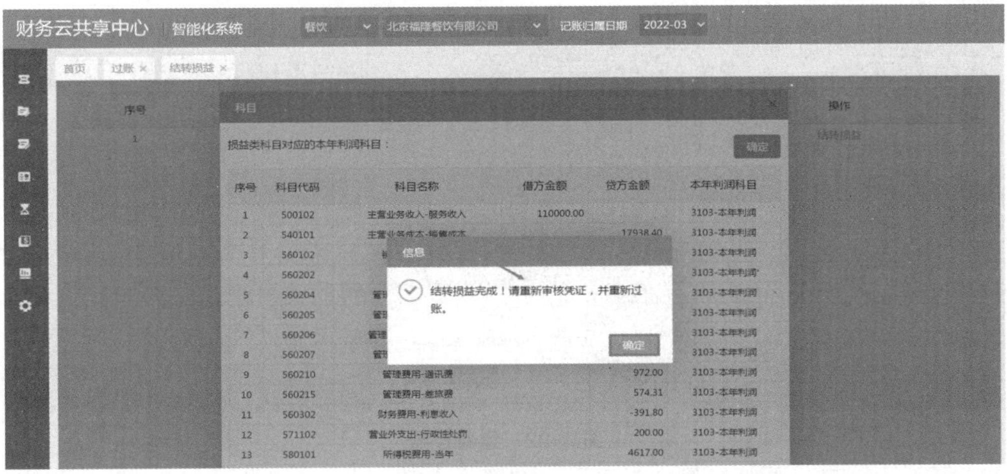

图 7-19　重新过账

第三步，单击系统左侧“查凭证”，如图 7-20 所示。勾选“记-25 结转本期损益”凭证，点击“审核”按钮，审核结转损益凭证，如图 7-21 所示。

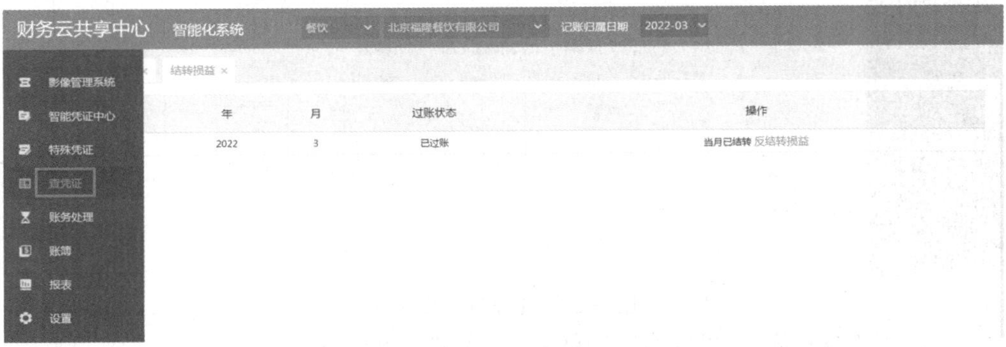

图 7-20　查凭证

图 7-21　审核结转损益凭证

第四步，单击系统左侧“账务处理”→“过账”，在过账界面单击“重新过账”

按钮，点击“确定”按钮，完成重新过账，如图7-22所示。

图7-22　重新过账

第五步，单击系统左侧“报表”→“资产负债表”，在该界面点击“生成报表”按钮，点击“确定”按钮，报表生成，如图7-23所示。

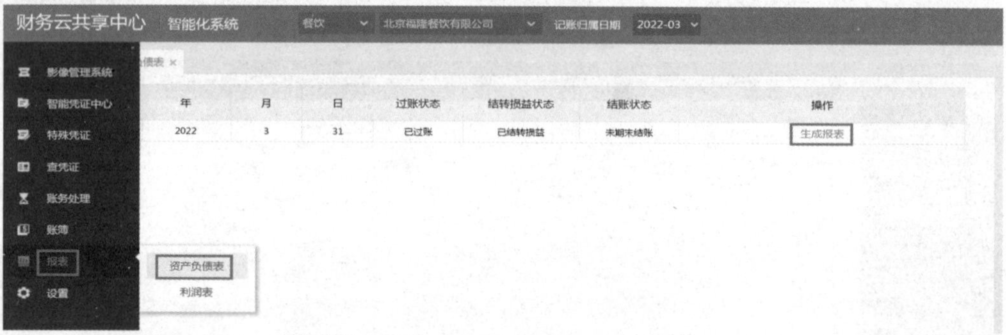

图7-23　生成资产负债表

点击“查看报表”，可查看资产负债表，如图7-24所示。

图7-24　查看资产负债表

第六步，单击系统左侧“报表”→“利润表”，点击“生成报表”按钮，点击确定按钮，报表生成，如图 7-25 所示。

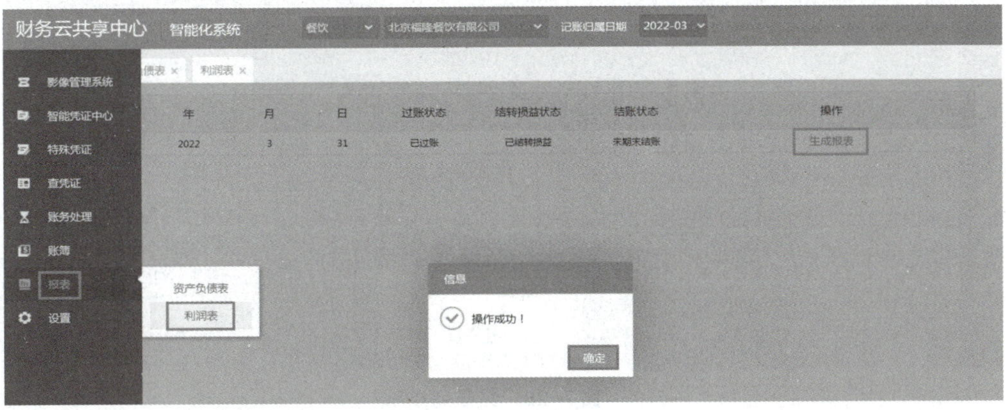

图 7-25　生成利润表

点击“查看报表”，可查看利润表，如图 7-26 所示。

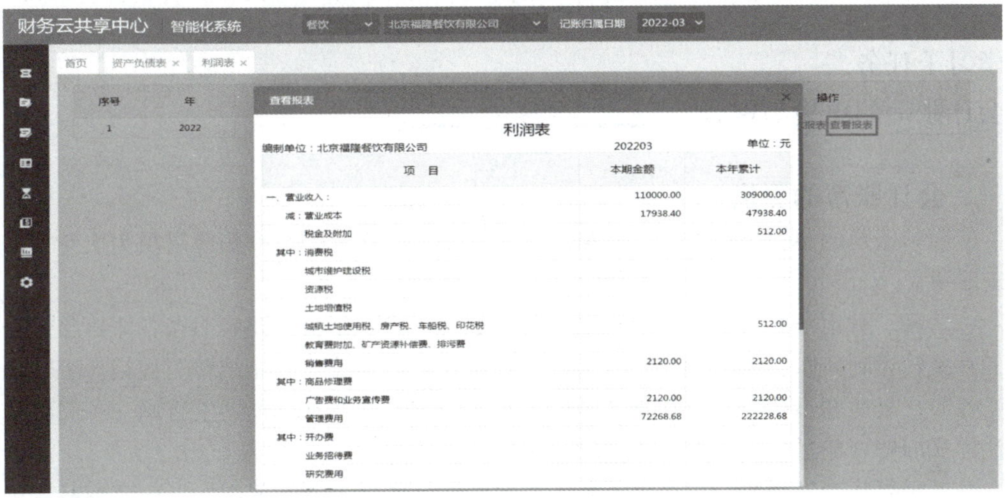

图 7-26　查看利润表

第七步，单击系统左侧“账务处理”→“结账”，在已完成过账和结转损益的前提下，单击“期末结账”按钮，如图 7-27 所示。在弹出的对话框中点击“确定”按钮，结账完成，如图 7-28 所示。

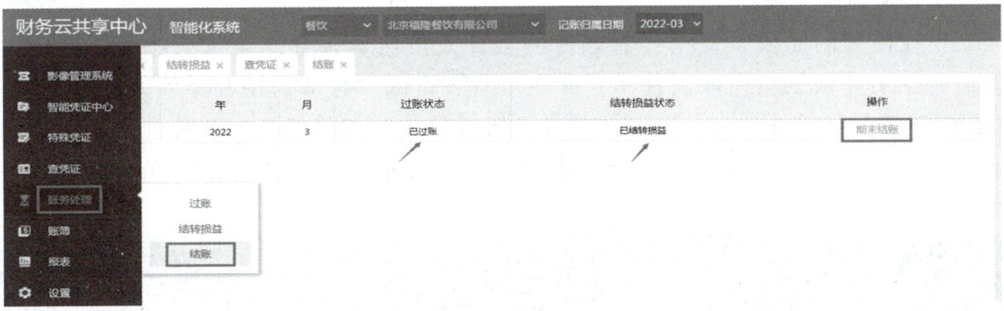

图 7-27　期末结账

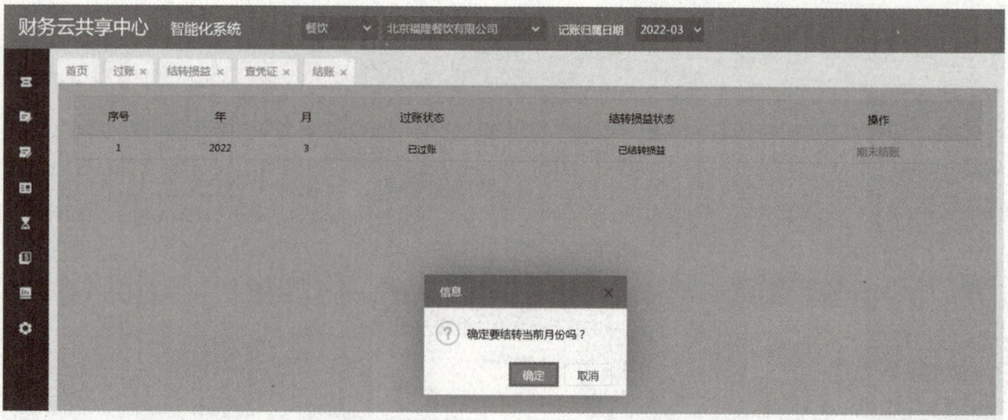

图 7-28　结账完成

若结账流程操作完成后发现前端内容错误，可通过“反结账”→“反结转损益”→“反过账”→“反审核”操作，进行前端内容修改，修改完成后重新结账。

学习子任务二
会计账簿的更换与保管

一、会计账簿的更换

会计账簿的更换是指在会计年度终了时，将上一年度的会计账簿更换为次年度的新账簿。

总账、日记账和大部分的明细账，每年更换一次。年初，要将旧账各账户年末余额直接转记到新账各账户的第一行中，并在摘要栏内加盖“上年结转”戳记。上年旧账各账户最后一行摘要栏内加盖“结转下年”戳记，并在其下面的空行画一条斜红线注销。旧账余额过入新账时，无须编制记账凭证。

对于数额变动较小、内容格式特殊的明细账，如固定资产明细账、库存商品明细账，可以连续使用多年，不必每年更换新账。

二、会计账簿的保管

会计凭证、会计账簿和会计报表都是企业的会计档案和历史资料，必须妥善保管，不得销毁或丢失。

随学随练7-20

会计账簿的更换与保管

正在使用的账簿，应由经管账簿的会计人员负责保管。年末结账后，会计人员应将活页账簿的空白账页抽出，并在填写齐全的“账簿启用及经管人员一览表”“账户目录”前加上封面，固定并装订成册，经统一编号后，与各种订本账一起归档保管。账簿的保管年限和销毁的审批程序，应按有关会计法律制度的规定严格执行。

小知识 7-3　电子会计账簿保管的具体要求详见项目十的学习子任务三会计档案管理办法。

项目阶段测试（线上）

项目技能训练（线上+线下）

◎ 线上技能训练（实训）

◎线下技能训练

1. 账簿分类连连看

账簿	分类标准
订本式	按用途分类
特种日记账	
总分类账	
三栏式	按外形分类
活页式	
明细分类账	
数量金额式	按账页格式分类
卡片式	

2. 对账内容连连看

对账内容	所属分类
会计账簿记录与相应会计凭证记录核对	账账核对
银行存款日记账余额与银行对账单核对	
库存现金日记账与其总分类账核对	账证核对
债权债务明细账余额与对方单位账面记录核对	
会计部门财产物资明细分类账与后勤部门资产明细账核对	账实核对

项目八

财产清查

本项目主要介绍财产清查的处理。财产清查是企业会计核算的主要方法之一，也是检验和保证会计核算结果真实性的重要手段。不同财产的清查方法不同，相应的会计处理也不同。本项目包含以下两个任务：财产清查的基本内容和财产清查的具体应用。

知识传授目标

1.了解财产清查的原因、意义和一般程序；
2.熟悉财产清查的种类、财产物资的盘存制度；
3.掌握财产清查的方法和会计处理。

能力培养目标

1.能理解财产清查对企业的深远意义；
2.会从会计角度对各种财产进行清查；
3.会进行财产清查后的会计处理。

价值塑造目标

1.养成“廉洁自律”的会计职业道德意识；
2.提升“公私分明，不贪不占”的会计职业素养；
3.增强对“清白做人，干净做事”的价值观认识。

项目思维导图

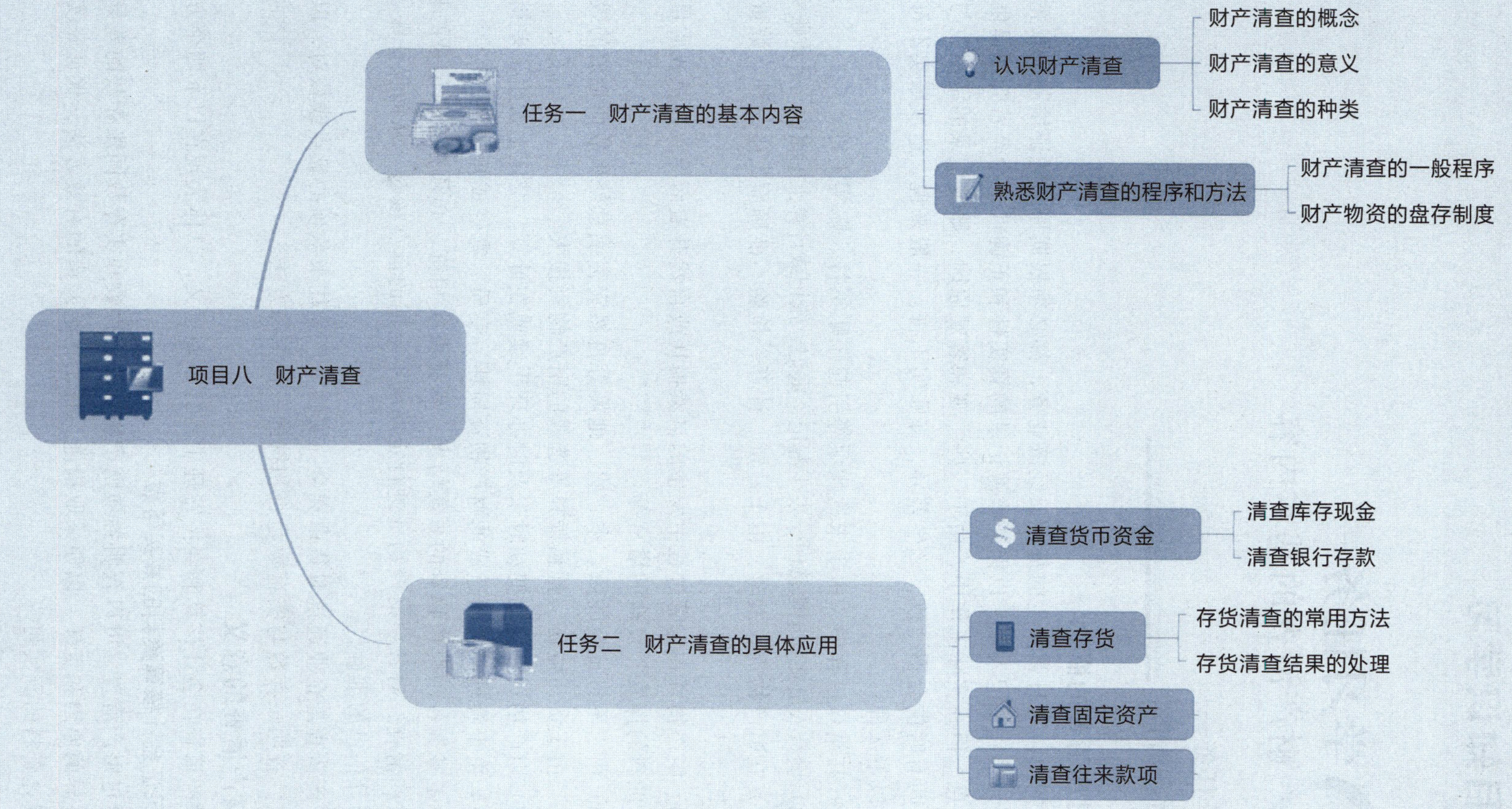
项目八　财产清查
任务一　财产清查的基本内容
认识财产清查
财产清查的概念
财产清查的意义
财产清查的种类
熟悉财产清查的程序和方法
财产清查的一般程序
财产物资的盘存制度
任务二　财产清查的具体应用
清查货币资金
清查库存现金
清查银行存款
清查存货
存货清查的常用方法
存货清查结果的处理
清查固定资产
清查往来款项

项目知识学习

项目导入与案例分析

万历时期的清丈田亩

1 学习任务一 财产清查的基本内容

学习子任务一 认识财产清查

一、财产清查的概念

任何单位对日常发生的每一项经济业务，都必须根据原始凭证填制记账凭证，并经审核无误后登记入账，以保证账簿记录的真实性和正确性，为经营管理提供正确的会计信息。但在实际工作中，由于一些主观和客观原因，账簿记录的结存数与实际结存数之间有时候会不一致，产生差异，即账实不符。一般来说，造成账实不符的原因主要有以下八种：

（1）在结算过程中，由于未达账项等引起账账不符、账实不符。

（2）会计人员在登记账簿时，发生漏记、重记、错记或计算上的错误，导致账实不符。

（3）在财产物资收发时，由于计量、计算、检验不准确而发生品种、数量或质量上的差错。

（4）财产物资在保管过程中发生的自然损耗或自然升溢而导致数量或质量上的变化，如油料的挥发、食盐的增重等。

（5）由于不可抗拒的风、水、火、地震等自然灾害或意外事故而造成的毁损。

（6）由于贪污盗窃、营私舞弊等造成的财产物资损失。

（7）财产物资在增减变动时未及时办理手续或在计算、登记上发生了差错。

（8）由于管理不善而造成的财产物资损坏、变质、霉烂或短缺等。

为了掌握各项财产物资的真实情况，保证账实相符，必须在账簿记录的基础上，通过财产清查，对各项财产物资进行定期或不定期的盘点核对，从而保证账实相符，提高会计信息的准确性。

财产清查是企业通过对货币资金、实物资产和往来款项的盘点或核对，以确定其实有数，查明账存数与实存数是否相符的一种专门方法。

二、财产清查的意义

财产清查在会计核算和经济管理中具有重要意义，具体表现在以下四个方面：

（一）保证会计核算资料的真实可靠

通过财产清查，可以查明各项财产物资的实存数和实存数同账存数的差异，以及发生差异的原因和责任，以便采取措施，找出杜绝差错的有效方法，保证账实相符和会计核算资料的真实可靠。

（二）保护财产物资的安全和完整

通过财产清查，可以查明各项财产物资的保管情况是否良好，是否存在因管理不善，使财产物资发生浪费、霉烂变质、损坏丢失，或者被非法挪用、贪污盗窃的情况，以便采取措施改善管理，保护各项财产物资的安全和完整；可以查明各项债权债务、往来款项的结算情况是否正常，有无账款长期拖欠、在途物资逾期到达、发出商品遭到无故拒付等情况，以便查明原因，及时处理。

（三）促进财产物资的有效使用

通过财产清查，可以查明各种财产物资的储备和使用情况，有无储备不足或者积压、呆滞以及不配套的财产物资，以便采取措施，对储备不足的设法补充保证生产需要，对积压、呆滞和不配套的财产物资及时处理，充分挖掘财产物资的潜力。

（四）保证财经法纪的贯彻执行

通过财产清查，可以查明有关财产物资验收、保管、收发、调拨、报废以及现金出纳、账款结算等手续制度的贯彻执行情况，以便采取措施，建立和健全有关财产物资的管理与核算制度，以及经济上、财务上的责任制度。

三、财产清查的种类

财产清查是会计核算的一种专门方法。按不同的分类标准，可将财产清查分为不同的种类。

（一）按清查对象和范围划分，可分为全面清查和局部清查

1.全面清查

全面清查是对所有的财产进行全面盘点和核对。全面清查的内容有：

（1）固定资产、存货以及在建工程等；

（2）货币资金、有价证券和银行存款等；

（3）各种往来结算款项、缴拨款项等。

由于全面清查涉及的范围广、工作量大、参加人员多、需要的时间长，因而不宜经常进行。一般在下列情况需要进行全面清查：

（1）年终决算时，为保证其会计资料的真实性；

（2）单位撤销、倒闭、合并或改变隶属关系；

（3）进行清产核资，摸清家底；

（4）单位主要负责人调离工作岗位。

2.局部清查

局部清查是对部分财物进行的盘点核对。局部清查适用于流动性较大的财物，如库存现金、原材料、在产品、库存商品及贵重物品等。一般在下列情况需要进行局部清查：

（1）对于库存现金，应由出纳人员在每日业务终了时清点核对；

（2）对于银行存款，应由出纳人员每月与银行核对一次对账单；

（3）对于存货、贵重物品，应每月清查盘点一次；

（4）对于各种往来款项，每年至少与对方核对一至两次，以避免坏账损失。

以上所列举的清查内容，都是在正常情况下进行的，目的是保证账实相符。如果

遭受自然灾害（如风、火、水、地震等）、发生盗窃事件以及更换相关工作人员时，也应对财产物资进行局部的清点和盘查。

（二）按清查时间划分，可分为定期清查和不定期清查

1.定期清查

定期清查是指按照事先计划好的时间对财产物资进行盘点和核对所进行的清查。定期清查一般在年末、季末、月末终了及每日结账时进行。定期清查可以是全面清查，也可以是局部清查。一般情况下，年终决算前进行全面清查，季末和月末进行局部清查，年末清查的范围一般要比月末、季末大一些。

2.不定期清查

不定期清查是指事先不计划好时间，而是根据情况随时进行的清查。通常发生下列情况需要进行不定期清查：

（1）企业更换保管、出纳人员时，要对其所保管的财物进行清查，以分清责任，便于办理交接手续；

（2）发生自然灾害或意外损失时，对受损物资进行清查，以查明损失情况；

（3）上级主管部门和财政、税务、银行、审计部门对本单位进行财务检查，以验证会计资料的可靠性。

【例8-1】甲公司为一家生产家电的公司，该公司对存货采用永续盘存制度，在2022年进行以下财产清查。

（1）3月5日，负责保管库存商品的仓库保管员李某调离工作岗位，对其保管的库存商品仓库进行财产清查。

（2）5月31日，出纳陈某对其管理的库存现金和银行存款进行清查。

（3）8月25日，由于存放材料的仓库突发火灾，对损失情况进行清查。

（4）10月15日，对供应商和客户的往来款项进行清查。

（5）11月2日，分管生产的王副总经理因工作需要，调离本公司。

（6）12月31日，对全部财产物资进行清查。

请根据以上资料，说明甲公司财产清查的种类。

解析：（1）属于局部清查、不定期清查；

（2）属于局部清查、定期清查；

（3）属于局部清查、不定期清查；

（4）属于局部清查、不定期清查；

（5）属于全面清查、不定期清查；

（6）属于全面清查、定期清查。

思考与解读8-1

思考：定期清查是全面清查吗？不定期清查是局部清查吗？

解读：定期清查可以是全面清查，也可以是局部清查；不定期清查一般是局部清查，但也可能是全面清查。

学习子任务二

熟悉财产清查的程序和方法

一、财产清查的一般程序

财产清查是一项涉及面广、工作量大、既复杂又细致的工作，为了保证财产清查的质量，达到清查财产的目的，财产清查应按科学合理的程序进行。财产清查一般包括准备工作、清查工作和报告工作三个环节 。

重难点微课 8-1

财产清查的意义和种类

随学随练 8-1

定期清查的范围

（一）准备工作

1.组织准备

为了使财产清查工作顺利进行，会计、财产保管和相关部门应密切配合，做好清查前的各项准备工作，并抽调有关专业人员组成清查小组。清查人员应学习有关政策规定，掌握有关法律、法规和相关业务知识，以提高财产清查工作的质量。清查工作小组应确定清查对象范围，明确清查任务，制订实施方案，具体安排清查内容、时间、步骤、方法和必要的清查前准备，以便有组织、有计划、有步骤地进行财产清查。

2.业务准备

会计部门在清查之前应将所有发生的经济业务入账，并核对总账和所属明细账，保证账证相符、账账相符。财产保管部门将截至清查日的所有经济业务登记实物账，结出实存数；财产规范存放，整齐排列，标明品种、规格和结存数量。相关部门要准备好计量器具和清查用的有关登记表册。

（二）清查工作

清查工作中要注意核定各种实物、货币资金和往来款项的账实是否相符，检查财产的质量并填制盘存单。

（三）报告工作

清查工作完毕，清查人员应整理盘存单并填制清查报告表，将账实核对的结果及处理意见书面报告有关部门审批。会计人员根据审批情况进行账务处理。

二、财产物资的盘存制度

财产物资的盘存制度有永续盘存制和实地盘存制两种。在不同的盘存制度下，企业各项财产物资在账簿中的记录方法和清查盘点的目的也不相同。

1.永续盘存制

永续盘存制又称账面盘存制，是指平时对各项财物的增减都要根据会计凭证登记入账，并随时在账簿中结出其账面结存数额的一种盘存制度。其目的是以账存数控制实存数。期末账面结存数的计算公式如下：

期末结存数=期初结存数+本期增加数-本期减少数

采用永续盘存制，日常核算工作量较大，但可以随时掌握财物的收发存情况，及时发现问题并进行处理，有利于加强对财物的管理。

2.实地盘存制

实地盘存制又称以存计耗制、以存计销制，是平时只对各项财物的增加进行登记，而减少则不登记，月末对财物进行实地盘点，将实存数作为账面结存数，再倒算出本期减少数并登记入账的一种盘存制度。其目的是通过盘点确定期末结存数并倒算出本期减少数。本期减少数的计算公式如下：

本期减少数=期初结存数+本期增加数-期末实地盘存数

重难点微课 8-2

财产物资的盘存制度

由此可见，实地盘存制并不严格符合财产清查的目的和意义。同时，采用实地盘存制，虽然日常核算工作简单，但手续不严密，可能会掩盖财物管理上存在的问题。因此，除非特殊情况，企业一般不宜采用实地盘存制。

总之，不论财产物资账面结存数的确定采用哪一种盘存方法，都要对财物进行必要的清查盘点。

小案例 8-1 甲小超市，10月初有铅笔10盒，10月5日购进铅笔100盒，10月销售铅笔100盒，10月底盘点还有5盒铅笔。如果采用永续盘存制，则10月底铅笔账面结存数为10盒（10+100-100），而实际库存为5盒，账实不符，有5盒短缺。如果采用实地盘存制，则日常销售不记账，期末计算出10月铅笔减少数为105盒（10+100-5）。

随学随练 8-2

永续盘存制的优点

思考与解读 8-2

思考：与实地盘存制相比，永续盘存制有哪些优点？

解读：永续盘存制可以随时掌握财物收发存情况，以便及时发现问题并进行处理，有利于加强对财物的管理。

2 学习任务二 财产清查的具体应用

学习子任务一 清查货币资金

一、清查库存现金

（一）库存现金清查的注意事项

库存现金的清查是通过实地盘点的方法确定库存现金的实存数，再与库存现金日记账的账面余额核对。在进行库存现金清查时，为了明确经济责任，出纳人员必须在场。在清查过程中，不能用“白条”抵库，即不能用不具有法律效力的借条、收据等抵充库存现金。库存现金盘点后，应根据盘点的结果及时与库存现金日记账核对，并填制“库存现金盘点表”。“库存现金盘点表”是重要的原始凭证，它既起到了“盘存单”的作用，又起到了“实存账存对比表”的作用，“库存现金盘点表”由盘点人员和出纳人员共同签章后方能生效，见表8-1。

表8-1　　　　　　　　　　　　**库存现金盘点表**

年　月　日　　　　　　　　　　　　　　　单位：元

实存金额			账存金额	对比结果		备注
面值	数量（张）	金额		盘盈	盘亏	
合计						

盘点人员：（签章）　　　　　　　　　　出纳人员：（签章）

（二）库存现金清查的账务处理

库存现金清查后，如发现账实不符，财会人员应根据“库存现金盘点表”及时进行有关会计处理，调整库存现金的账存数，记入“待处理财产损溢”账户。

1.库存现金盘盈

库存现金盘盈，报经批准前，应记入“库存现金”账户的借方和“待处理财产损溢”账户的贷方。查清原因并报经批准后分情况进行处理，如为应支付给有关人员或单位的，则转入“其他应付款”账户；如为无法查明原因的，则转入“营业外收入”账户。

【例8-2】丙公司出纳孔某，在一次现金清查中发现现金出现长款150元，经调查，其中100元是应付职工李某的款项，另外50元无法查明原因。请说明清查的方法并进行会计处理。

解析：丙公司对库存现金清查采用的是实地盘点法。有关会计处理如下：

①报经审批前：

借：库存现金　　150

　贷：待处理财产损溢——待处理流动资产损溢　　150

②报经审批后：

借：待处理财产损溢——待处理流动资产损溢　　150

　贷：营业外收入　　50

　　其他应付款——李某　　100

2.库存现金盘亏

库存现金盘亏，报经批准前，应记入“库存现金”账户的贷方和“待处理财产损溢”账户的借方。查明原因并报经批准后分情况进行处理。由责任人赔偿的转入“其他应收款”账户，无法查明原因的转入“管理费用”账户。

【例8-3】乙公司的出纳夏某，刚参加工作不久，经验不足。公司在进行库存现金清查时，发现比账簿记录少了500元，经调查，其中200元是夏某工作失职造成的，另外300元无法查明原因，由公司承担。请根据以上情况，说明清查的方法并进行审批前后的会计处理。

随学随练8-3

清查银行存款的方法

重难点微课8-3

库存现金的清查

重难点微课8-4

银行存款的清查

解析：乙公司对库存现金清查采用的是实地盘点法。有关会计处理如下：

①报经审批前：

借：待处理财产损溢——待处理流动资产损溢　　500

　贷：库存现金　　500

②报经审批后：

借：其他应收款——出纳人员　　200

　　管理费用　　300

　贷：待处理财产损溢——待处理流动资产损溢　　500

二、清查银行存款

（一）清查银行存款的方法

银行存款的清查采用账目核对法，即将企业出纳人员登记的银行存款日记账与银行对账单进行核对。在同银行核对账目之前，应将企业的银行存款业务全部记入银行存款日记账。银行存款的清查一般在月末进行。

从理论上说，对于企业的每一笔银行存款收支业务，出纳人员都要登记银行存款日记账，银行的记账人员也都要相应记账，二者应该是相符的。但实际上，企业的银行存款日记账上的月末余额与银行对账单上的月末余额常常会出现不一致的情况。造成不一致的原因可能是记账错误，也可能是未达账项。

所谓未达账项，是指由于企业和银行双方收付款项的记账时间不一致而发生的一方已入账而另一方未入账的款项。未达账项通常有四种：

（1）企业已收，银行未收。企业存入银行的款项，企业已入账，增加企业的银行存款，但银行尚未完成记账手续，有关款项还未记入企业的银行存款账户。

（2）企业已付，银行未付。企业已付款并登记入账，减少企业的银行存款，但银行尚未实际划出款项，有关款项还未记入企业的银行存款账户。如企业开出转账支票并已入账，但银行尚未完成转账手续，未减少企业的银行存款。

（3）银行已收，企业未收。银行已收款并登记入账，作为企业的存款增加，但企业未收到收款通知，因而还未登记入账。如银行代企业收到的款项，银行已登记入账，但暂时未通知企业，企业并未入账。

（4）银行已付，企业未付。银行已支付并登记入账，作为企业的存款减少，但企业未接到付款通知，因而还未登记入账。如银行代企业支付的水电费等款项。

上述四种未达账项，前两种属于银行的未达账项，后两种属于企业的未达账项。为了减少未达账项，月底应从开户银行将本单位的各种银行结算凭证及时取回并入账。企业银行存款账面余额、银行对账单余额和未达账项的关系是：

$$\text{企业银行存款日记账余额} + \text{银行已收而企业未收的款项} - \text{银行已付而企业未付的款项} = \text{银行对账单余额} + \text{企业已收而银行未收的款项} - \text{企业已付而银行未付的款项}$$

（二）银行存款的清查步骤

银行存款清查的具体步骤是：

（1）对账前，企业出纳人员应检查银行存款日记账记录是否正确完整，如发现错误，应及时更正。

（2）收到银行对账单后，应将银行存款日记账上的每笔业务与银行对账单上的每笔业务进行核对。

（3）在对账过程中，如果发现银行对账单上的存款余额与企业银行存款日记账上的余额不相符，应查明原因。

（4）编制银行存款余额调节表，如果企业有多个存款账户，应分别按存款账户开设“银行存款日记账”。月底应分别将各账户的“银行存款日记账”与其对应的“银行对账单”核对，并分别编制各账户的“银行存款余额调节表”。

【例 8-4】丁公司本月银行存款日记账余额为 37 800 元，开户银行送来的对账单上的余额为 41 200 元，经逐笔核对，发现以下未达账项：

①银行已收到企业的销货款 7 500 元，并已入账，但企业尚未收到开户行的收款通知，暂未入账；

②企业于月末开出转账支票 4 800 元支付所欠货款，已入账，而银行尚未收到此付款的转账支票；

③企业于月末收到欠款单位开具的转账支票，金额为 7 000 元，已入账，而银行尚未入账；

④银行代扣企业借款利息 1 900 元，企业暂未接到付息通知。

请根据以上情况，说明清查的方法并编制银行存款余额调节表。

解析：丁公司对银行存款采用的清查方法是账目核对法。企业会计部门应根据银行对账单编制银行存款余额调节表，见表 8-2。

表 8-2　银行存款余额调节表

项目	金额（元）	项目	金额（元）
企业银行存款日记账余额	37 800	银行对账单余额	41 200
加：银行已收，企业未收	7 500	加：企业已收，银行未收	7 000
减：银行已付，企业未付	1 900	减：企业已付，银行未付	4 800
调节后的存款余额	43 400	调节后的存款余额	43 400

（三）银行存款清查结果处理

如果“银行存款余额调节表”调节后的存款余额相等，一般可以说明双方记账基本没有差错。如果经调节仍不相等，通常说明企业和银行间一方或双方记账出现差错，需要进一步采用对账方法查明原因并加以更正。调节相等后的银行存款余额一般可以认为是企业当日可以动用的银行存款实有数，但不需要根据“银行存款余额调节表”进行账务处理。“银行存款余额调节表”不是原始凭证，不能作为记账的依据。对于银行已经入账而企业尚未入账的未达账项，要待银行结算凭证到达后，才能据以入账。

思考与解读8-3

思考：银行存款日记账是用来反映银行存款增加、减少和结存情况的账簿，银行存款日记账期末余额就是企业在银行账户中实有存款数。这种说法正确吗？为什么？

解读：这种说法不正确，企业银行存款日记账期末余额未调节未达账项，一般情况下与企业在银行账户中实有存款数不一致。

随学随练8-4

银行存款日记账的定义

学习子任务二

清查存货

一、存货清查的常用方法

1.实地盘点法

实地盘点法是在财产物资存放现场逐一清点或用计量器具来确定存货实存数的一种方法。其适用范围较广，大多数存货的清查可以采用这种方法。

2.技术推算盘点法

采用这种方法，对于存货不是逐一清点计数，而是通过技术手段来推算存货的结存数量。这种方法只适用于大量的、难以逐一清点的存货的清查。

在清查过程中，还应了解存货的使用和储备情况，以及在收发、保管方面存在的问题。为了明确经济责任，盘点时，实物保管人员必须在场并参加盘点。对于盘点结果，应将数量和质量情况，如实登记在"盘存单"上，并由盘点人员和实物保管人员签章。"盘存单"既是记录盘点结果的书面证明，也是反映存货实存数的原始凭证，其一般格式见表8-3。

表8-3　盘存单

单位名称：　　　　盘存时间：　　　　编号：

财产类别：　　　　存放地点：

编号	名称	规格或型号	计量单位	实存数量	单价	金额	备注

盘点人员：　　　　监盘人员：　　　　保管人员：

为了查明实存数与账存数是否相符，确定盘盈、盘亏情况，应根据"盘存单"和有关账簿记录，编制"实存账存对比表"。"实存账存对比表"是调整账簿记录的重要原始凭证，也是分析产生差异的原因、明确经济责任的依据。在实际工作中，为了简化编表工作，"实存账存对比表"通常只填列账实不符的财产，主要反映盘盈、盘亏情况。"实存账存对比表"的一般格式见表8-4。

表8-4 实存账存对比表

单位名称： 年 月 日 金额单位：元

<table>
<tr><td rowspan="3">编号</td><td rowspan="3">名称</td><td rowspan="3">规格或型号</td><td rowspan="3">计量单位</td><td rowspan="3">单价</td><td colspan="2">实际结存</td><td colspan="2">账面结存</td><td colspan="4">对比结果</td><td rowspan="3">备注</td></tr>
<tr><td rowspan="2">数量</td><td rowspan="2">金额</td><td rowspan="2">数量</td><td rowspan="2">金额</td><td colspan="2">盘盈</td><td colspan="2">盘亏</td></tr>
<tr><td>数量</td><td>金额</td><td>数量</td><td>金额</td></tr>
<tr><td></td><td></td><td></td><td></td><td></td><td></td><td></td><td></td><td></td><td></td><td></td><td></td><td></td><td></td></tr>
<tr><td></td><td></td><td></td><td></td><td></td><td></td><td></td><td></td><td></td><td></td><td></td><td></td><td></td><td></td></tr>
<tr><td></td><td></td><td></td><td></td><td></td><td></td><td></td><td></td><td></td><td></td><td></td><td></td><td></td><td></td></tr>
<tr><td></td><td></td><td></td><td></td><td></td><td></td><td></td><td></td><td></td><td></td><td></td><td></td><td></td><td></td></tr>
<tr><td></td><td></td><td></td><td></td><td></td><td></td><td></td><td></td><td></td><td></td><td></td><td></td><td></td><td></td></tr>
</table>

会计主管： 复核： 制表：

二、存货清查结果的处理

对于存货清查中发现的盘盈盘亏，在报经有关领导审批之前，应基于客观原则，根据“盘存单”“实存账存对比表”等已经查实的数据资料，编制记账凭证，记入有关账簿，调整账面记录，使之与实际相符。同时，根据企业管理权限，应将处理建议报股东大会或董事会、经理（厂长）办公会或类似机构批准。根据不同情况，有残料入库的，记入“原材料”账户；属于管理不善等原因造成的，记入“管理费用”账户；属于应由相关责任人或保险公司赔偿的，记入“其他应收款”账户；属于自然灾害等原因造成的非常损失，记入“营业外支出”等账户。

【例8-5】（1）W公司在财产清查中，发现盘盈甲材料12 000元，经查是由于收发计量上的原因造成的。

（2）G公司在财产清查中，发现某库存商品盘亏30 000元，经查，定额内损耗5 000元，管理员责任损失15 000元，其余为自然灾害损失（其中6 000元为保险公司应赔偿部分）。

请根据以上情况，进行审批前后的会计处理并说明清查的方法。

解析：（1）W公司对材料的清查方法为实地盘点法，有关会计处理如下：

①发现盘盈时：

借：原材料——甲材料 12 000

　贷：待处理财产损溢——待处理流动资产损溢 12 000

②报经审批后：

借：待处理财产损溢——待处理流动资产损溢 12 000

　贷：管理费用 12 000

（2）G公司对库存商品的清查方法为实地盘点法，有关会计处理如下：

①发现盘亏时：

借：待处理财产损溢——待处理流动资产损溢 30 000

　贷：库存商品 30 000

②报经审批后：

借：管理费用　　5 000

　　其他应收款——责任人　　15 000

　　　　　　　——保险公司　　6 000

借：营业外支出——非常损失　　4 000

　贷：待处理财产损溢——待处理流动资产损溢　　30 000

随学随练8-5

存货清查结果的处理

思考与解读8-4

思考：盘盈的存货转销时一般应如何处理？

解读：一般应冲减管理费用。

学习子任务三

清查固定资产

固定资产的清查方法与存货相同。

对于固定资产清查中发现的盘亏，在报经审批之前，应基于客观原则，根据“盘存单”“实存账存对比表”等已经查实的数据资料，通过“待处理财产损溢”账户调整账面记录，使之与实际相符；同时根据企业管理权限，将处理建议报股东大会或董事会、经理（厂长）办公会或类似机构批准。根据固定资产盘亏的不同情况，属于应由相关责任人或保险公司赔偿的部分，记入“其他应收款”账户；属于应由企业自行承担的部分，记入“营业外支出”账户。

对于固定资产清查中发现的盘盈，应作为一项前期差错进行处理，记入“以前年度损益调整”账户，调整会计报表的年初留存收益和有关的资产、负债项目；涉及增值税、所得税和盈余公积的，还应按相关规定处理。

【例8-6】T公司在年终清查机器设备时，发现盘亏某办公设备一台，原值100 000元，已计提折旧60 000元，已办理保险20 000元。盘亏的固定资产，经公司批准作为损失处理。

请根据以上情况，进行审批前后的会计处理并说明清查的方法。

解析：T公司对办公设备的清查方法为实地盘点法，有关会计处理如下：

①报经审批前：

借：待处理财产损溢——待处理非流动资产损溢　　40 000

　　累计折旧　　60 000

　贷：固定资产　　100 000

②报经审批后：

借：其他应收款——保险公司　　20 000

　　营业外支出——盘亏损失　　20 000

　贷：待处理财产损溢——待处理非流动资产损溢　　40 000

思考与解读8-5

思考：盘盈的固定资产如何处理？

解读：盘盈的固定资产应作为前期差错，通过“以前年度损益调整”账户处理。

随学随练8-6

毁损的固定资产的处理

学习子任务四

清查往来款项

一、往来款项的清查

重难点微课8-5

往来款项的清查

往来款项的清查，是指对本单位与其他单位发生的各种债权、债务等结算业务进行的清查。往来款项包括应收账款、应付账款、应收票据、应付票据、其他应收款、其他应付款、预收账款和预付账款等。

往来款项的清查一般采用账目核对法，即发函询证，与对方单位核对账目。对方单位核对相符后，应在回单联上盖章退回；如果有部分数据核对不符，应在回单联上注明不符的情况或另编表退回，作为进一步核对的依据。

清查完毕，应根据各往来单位寄回的回单联，编制“往来款项清查报告表”，列示清查的具体结果。“函证信”“往来款项清查报告表”的格式见表8-5、表8-6。

表8-5 **函证信**

××单位：

本公司与贵单位的业务往来款项有下列项目，为了清对账目，特函查证，是否相符，请在回单联中注明，盖章后请将此函寄回。

此致

敬礼

往来结算款项对账单

单位：　　　　地址：　　　　编号：

会计科目名称	截止日期	经济业务事项	账面余额

表8-6 **××企业往来款项清查报告表**

总分类账户名称：

明细账户名称	账面余额	清查情况		发生日期	对方不认同款项原因		备注
		对方认同的款项	对方不认同的款项		按合同的规定不认同的款项	争执中的款项	

清查人：　　　　　　　　经管人：

二、往来款项清查结果的处理

往来款项清查在账务处理上不同于实物资产。通常情况下，在将清查结果形成书面材料上报之后，在审批意见尚未到达之前，暂时不作账务处理，即不通过“待处理财产损溢”账户核算。

对于经查明确实无法支付的应付款项，可按规定程序报经批准后，转作营业外收入。对于无法收回的应收款项，若证明应收款项发生减值的，在资产负债表日，企业应当将应收款项在整个存续期内的预期信用损失的金额（即根据合同应收的现金流量与预期能收到的现金流量之间的差额的现值）作为减值损失，并根据损失金额将该应收款项的账面价值减记至预计未来现金流量现值，按减记的金额计提坏账准备。企业对有确凿证据表明确实无法收回的应收款项，经批准后作为坏账损失。对于已确认为坏账的应收款项，并不意味着企业放弃了追索权，一旦重新收回，应及时入账。

【例8-7】（1）K公司财务部门的往来账会计徐某，与债务单位M公司进行往来账清查，对方在收到函证信后，对一笔上月销售的金额为113 000元的货款不认同，认为此笔款项是虚构的，不同意付款。徐某查实后发现是本公司重记所致。

（2）L公司财务部门的往来账会计刘某，在与债权单位N公司进行往来账清查时，发现对方将45 400元误记为54 400元，遂与该公司协商，该公司已认可多记金额。

（3）Q公司财务部门的往来账会计汪某，在清查应付账款明细账时，发现所欠Y公司的货款1 000元因公司撤销已无法支付。

请根据以上情况，说明往来账项的清查方法及是否应进行会计处理，如需进行会计处理，写出有关的会计分录。

解析：（1）K公司对往来款项的清查方法为账目核对法，在清查前不用进行会计处理，清查后应编制如下会计分录：

借：主营业务收入	100 000	
应交税费——应交增值税（销项税额）	13 000	
贷：应收账款——M公司		113 000

（2）L公司对往来款项的清查方法为账目核对法，在清查前后都不用进行会计处理，只需通知对方即可。

（3）Q公司对往来款项的清查方法为账目核对法，在清查前不用进行会计处理，清查后应编制如下会计分录：

借：应付账款——Y公司	1 000	
贷：营业外收入		1 000

随学随练8-7

无法收回的应收款项的处理

思考与解读8-6

思考：无法支付的应付账款应如何处理？

解读：无法支付的应付账款应转入“营业外收入”账户。

项目阶段测试（线上）

项目技能训练 线上+线下

◎线上技能训练（实训）

◎线下技能训练

1.某企业原定于2021年12月31日进行财产清查，实际上提前于12月22日进行，清查时发现：甲材料库存1 200千克；乙材料库存500千克；丙材料库存850千克。

12月22日至31日，各种材料的收发数为：甲材料收入600千克，发出500千克；乙材料收入1 000千克，发出800千克；丙材料发出300千克。

12月30日各材料的账面记录为：甲材料1 450千克，单价5元；乙材料500千克，单价8元；丙材料650千克，单价12元。

要求：根据上述资料，编制“实存账存对比表”（见表8-7）。

表8-7 实存账存对比表

单位名称： 年 月 日 金额单位：元

编号	名称	规格或型号	计量单位	单价	实际结存		账面结存		对比结果				备注
									盘盈		盘亏		
					数量	金额	数量	金额	数量	金额	数量	金额	

会计主管： 复核： 制表：

2.某企业的副总经理王某，将企业正在使用的一台设备借给其朋友使用，未办理任何手续。清查人员在年底盘点时发现盘亏了一台设备，原值为25万元，已提折旧5

万元，净值为20万元。经查属王某所为，于是派人向借方追索。但借方声称，该设备已被人偷走。当问及王某的处理意见时，王某建议按正常报废处理。

问题：盘亏设备按正常报废处理是否符合要求？企业应怎样处理盘亏的固定资产？

项目九

编制财务报告

本项目主要介绍财务报告的基本知识和部分主要财务报表的编制方法。本项目包含两个学习任务：财务报告的主要内容和部分主要财务报表的编制。

知识传授目标

1. 了解财务报告的概念及组成；
2. 熟悉财务报表的基本内容和格式；
3. 掌握资产负债表、利润表的内容、结构和编制方法。

能力培养目标

1. 能编制资产负债表。
2. 能编制利润表。
3. 能运用所学知识解读财务报告信息。

价值塑造目标

1. 养成“参与管理”的会计职业道德意识；
2. 提升“钻研业务，协助决策”的会计职业素养；
3. 加强对会计职业“服务意识”的认知。

项目思维导图

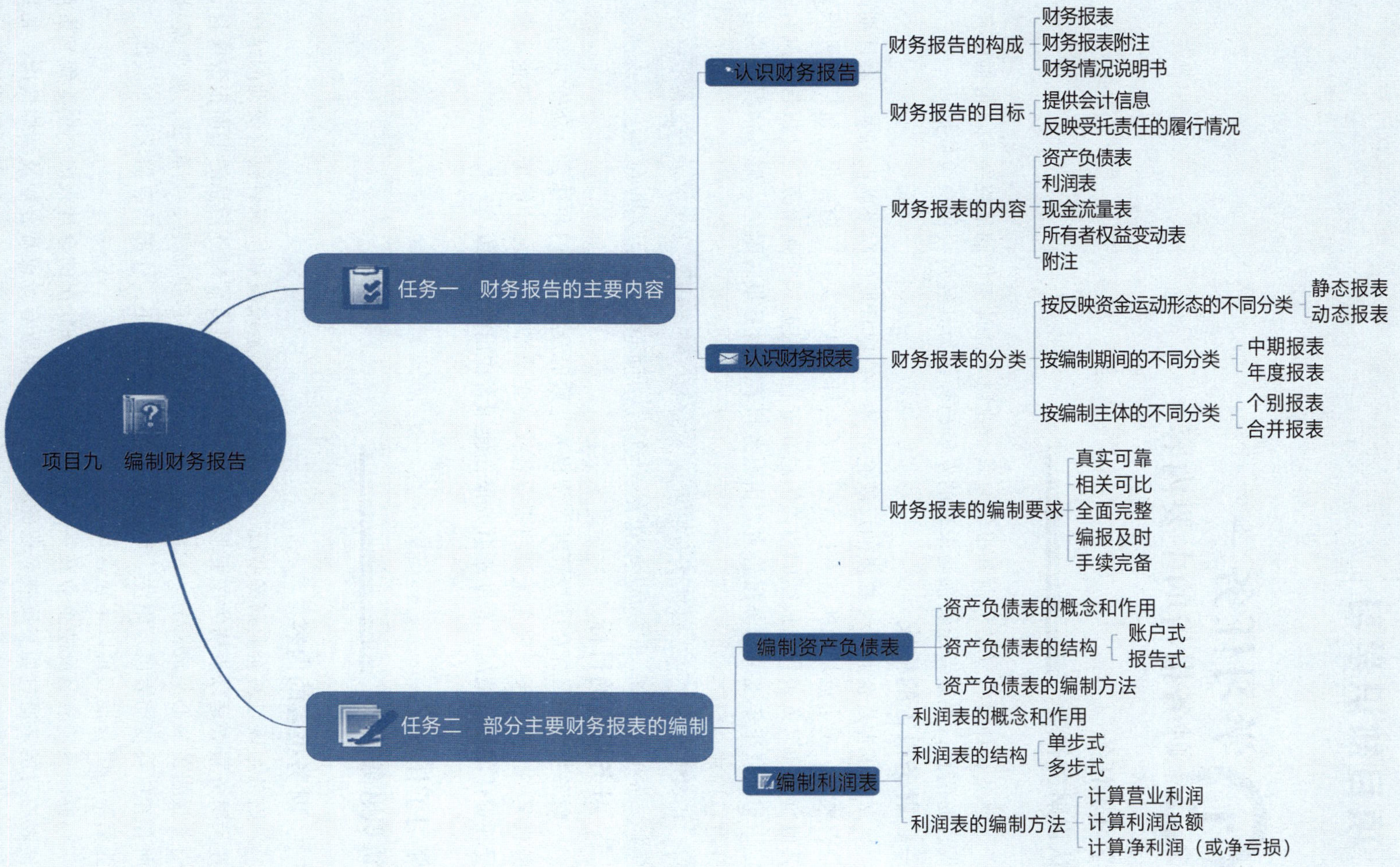
项目九　编制财务报告
任务一　财务报告的主要内容
认识财务报告
财务报告的构成
财务报表
财务报表附注
财务情况说明书
财务报告的目标
提供会计信息
反映受托责任的履行情况
认识财务报表
财务报表的内容
资产负债表
利润表
现金流量表
所有者权益变动表
附注
财务报表的分类
按反映资金运动形态的不同分类
静态报表
动态报表
按编制期间的不同分类
中期报表
年度报表
按编制主体的不同分类
个别报表
合并报表
财务报表的编制要求
真实可靠
相关可比
全面完整
编报及时
手续完备
任务二　部分主要财务报表的编制
编制资产负债表
资产负债表的概念和作用
资产负债表的结构
账户式
报告式
资产负债表的编制方法
编制利润表
利润表的概念和作用
利润表的结构
单步式
多步式
利润表的编制方法
计算营业利润
计算利润总额
计算净利润（或净亏损）

项目知识学习

项目导入与案例分析

天天新鲜的现金流量表

1 学习任务一 财务报告的主要内容

学习子任务一 认识财务报告

财务会计报告（又称财务报告）是企业财务会计工作的最终结果。根据财务会计报告的信息，决策者能够预测未来的发展趋势，为其经营提供决策依据。

一、财务报告的构成

随学随练9-1 财务报告的构成

财务报告是企业对外提供的反映企业某一特定日期的财务状况和某一会计期间的经营成果、现金流量和所有者权益变动等会计信息的文件。财务报告包括财务报表和其他应当在财务报告中披露的相关信息和资料，根据《企业财务会计报告条例》的规定，年度、半年度的财务报告主要由财务报表、财务报表附注、财务情况说明书三部分内容构成。

小链接9-1　中华人民共和国中央人民政府网的《企业财务会计报告条例》内容链接见 http：//www.gov.cn/zhengce/2020-12/26/content_5574371.htm。

二、财务报告的目标

随学随练9-2 财务报告的目标

财务报告的目标是向投资者、债权人、政府及有关部门和社会公众提供与企业财务状况、经营成果、现金流量和所有者权益变动等有关的会计信息，反映企业管理层受托责任的履行情况，有助于财务报告使用者作出经济决策。

学习子任务二 认识财务报表

一、财务报表的内容

财务报表是对企业财务状况、经营成果、现金流量和所有者权益变动的结构性表述。财务报表是以表格为主要形式，反映、提供和传输财务信息的书面报告文件，是财务报告的核心组成部分。财务报表至少应包括资产负债表、利润表、现金流量表、所有者权益变动表以及附注。考虑到小企业规模较小，外部信息需求相对较低，小企业编制的财务报表可以不包含现金流量表。

资产负债表是反映企业在某一特定日期的财务状况的会计报表。企业编制资产负债表的目的是通过如实反映企业的资产、负债和所有者权益金额及结构情况，帮助使用者评价企业资产的质量以及短期偿债能力、长期偿债能力、利润分配能力等。

利润表是反映企业在一定会计期间的经营成果的会计报表。企业编制利润表的目的是通过如实反映企业实现的收入、发生的费用以及未在当期损益中确认的各项利得和损失等其他综合收益的金额及结构情况，帮助使用者分析和评价企业的盈利能力等。

重难点微课 9-1 财务报表的内容

现金流量表是反映企业在一定会计期间的现金和现金等价物流入和流出的会计报表。企业编制现金流量表的目的是通过如实反映企业各项活动的现金流入、流出情况，帮助使用者了解企业的现金流量和资金周转情况。

所有者权益变动表是反映构成所有者权益各组成部分当期增减变动情况的会计报表。企业编制所有者权益变动表的目的是全面反映企业一定时期内所有者权益的变动情况，帮助使用者了解所有者权益的增减变动情况。

随学随练 9-3 财务报表的内容

附注是对会计报表中列示的项目所作的进一步说明，以及对未能在这些报表中列示的项目的说明。企业编制附注的目的是对财务报表本身进行补充说明，更加全面、系统地反映企业财务状况、经营成果、现金流量和所有者权益变动的全貌，从而有助于向使用者提供更为有用的决策信息，帮助其作出更加科学合理的决策。

二、财务报表的分类

按反映资金运动形态的不同，财务报表可分为静态报表和动态报表。静态报表是反映某一特定时点指标的报表，如资产负债表；动态报表是反映某一时期指标的报表，如利润表、现金流量表和所有者权益变动表。

按编制期间的不同，财务报表可分为中期报表和年度报表。中期报表是指以短于一个完整会计年度的报告期间为基础编制的财务报表，如月报、季报和半年报；年度报表是指以一个完整的会计年度为报告期间而编制的财务报表，如年报。

随学随练 9-4 财务报表的分类

按编制主体的不同，财务报表可分为个别报表和合并报表。个别报表是企业在自身会计核算的基础上对账簿记录进行加工而编制的财务报表，它主要用于反映企业自身的财务状况、经营成果、现金流量及所有者权益变动情况；合并报表是以母公司和子公司组成的企业集团为会计主体，由母公司编制的反映企业集团财务状况、经营成果、现金流量及所有者权益变动情况的报表。

思考与解读 9-1

思考：财务报表中的静态报表和动态报表是如何划分的？

解读：静态报表是反映某一特定时点指标的报表，如资产、负债、所有者权益是反映某一特定时点的指标，由此编制的资产负债表就是静态报表。动态报表是反映某一时期指标的报表，如收入、费用、利润是反映某一时期的指标，由此编制的利润表就是动态报表。

三、财务报表的编制要求

1.真实可靠

企业财务报表中的各项数据必须真实可靠，如实反映企业的财务状况、经营成果、现金流量及所有者权益变动情况。财务报表必须根据审核无误的账簿资料编制，不得弄虚作假。

2. 相关可比

企业财务报表所提供的信息必须与报表使用者决策所需要的信息相关，并且便于报表使用者在不同企业之间及同一企业的不同时期进行比较分析。

3. 全面完整

企业财务报表应当全面地反映企业的经营过程和结果，以满足不同报表使用者的需求，对企业的经营活动不得进行选择性处理。凡是国家要求提供的财务报表，各企业必须全部编制并报送，不得漏编或漏报；凡是国家统一要求披露的信息，都必须披露。

4. 编报及时

企业财务报表所提供的信息具有很强的时效性。只有及时编制和报送财务报表，才能为报表使用者提供决策所需要的信息。根据《企业会计制度》的规定，月度财务会计报告应当于月度终了后6天内（节假日顺延，下同）对外提供；季度财务会计报告应当于季度终了后15天内对外提供；半年度财务会计报告应当于年度中期结束后60天内（相当于两个连续的月份）对外提供；年度财务会计报告应当于年度终了后4个月内对外提供。

5. 手续完备

随学随练9-5

财务报表的编制要求

企业对外提供的财务报告应加具封面，装订成册，加盖公章。财务报告封面上应当注明企业名称、企业统一社会信用代码、组织形式、地址、报表所属年度或者月份、报出日期等，并由企业负责人和主管会计工作的负责人、会计机构负责人（会计主管人员）签名并盖章。设置总会计师的企业，还应当由总会计师签名并盖章。

2 学习任务二 部分主要财务报表的编制

学习子任务一 编制资产负债表

一、认识资产负债表

（一）资产负债表的概念和作用

资产负债表是反映企业在某一特定日期（月末、季末、半年末、年末）财务状况的报表。它根据“资产=负债+所有者权益”这一会计等式，依据一定的分类标准和顺序，把企业在一定日期的资产、负债和所有者权益项目予以排列，并对日常核算中形成的大量数据进行整理、汇总编制而成。资产负债表属于静态报表。

资产负债表主要提供有关企业财务状况方面的信息，即反映某一特定日期企业资产、负债、所有者权益及其相互关系。其作用主要包括：

（1）反映企业某一特定日期的资产总额及结构信息，表明企业拥有或控制的资源及其分布情况。

（2）反映企业某一特定日期的负债总额及结构信息，表明企业未来需要用多少资产或劳务清偿债务。

（3）反映所有者所拥有的权益，据以判断资本保值、增值情况以及对负债的保障程度。

随学随练 9-6
资产负债表的作用

（二）资产负债表的结构

资产负债表的结构主要有账户式和报告式两种。在我国，资产负债表采用账户式结构，通常包括表头、表身和表尾三部分。表头主要包括资产负债表的名称、编制单位、编制日期和金额单位；表身主要包括资产、负债和所有者权益各项目的上年年末余额和期末余额，是资产负债表的主要部分；表尾主要包括说明资料等。

重难点微课 9-2
资产负债表的结构

资产负债表的表身分为左右两边，左边列示资产，右边列示负债和所有者权益。资产项目大体上按资产的流动性进行排列：流动性强的项目排在前面，流动性弱的项目排在后面。负债项目一般按清偿时间的先后顺序进行排列：流动负债排列在前，非流动负债排列在后。所有者权益项目通常按照指标数额的稳定性进行排列：稳定性高者在前，稳定性低者在后。

随学随练 9-7
资产负债表的结构

二、资产负债表的编制方法

资产负债表是反映企业某一特定日期财务状况的报表。当期财务报表的列报，至少应当提供所有列报项目上一可比会计期间的比较数据。资产、负债和所有者权益各项目列报的数据有“上年年末余额”和“期末余额”两项。其中，“上年年末余额”栏内各项数字，应根据上年年末资产负债表“期末余额”栏内所列数字填列。“期末余额”栏的填列主要有以下六种方法：

重难点微课 9-3
资产负债表的编制方法

1. 根据总账账户余额填列

例如，“交易性金融资产”“短期借款”“金融负债”“应付票据”“应付职工薪酬”“应交税费”“其他应付款”“实收资本（或股本）”“资本公积”“盈余公积”等项目，应根据有关总账账户的余额直接填列。

2. 根据几个总账账户的期末余额计算填列

例如，“货币资金”项目，应根据“库存现金”、“银行存款”和“其他货币资金”三个总账账户的期末借方余额的合计数填列。

3. 根据明细账账户余额计算填列

例如，“应付账款”项目，应根据“应付账款”和“预付账款”账户所属明细账贷方余额之和填列；“未分配利润”项目，应根据“利润分配”账户所属的“未分配利润”明细科目期末余额填列；“预收款项”项目，应根据“预收账款”和“应收账款”账户所属明细账的期末贷方余额合计填列；“一年内到期的非流动资产”和“一年内到期的非流动负债”项目，需要根据有关非流动资产和非流动负债项目的明细科目余额计算填列。

小知识9-1　“预付账款”是资产类账户，核算企业按照购货合同的规定，预先以货币资金或货币等价物支付供应单位的款项。一般余额在借方，当出现贷方余额时，反映收到商品后应付给供应单位的结算金额大于预付账款的金额，属于“应付账款”的性质。因此，“预付账款”的明细账贷方余额在“应付账款”项目填列。

4.根据总账账户余额和所属明细账账户余额分析计算填列

例如，“长期借款”和“应付债券”项目，应分别根据“长期借款”“应付债券”账户的总分类账户期末贷方余额扣除所属明细账户中将于一年内到期的长期借款或债券后的余额计算填列。将于一年内到期的长期借款和将于一年内到期的应付债券的金额，应记入“一年内到期的非流动负债”项目。

【例9-1】湖北白云公司2022年12月31日“长期借款”的期末贷方余额为600 000元，其中有200 000元将于2023年3月1日到期。2022年12月31日资产负债表内“一年内到期的非流动负债”项目金额为200 000元。请计算资产负债表中的“长期借款”项目金额。

解析：“长期借款”项目金额=600 000−200 000=400 000（元）

5.根据有关账户余额减去其备抵账户余额后的净额填列

例如，“固定资产”“无形资产”“投资性房地产”“生产性生物资产”“油气资产”等项目，应根据相关账户的期末借方余额扣减相关的累计折旧（累计摊销）后填列；已计提减值准备的，还应扣减相应的减值准备。

6.综合运用上述填列方法分析填列

例如，“应收票据”“其他应收款”等项目，应根据相关账户的期末借方余额减去“坏账准备”账户中有关坏账准备期末贷方余额后的金额填列；“存货”项目，应根据“原材料”“库存商品”“委托加工物资”“周转材料”“材料采购”“在途物资”“发出商品”“材料成本差异”等总账账户期末余额的分析汇总数减去“存货跌价准备”账户余额后的金额填列。

“应收账款”项目，应根据“应收账款”和“预收账款”账户所属明细账的期末借方余额合计数减去“坏账准备”账户中有关应收账款计提的坏账准备期末贷方余额后的金额填列；“预付款项”项目，应根据“预付账款”和“应付账款”账户所属明细账期末借方余额合计数减去“坏账准备”账户中有关预付账款计提的坏账准备期末贷方余额后的金额填列。

【例9-2】湖北白云公司2022年12月31日“应收账款”、“预收账款”及相关“坏账准备”的余额见表9-1，请计算资产负债表中的“应收账款”项目金额和“预收款项”项目金额。

表9-1　**账户余额表**　单位：元

一级科目	二级科目	借方余额	贷方余额
应收账款	华山公司	6 000	
	大地公司		5 000
预收账款	天发公司	2 000	
	宏图公司		4 000
坏账准备			400

解析："应收账款"项目金额=6 000+2 000−400=7 600（元）

"预收款项"项目金额=5 000+4 000=9 000（元）

【例 9−3】远洋公司被核定为增值税一般纳税人，增值税税率为13%，所得税税率为25%。2021年12月31日的资产负债表，见表9−2。

表 9−2　资产负债表（部分）

编制单位：远洋公司　　2021年12月31日　　单位：元

资产	期末余额	上年年末余额	负债和所有者权益（或股东权益）	期末余额	上年年末余额
流动资产：		（略）	流动负债：		（略）
货币资金	794 315		短期借款		
交易性金融资产			交易性金融负债		
衍生金融资产			衍生金融负债		
应收票据	12 000		应付票据		
应收账款	4 984 000		应付账款	4 552 000	
应收款项融资			预收款项	4 022	
预付款项	830 660		合同负债		
其他应收款			应付职工薪酬	18 900	
存货	3 363 430		应交税费	116 600	
合同资产			其他应付款	924 050	
持有待售资产			持有待售负债		
一年内到期的非流动资产			一年内到期的非流动负债		
其他流动资产			其他流动负债		
流动资产合计	9 984 405		流动负债合计	5 615 572	
非流动资产：			非流动负债：		
债权投资			长期借款	3 500 000	
其他债权投资			应付债券		
长期应收款			其中：优先股		
长期股权投资	6 051 064		永续债		
其他权益工具投资			租赁负债		
其他非流动金融资产			长期应付款		
投资性房地产			预计负债		
固定资产	16 186 000		递延收益		
在建工程			递延所得税负债		
生产性生物资产			其他非流动负债		
油气资产			非流动负债合计	3 500 000	
使用权资产			负债合计	9 115 572	
无形资产	348 967		所有者权益（或股东权益）：		
开发支出			实收资本（或股本）	15 000 000	
商誉			其他权益工具		
长期待摊费用			其中：优先股		
递延所得税资产			永续债		
其他非流动资产			资本公积	707 080	
非流动资产合计	22 586 031		减：库存股		
			其他综合收益		
			专项储备		
			盈余公积	1 053 230	
			未分配利润	6 694 554	
			所有者权益（或股东权益）合计	23 454 864	
资产总计	32 570 436		负债和所有者权益（或股东权益）总计	32 570 436	

2022年有关账户资料，见表9-3。

表9-3　　2022年有关账户资料　　单位：元

一级账户	二级账户	期末借方余额	期末贷方余额
库存现金		5 724	
银行存款		591 267	
其他货币资金		1 340	
应收账款		5 022 896	
预付账款		440 825	
坏账准备			852 896
生产成本		383 577	
原材料		2 237 830	
库存商品		750 364	
长期股权投资		6 051 064	
固定资产		55 387 410	
累计折旧			37 110 413
固定资产减值准备			10 413
在建工程			
无形资产		397 900	
累计摊销			56 227
交易性金融负债			52 393
应付账款			4 164 056
预收账款			15 000
其他应付款			911 388
应付职工薪酬			18 007
应交税费			104 459
长期借款			3 500 000
股本			15 000 000
资本公积			707 080
盈余公积			1 093 236
利润分配	未分配利润		7 674 629
合计		71 270 197	71 270 197

请利用上述资料，为远洋公司编制2022年12月31日的资产负债表。

解析：2022年12月31日的资产负债表见表9-4。

表 9-4　　　　　　　　　　资产负债表（部分）

编制单位：远洋公司　　　　　　2022 年 12 月 31 日　　　　　　单位：元

资产	期末余额	上年年末余额	负债和所有者权益（或股东权益）	期末余额	上年年末余额
流动资产：			流动负债：		
货币资金	598 331	794 315	短期借款		
交易性金融资产			交易性金融负债	52 393	0
衍生金融资产			衍生金融负债		
应收票据	0	12 000	应付票据		
应收账款	4 170 000	4 984 000	应付账款	4 164 056	4 552 000
应收款项融资			预收款项	15 000	4 022
预付款项	440 825	830 660	合同负债		
其他应收款			应付职工薪酬	18 007	18 900
存货	3 371 771	3 363 430	应交税费	104 459	116 600
合同资产			其他应付款	911 388	924 050
持有待售资产			持有待售负债		
一年内到期的非流动资产			一年内到期的非流动负债		
其他流动资产			其他流动负债		
流动资产合计	8 580 927	9 984 405	流动负债合计	5 265 303	5 615 572
非流动资产：			非流动负债：		
债权投资			长期借款	3 500 000	3 500 000
其他债权投资			应付债券		
长期应收款			其中：优先股		
长期股权投资	6 051 064	6 051 064	永续债		
其他权益工具投资			租赁负债		
其他非流动金融资产			长期应付款		
投资性房地产			预计负债		
固定资产	18 266 584	16 186 000	递延收益		
在建工程			递延所得税负债		
生产性生物资产			其他非流动负债		
油气资产			非流动负债合计	3 500 000	3 500 000
使用权资产			负债合计	8 765 303	9 115 572
无形资产	341 673	348 967	所有者权益（或股东权益）：		
开发支出			实收资本（或股本）	15 000 000	15 000 000
商誉			其他权益工具		
长期待摊费用			其中：优先股		
递延所得税资产			永续债		
其他非流动资产			资本公积	707 080	707 080
非流动资产合计	24 659 321	22 586 031	减：库存股		
			其他综合收益		
			专项储备		
			盈余公积	1 093 236	1 053 230
			未分配利润	7 674 629	6 694 554
			所有者权益（或股东权益）合计	24 474 945	23 454 864
资产总计	33 240 248	32 570 436	负债和所有者权益（或股东权益）总计	33 240 248	32 570 436

其中，资产负债表主要项目计算过程如下：

（1）“货币资金”项目

“货币资金”项目=“库存现金”账户余额+“银行存款”账户余额+“其他货币资金”账户余额

=5 724+591 267+1 340

=598 331（元）

（2）“应收账款”项目

“应收账款”项目=“应收账款”账户余额−有关的“坏账准备”提取数

=5 022 896−852 896

=4 170 000（元）

（3）“存货”项目

“存货”项目=“生产成本”账户余额+“原材料”账户余额+“库存商品”账户余额

=383 577+2 237 830+750 364

=3 371 771（元）

（4）“固定资产”项目

“固定资产”项目=“固定资产”账户余额−“累计折旧”账户余额−“固定资产减值准备”账户余额

=55 387 410−37 110 413−10 413

=18 266 584（元）

随学随练9-8

资产负债表的编制方法

（5）“无形资产”项目

“无形资产”项目=“无形资产”账户余额−“累计摊销”账户余额

=397 900−56 227

=341 673（元）

学习子任务二

编制利润表

一、认识利润表

（一）利润表的概念

利润表是反映企业在一定会计期间经营成果的会计报表。利润表把一定时期的营业收入与同一会计期间的相关费用进行配比，以计算出一定时期的净利润。利润表属于动态会计报表。

（二）利润表的作用

1.有助于报表使用者全面地了解企业的经营成果

利润表反映企业经营业绩的主要来源和构成，反映企业在一定会计期间收入、费用、盈利（或亏损）、其他综合收益及综合收益总额的数额及构成情况。其中，其他综合收益项目根据其他相关会计准则的规定，可分为以后会计期间不能重分类进损益的其他综合收益项目和以后会计期间在满足规定条件时将重分类进损益的其他综合收益项目两类进行列报。

2.有助于考核管理当局的经营业绩

利润表详细地反映了企业财务成果的形成过程，并且提供不同时期的对比数据，可以评价和考核管理层的业绩。

随学随练9-9
利润表的作用

3.有助于报表使用者作出经济决策

通过利润表，报表使用者可以分析企业今后利润的发展趋势、获利能力，了解投资者投入资本的保值、增值情况，从而为作出正确的经济决策提供依据。

（三）利润表的结构

利润表通常有单步式和多步式两种结构。单步式利润表是将本期所有的收入和所有的支出相抵，计算出当期损益；多步式利润表是通过对当期的收入、费用、支出项目按性质加以归类，按利润形成的主要环节分别计算营业利润、利润总额和净利润，分步计算当期损益。我国企业的利润表采用多步式列报。

为便于报表使用者比较不同期间的利润情况，利润表将各项目分为“本期金额”和“上期金额”两栏分别填列。

思考与解读9-2

思考：报表的项目发生变化时，上期金额该如何填列？

解读：报表的项目发生变化时，上期金额应该根据上期数据按照新的项目调整后填列。

二、利润表的编制方法

（一）利润表的编制步骤

企业应当按照下列三个步骤编制利润表：

（1）以营业收入为基础，减去营业成本、税金及附加、销售费用、管理费用、财务费用、研发费用，加上其他收益、投资收益（减去投资损失）、净敞口套期收益（减去净敞口套期损失），减去资产减值损失，加上公允价值变动收益（减去公允价值变动损失）、资产处置收益（减去资产处置损失），计算出营业利润。

重难点微课
9-4
利润表的编制方法

（2）以营业利润为基础，加上营业外收入，减去营业外支出，计算出利润总额。

（3）以利润总额为基础，减去所得税费用，计算出净利润（或净亏损）。

（二）利润表的编制说明

利润表各项目均需填列“本期金额”和“上期金额”两栏。其中，“上期金额”栏内各项数字，应根据上年该期利润表的“本期金额”栏内所列数字填列。“本期金额”栏内各项数字，除“基本每股收益”和“稀释每股收益”项目外，应当按照相关账户的发生额填列。具体而言，各项目的填列方法如下：

（1）“营业收入”项目，反映企业主要经营业务和其他业务所确认的收入总额。该项目应根据“主营业务收入”和“其他业务收入”账户的发生额分析计算填列。

（2）“营业成本”项目，反映企业主要经营业务和其他业务所发生的成本总额。该项目应根据“主营业务成本”和“其他业务成本”账户的发生额分析计算填列。

（3）“税金及附加”项目，反映企业经营活动应负担的消费税、城市维护建设税、资源税、土地增值税和教育费附加等。该项目应根据“税金及附加”账户的发生额分析填列。

（4）“销售费用”项目，反映企业在销售商品过程中发生的包装费、广告费等费用以及为销售本企业商品而专设销售机构发生的职工薪酬、业务费等经营费用。该项目应根据“销售费用”账户的发生额分析填列。

（5）“管理费用”项目，反映企业为组织和管理生产经营活动发生的管理费用。该项目应根据“管理费用”账户的发生额分析填列。

（6）“研发费用”项目，反映企业进行研究与开发过程中发生的费用化支出，以及计入管理费用的自行开发无形资产的摊销。该项目应根据“管理费用”科目下的“研究费用”明细科目的发生额，以及“管理费用”科目下“无形资产摊销”明细科目的发生额分析填列。

（7）“财务费用”项目，反映企业筹集生产经营所需资金发生的筹资费用。该项目应根据“财务费用”账户的发生额分析填列。

（8）“其他收益”项目，反映计入其他收益的政府补助，以及其他与日常活动相关且计入其他收益的项目。该项目应根据“其他收益”科目的发生额分析填列。

（9）“投资收益”项目，反映企业以各种方式对外投资所取得的收益。该项目应根据“投资收益”账户的发生额分析填列，如为投资损失，该项目以“-”号填列。

（10）“公允价值变动收益”项目，反映企业应当计入当期损益的资产或负债的公允价值变动收益。该项目应根据“公允价值变动收益”账户的发生额分析填列，如为损失，该项目以“-”号填列。

（11）“资产减值损失”项目，反映企业各项资产发生的减值损失。该项目应根据“资产减值损失”账户的发生额分析填列。

（12）“资产处置收益”项目，反映企业出售划分为持有待售的非流动资产（金融工具、长期股权投资和投资性房地产除外）或处置组（子公司或业务除外）时确认的利得或损失，以及处置未划分为持有待售的固定资产、在建工程、生产性生物资产及无形资产而产生的处置利得或损失。债务重组中因处置非流动资产（金融工具、长期股权投资和投资性房地产除外）产生的利得或损失和非货币性资产交换中换出非流动资产（金融工具、长期股权投资和投资性房地产除外）产生的利得或损失也包括在本项目内。该项目根据“资产处置收益”科目的发生额分析填列，如为处置损失，以“-”号填列。

（13）“营业利润”项目，反映企业实现的营业利润。该项目应根据利润表确定的营业利润构成项目及勾稽关系依次计算求得，如为亏损，该项目以“-”号填列。

（14）“营业外收入”项目，反映企业发生的与经营业务无直接关系的各项收入。该项目应根据“营业外收入”账户的发生额分析填列。

（15）“营业外支出”项目，反映企业发生的与经营业务无直接关系的各项支出。该项目应根据“营业外支出”账户的发生额分析填列。

（16）“利润总额”项目，反映企业实现的利润。该项目应根据利润表确定的利润总额构成项目及勾稽关系依次计算求得，如为亏损，该项目以“-”号填列。

（17）“所得税费用”项目，反映企业应从利润总额中扣除的所得税费用。该项目应根据“所得税费用”账户的发生额分析填列。

（18）“净利润”项目，反映企业实现的净利润。该项目应根据利润表确定的净利润构成项目及勾稽关系依次计算求得，如为净亏损，该项目以“-”号填列。

【例9-4】湖北海发公司2022年1—12月各损益类账户的累计发生额，见表9-5。

表9-5　　损益类账户累计发生额一览表　　单位：万元

科目名称	借方发生额	贷方发生额
主营业务收入		603 367
其他业务收入		18 051
主营业务成本	345 000	
其他业务成本	8 451	
税金及附加	8 009	
销售费用	42 551	
管理费用	32 853	
财务费用	11 309	
营业外支出	4 595	
所得税费用	42 163	

请根据相关资料，编制该公司2022年度利润表。

解析：该公司2022年度利润表见表9-6。

表9-6　　利润表（部分）

编制单位：湖北海发公司　　2022年度　　单位：万元

项　目	本期金额	上期金额（略）
一、营业收入	621 418	
减：营业成本	353 451	
税金及附加	8 009	
销售费用	42 551	
管理费用	32 853	
研发费用		
财务费用	11 309	
其中：利息费用		
利息收入		
加：其他收益		
投资收益（损失以“-”号填列）		
其中：对联营企业和合营企业的投资收益		
以摊余成本计量的金融资产终止确认收益（损失以“-”号填列）		
净敞口套期收益（损失以“-”号填列）		
公允价值变动收益（损失以“-”号填列）		
信用减值损失（损失以“-”号填列）		
资产减值损失（损失以“-”号填列）		
资产处置收益（损失以“-”号填列）		
二、营业利润（亏损以“-”号填列）	173 245	
加：营业外收入		
减：营业外支出	4 595	
三、利润总额（亏损总额以“-”号填列）	168 650	
减：所得税费用	42 163	
四、净利润（净亏损以“-”号填列）	126 487	
（一）持续经营净利润（净亏损以“-”号填列）	126 487	
（二）终止经营净利润（净亏损以“-”号填列）		
五、其他综合收益的税后净额（略）		
六、综合收益总额		
七、每股收益		
（一）基本每股收益		
（二）稀释每股收益		

随学随练9-10

利润表的编制方法

项目阶段测试（线上）

项目技能训练 线上+线下

◎ 线上技能训练（实训）

◎ 线下技能训练

【资料】天宇股份有限公司系增值税一般纳税人，所得税核算采用资产负债表债务法，所得税税率为25%，增值税税率为13%。库存材料采用实际成本核算，该公司2021年年末未分配利润为670万元。该公司2022年度内发生如下经济业务：

（1）销售产品一批，增值税专用发票上注明的价款为200万元，增值税为26万元，销售成本为120万元，款项尚未收到。

（2）取得罚款收入6万元，存入银行。

（3）以银行存款支付违反税收规定的罚款3万元、非公益性捐赠支出5万元。

（4）以银行存款支付广告费7万元。

（5）销售材料一批，该批材料购入成本为7万元，销售金额为10万元，款项已经收到并存入银行。

（6）计提本期应负担的城市维护建设税30万元。

（7）计提本年销售应负担的教育费附加1万元。

（8）计提短期借款利息5万元。

（9）公司本年度发生其他管理费用3万元，已用银行存款支付。

要求：

（1）计算本年所得税费用和应交所得税。（本题目不考虑纳税调整事项）

（2）编制2022年度有关经济业务的会计分录。

（3）编制2022年度利润表（见表9-7）。

表 9-7

利润表

编制单位：天宇公司　　2022年度　　单位：元

项　　目	本期金额
一、营业收入	
减：营业成本	
税金及附加	
销售费用	
管理费用	
研发费用	
财务费用	
其中：利息费用	
利息收入	
加：其他收益	
投资收益（损失以“-”号填列）	
其中：对联营企业和合营企业的投资收益	
以摊余成本计量的金融资产终止确认收益（损失以“-”号填列）	
净敞口套期收益（损失以“-”号填列）	
公允价值变动收益（损失以“-”号填列）	
信用减值损失（损失以“-”号填列）	
资产减值损失（损失以“-”号填列）	
资产处置收益（损失以“-”号填列）	
二、营业利润（亏损以“-”号填列）	
加：营业外收入	
减：营业外支出	
三、利润总额（亏损总额以“-”号填列）	
减：所得税费用	
四、净利润（净亏损以“-”号填列）	
（一）持续经营净利润（净亏损以“-”号填列）	
（二）终止经营净利润（净亏损以“-”号填列）	
五、其他综合收益的税后净额（略）	
六、综合收益总额	
七、每股收益	
（一）基本每股收益	
（二）稀释每股收益	

项目十

会计法律规范

本项目主要介绍会计法律规范的主要内容。会计法律规范是指国家权力机关和行政机关制定的各种有关会计工作的规范性文件的总称，是调整会计机构和会计人员在办理会计事务过程中以及国家在管理会计工作过程中发生的会计关系的法律规范。我国的会计法律规范包括会计法律、会计行政法规、会计部门规章、地方性会计法规和地方政府会计规章四个部分。本项目包含以下三个学习任务：会计法律法规体系、会计制度与会计准则体系和其他会计法规。

知识传授目标

1. 理解成本概念的含义；
2. 掌握资产入账价值的计算、营业成本的计算；
3. 熟悉成本性态分析的特点和分类。

能力培养目标

1. 能遵循会计核算规范要求建账，进行会计核算等；
2. 会开展会计档案的管理工作；
3. 会应用会计法律法规。

价值塑造目标

1. 养成“爱国守法”的公民道德意识；
2. 提升“严守法纪，坚持原则”的会计职业素养；
3. 增强对“公正，法治”社会主义核心价值观的认识。

项目思维导图

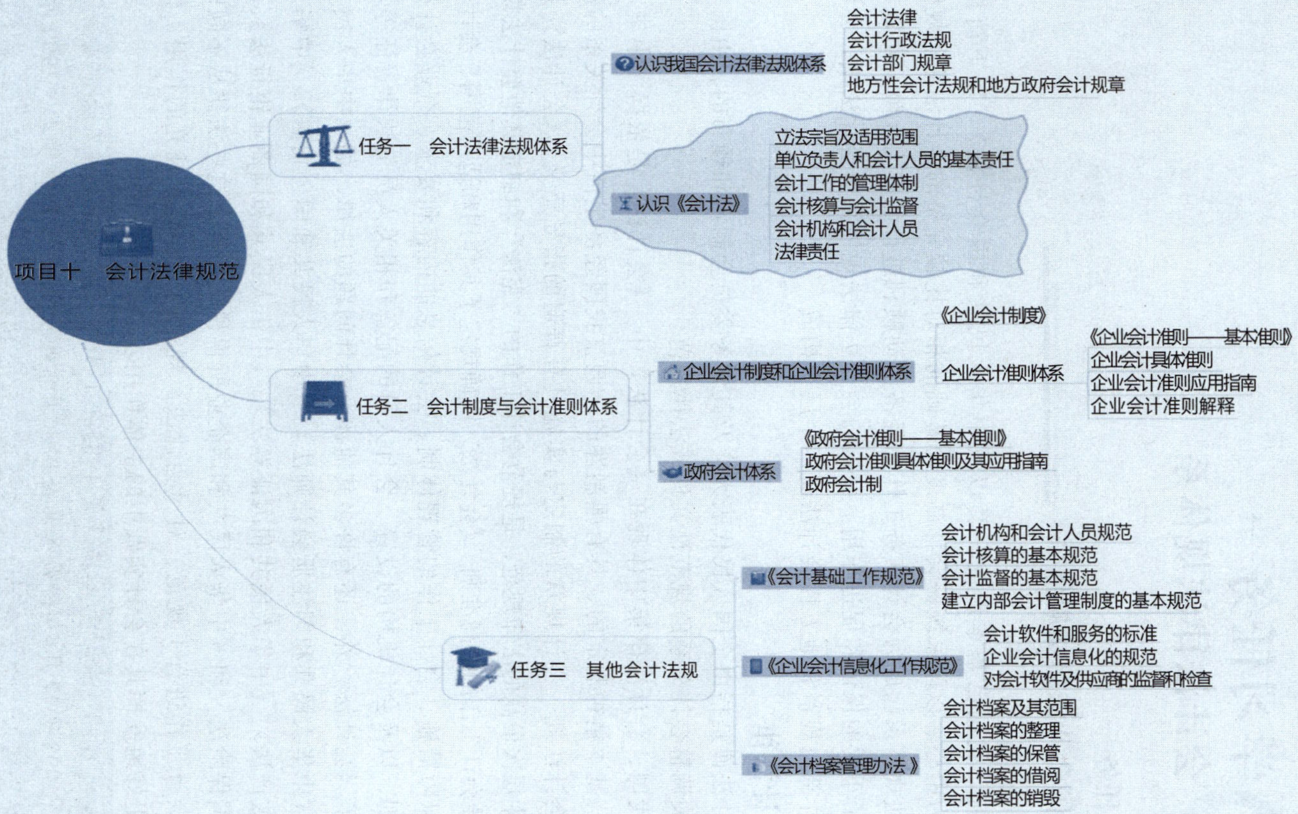

项目十　会计法律规范
任务一　会计法律法规体系
认识我国会计法律法规体系
会计法律
会计行政法规
会计部门规章
地方性会计法规和地方政府会计规章
认识《会计法》
立法宗旨及适用范围
单位负责人和会计人员的基本责任
会计工作的管理体制
会计核算与会计监督
会计机构和会计人员
法律责任
任务二　会计制度与会计准则体系
企业会计制度和企业会计准则体系
《企业会计制度》
企业会计准则体系
《企业会计准则——基本准则》
企业会计具体准则
企业会计准则应用指南
企业会计准则解释
政府会计体系
《政府会计准则——基本准则》
政府会计准则具体准则及其应用指南
政府会计制
任务三　其他会计法规
《会计基础工作规范》
会计机构和会计人员规范
会计核算的基本规范
会计监督的基本规范
建立内部会计管理制度的基本规范
《企业会计信息化工作规范》
会计软件和服务的标准
企业会计信息化的规范
对会计软件及供应商的监督和检查
《会计档案管理办法》
会计档案及其范围
会计档案的整理
会计档案的保管
会计档案的借阅
会计档案的销毁

项目知识学习

项目导入与案例分析

我国《会计法》的制定与发展

1 学习任务一 会计法律法规体系

学习子任务一 认识我国会计法律法规体系

重难点微课10-1

会计法律法规体系

目前，我国已基本形成一套以《中华人民共和国会计法》（以下简称《会计法》）为中心、以国家统一会计制度为基础的相对比较完整的会计法律法规体系。会计法律法规体系已成为会计实务工作和经济活动顺利进行的有力保障，对资本市场发展起到了重要的保证和促进作用。我国的会计法律法规体系由会计法律、会计行政法规、会计部门规章和地方性会计法规四个层次构成。

一、会计法律

会计法律是指由全国人民代表大会及其常务委员会制定和颁布的，由国家主席签发的有关调整会计关系的规范性文件或法律规范。

在我国，会计法律集中体现在《会计法》中。《会计法》是依据《中华人民共和国宪法》基本精神制定的、具有强制性的、调整我国经济生活中会计关系的法律总规范，对会计法规、会计规章的制定与实施具有普遍的指导意义。《会计法》是会计法律制度中层次最高的法律规范，是规范会计工作的"宪法"和制定其他会计法规的依据，也是指导会计工作的最高准则。《会计法》明确规定了其作用和适用范围、会计人员行使职权的保障措施、会计工作的管理体制、会计信息的内容和要求、企业会计核算和监督的原则，以及会计机构的设置、会计人员的配备和相关人员的法律责任等。

除了《会计法》外，还有许多其他涉及会计问题的法律，如《中华人民共和国审计法》、《中华人民共和国注册会计师法》、《中华人民共和国公司法》、《中华人民共和国企业破产法》、《中华人民共和国证券法》、《中华人民共和国商业银行法》、《中华人民共和国保险法》和《中华人民共和国企业所得税法》等。这些法律从不同的行业和角度对会计工作进行了规范，对《会计法》规范的内容起着补充的作用，使《会计法》能更好地发挥其在会计实践中的主体作用。

随学随练10-1

小知识10-1 会计基本法律是1985年1月21日第六届全国人大常委会第九次会议通过、1993年12月29日第八届全国人大常委会第五次会议修正、1999年10月31日第九届全国人大常委会第十二次会议修订、2017年11月4日第十二届全国人大常委会第三十次会议修正的《中华人民共和国会计法》。

会计行政法规的概念

二、会计行政法规

会计行政法规是指国务院制定并发布或者国务院有关部门拟定并经国务院批准发

布，调整经济生活中某些方面会计关系的法律规范。会计行政法规制定的依据是《会计法》，其效力仅次于会计基本法，如《总会计师条例》《企业财务会计报告条例》等。

小知识10-2 会计主要行政法规包括1990年12月31日国务院发布、2011年1月8日国务院修正的《总会计师条例》，2000年6月21日国务院发布的《企业财务会计报告条例》。

三、会计部门规章

会计部门规章主要是由主管全国会计工作的行政部门——财政部就会计工作中某些方面的内容所制定的规范性文件，包括《企业会计准则》（含基本准则、具体准则、企业会计准则应用指南和企业会计准则解释等）、《企业会计制度》、《政府会计准则》（含基本准则、具体准则），以及财政部与国务院其他部门共同签发的相关文件，如《会计基础工作规范》《会计档案管理办法》等。《企业会计准则》既是一种反映经济活动、确认产权关系和规范收益分配的会计技术标准，生成和提供会计信息、实现社会资源优化配置的重要依据，也是政府干预经济活动、规范经济秩序和从事国际经济交往等的重要手段。企业会计具体准则是根据《企业会计准则——基本准则》的框架和原则，针对不同的具体经济业务或财务报表项目可能发生的各种确认和计量以及报告披露问题等方面所做的处理规范，对会计实务有着直接的影响。但是，企业会计具体准则规范的重点是会计判断的过程，在会计要素的确认、计量和报告披露等方面的规定比较抽象，因此在运用时需要依赖会计人员的职业判断。

小知识10-3 会计部门规章包括2018年12月6日财政部发布的《会计人员管理办法》，2016年2月16日财政部发布、2019年3月14日修正的《代理记账管理办法》，2015年12月11日财政部、国家档案局第二次修订发布的《会计档案管理办法》，2018年5月19日财政部、人力资源社会保障部发布的《会计专业技术人员继续教育规定》，1996年6月17日财政部发布、2019年3月14日修正的《会计基础工作规范》。

四、地方性会计法规和地方政府会计规章

地方性会计法规和地方政府会计规章，主要是指各省、自治区、直辖市人民代表大会和人民政府根据会计法律、会计行政法规和国家统一会计制度的规定，结合本地实际情况制定的、在各自的行政区域内实施的地方性会计规范性文件。

综上所述，我国目前形成的会计法律法规体系见表10-1。

表10-1 会计法律法规体系

会计法律法规体系	会计法律	《中华人民共和国会计法》、《中华人民共和国公司法》和《中华人民共和国证券法》等会计相关法律
	会计行政法规	《总会计师条例》《企业财务会计报告条例》等
	会计部门规章	《会计基础工作规范》、《会计档案管理办法》、《企业会计准则》（基本准则及具体准则等）、《政府会计准则》（基本准则及具体准则）和《企业会计制度》等
	地方性会计法规	如《湖北省会计管理基本规范》等

学习子任务二
认识《会计法》

会计法有广义和狭义之分。广义的会计法是指国家权力机关和行政机关制定的各种会计规范性文件的总称，包括会计法律、会计行政法规和会计规章等，即会计法规制度。狭义的会计法仅指国家最高权力机关通过一定立法程序颁布实施的会计法律，即《会计法》。《会计法》是调整我国经济生活中会计关系的法律总规范，是会计法律制度中层次最高的法律规范，是制定其他会计法规的依据，也是指导会计工作、规范会计行为的最高准则。

我国第一部会计法《中华人民共和国会计法》于1985年1月21日由第六届全国人民代表大会常务委员会第九次会议审议通过，自同年5月1日起施行。为了适应建立社会主义市场经济的要求，1993年12月29日，第八届全国人民代表大会常务委员会第五次会议通过了《关于修改〈中华人民共和国会计法〉的决定》，对《会计法》作了修改。1999年10月31日，第九届全国人民代表大会常务委员会第十二次会议根据进一步深化经济体制改革对会计工作提出的新的要求，审议通过了重新修订的《会计法》。重新修订后的《会计法》，自2000年7月1日起施行。2017年11月4日，第十二届全国人民代表大会常务委员会第三十次会议表决通过了《关于修改〈中华人民共和国会计法〉的决定》，自2017年11月5日起实施。现行《会计法》共7章52条，其主要内容概括为六个方面。

随学随练10-2

《会计法》的立法宗旨

一、立法宗旨及适用范围

《会计法》的立法宗旨是为了规范会计行为，保证会计资料真实、完整，加强经济管理和财务管理，提高经济效益，维护社会主义市场经济秩序。无论是国家还是单位都必须严格规范会计行为，保证会计资料的真实、完整，国家机关、社会团体、公司、企业、事业单位和其他组织都必须依照《会计法》办理会计事务。

二、单位负责人和会计人员的基本责任

单位负责人对本单位的会计工作和会计资料的真实性、完整性负责；会计机构、会计人员均需依法进行会计核算，实行会计监督；任何单位或者个人不得以任何方式授意、指使、强令会计机构、会计人员伪造、变造会计凭证、会计账簿和其他会计资料，提供虚假财务会计报告；任何单位或者个人不得对依法履行职责、抵制违反《会计法》规定行为的会计人员实行打击报复。

三、会计工作的管理体制

我国实行“统一领导，分级管理”的会计工作管理体制。财政部主管全国的会计工作，县级以上地方各级人民政府财政部门管理本行政区域内的会计工作；我国实行统一的会计制度，由财政部制定并公布；国务院有关部门可以依照《会计法》和国家统一的会计制度，制定对会计核算和会计监督有特殊要求的行业实施国家统一的会计制度的具体办法或者补充规定，报国务院财政部门审核批准；中国人民解放军总后勤

部可以依照《会计法》和国家统一的会计制度，制定军队实施国家统一的会计制度的具体办法，报国务院财政部门备案。

四、会计核算与会计监督

任何事项的会计核算都必须符合《会计法》的相关规定；各单位应当建立、健全内部会计监督制度；各单位的会计机构、会计人员对违反《会计法》和国家统一的会计制度规定的会计事项，有权拒绝办理或者按照职权予以纠正；财政、审计、税务、人民银行、证券监管、保险监管等部门应当依照有关法律、行政法规规定的职责，对各单位的会计资料实施监督检查；需经注册会计师进行审计的单位，应当向受委托的会计师事务所如实提供会计资料及有关情况，各单位或者个人不得以任何方式要求或者示意注册会计师及其所在的会计师事务所出具不实或者不当的审计报告；财政部门有权对会计师事务所出具的审计报告的内容、程序进行监督；依法对有关单位的会计资料实施监督检查的部门及其工作人员对在监督检查中知悉的国家秘密和商业秘密负有保密义务。

五、会计机构和会计人员

各单位应当根据会计业务的需要设置会计机构，不具备设置条件的，可以委托中介机构代理记账；国有的或国有资产占控股地位或者占主导地位的大中型企业必须设置总会计师，同时配备一定数量的、遵守职业道德、具有专业技术职称的会计人员；会计人员工作调动或者离职，必须与接管人员办清交接手续。

六、法律责任

违法必究是社会主义法治的基本要求。单位、直接负责的主管人员和其他直接责任人员违反《会计法》所应承担的法律责任，主要包括行政责任和刑事责任。实施行政责任的主体应当是县级以上人民政府财政部门和有关企业、事业单位，行政责任的承担主体应当是单位、直接负责的主管人员和其他直接责任人员；刑事责任的承担主体应当是个人、单位、直接负责的主管人员和其他直接责任人员。

2 学习任务二 会计制度与会计准则体系

学习子任务一 企业会计制度和企业会计准则体系

会计制度有宏观和微观之分。宏观会计制度是指国家以法的形式所颁布实施的适用于所有单位会计核算工作的统一会计规范，它是国家会计法规体系的重要组成部分。微观会计制度是指各单位在国家统一会计制度和其他会计法规的指导和约束下制定的仅适用于本单位会计核算工作的会计制度，对企业而言，也称企业会计制度。

一、《企业会计制度》

为了贯彻执行《会计法》和《企业财务会计报告条例》，规范企业的会计核算工作，提高会计信息质量，2000年12月发布的《企业会计制度》自2001年1月1日起在股份有限公司范围内执行。其内容包括总则、资产、负债、所有者权益、收入、成本和费用、利润及利润分配、非货币性交易、外币业务、会计调整、或有事项、关联方关系及其交易、财务会计报告和附则十四章内容。

《企业会计制度》统一规定了会计科目的编号，明确了会计科目的设置和使用范围，确定了会计凭证及账簿的填列要求，列示了财务会计报告的编制基础、编制依据、编制原则和方法的要求等。

二、企业会计准则体系

我国企业会计准则体系主要包括基本准则、具体准则、企业会计准则应用指南和企业会计准则解释等。

随学随练10-3

《企业会计准则——基本准则》的内容

（一）《企业会计准则——基本准则》

我国《企业会计准则——基本准则》在整个企业会计准则体系中居于统驭地位，不仅统驭着具体准则的制定，而且为会计实务中出现的、具体准则尚未规范的新会计问题提供了会计处理的基本原则。

《企业会计准则——基本准则》主要包括以下内容：①明确了我国财务会计报告的目标；②强调了企业会计确认、计量和报告的假设条件，规定了企业会计确认、计量和报告应当以权责发生制为基础；③建立了企业会计信息质量要求体系，规定企业财务会计报告中提供的会计信息应当满足会计信息质量要求；④明确了会计六个要素的内容及定义；⑤明确了会计计量属性；⑥明确了财务会计报告的基本概念、反映信息的基本要求等。

（二）企业会计具体准则

我国现行的企业会计准则体系包括42项具体准则。2006年2月15日，财政部发布了会计准则体系，包括1个基本准则和38项具体准则。38项具体准则分别涉及：存货，长期股权投资，投资性房地产，固定资产，生物资产，无形资产，非货币性资产交换，资产减值，职工薪酬，企业年金基金，股份支付，债务重组，或有事项，收入，建造合同，政府补助，借款费用，所得税，外币折算，企业合并，租赁，金融工具确认和计量，金融资产转移，套期保值，原保险合同，再保险合同，石油天然气开采，会计政策、会计估计变更和差错更正，资产负债表日后事项，财务报表列报，现金流量表，中期财务报告，合并财务报表，每股收益，分部报告，关联方披露，金融工具列报。

2014年新增和修订了8项具体准则，其中新增的具体会计准则涉及公允价值计量、合营安排、在其他主体中权益的披露；修订的具体会计准则涉及长期股权投资、职工薪酬、财务报表列报、合并财务报表、金融工具列报。

2017年修订了6项具体准则，涉及金融工具确认和计量、金融资产转移、套期会计（原为套期保值）、金融工具列报、政府补助、收入，并新增1项具体准则——持有待售的非流动资产、处置组和终止经营。

2018年至2019年6月财政部修订了3项具体会计准则，分别涉及租赁、非货币性资产交换和债务重组。

小链接10-1 关于印发《小企业执行〈小企业会计准则〉有关问题衔接规定》的通知，链接为http：//kjs.mof.gov.cn/zhengcefabu/201211/t20121113_693817.htm。

学习子任务二 政府会计体系

我国的政府会计体系主要由《政府会计准则——基本准则》、政府会计准则具体准则及其应用指南、政府会计制度三部分组成。

一、《政府会计准则——基本准则》

《政府会计准则——基本准则》用于规范政府会计目标、政府会计主体、政府会计信息质量要求、政府会计核算基础，以及政府会计要素的定义、确认和计量原则、列报要求等原则和事项。《政府会计准则——基本准则》指导具体准则和制度的制定，并为政府会计实务问题提供处理原则。

二、政府会计准则具体准则及其应用指南

政府会计准则具体准则及其应用指南依据《政府会计准则——基本准则》制定，用于规范政府发生的经济业务或事项的会计处理，详细规定经济业务或事项引起的会计要素变动的确认、计量、记录和报告，是对具体准则的实际应用作出的操作性规范。

小链接10-2 《政府会计准则——基本准则》（中华人民共和国财政部令第78号），链接见http：//tfs.mof.gov.cn/caizhengbuling/201511/t20151102_1536662.htm。

三、政府会计制度

2017年，财政部制定并出台了《政府会计制度——行政事业单位会计科目和报表》。该制度依据《政府会计准则——基本准则》制定，主要规范政府会计科目及账务处理、报表体系及编制说明等。按照政府会计主体的不同，政府会计制度主要由政府财政会计制度和政府单位会计制度组成。

政府会计主体应根据政府会计准则（包括基本准则和具体准则）规定的原则和《政府会计制度——行政事业单位会计科目和报表》的要求，对其发生的各项经济业务或事项进行会计核算。根据《政府会计准则——基本准则》，政府会计主体包括各级政府、各部门、各单位。其中，各级政府是指各级政府财政部门，具体负责财政总会计的核算；各部门、各单位是指与本级政府财政部门直接或者间接发生预算拨款关系的国家机关、军队、政党组织、社会团体、事业单位和其他单位。军队、已纳入企业财务管理体系的单位和执行《民间非营利组织会计制度》的社会团体，其会计核算不适用政府会计。

3 学习任务三 其他会计法规

其他会计法规主要包括有关会计人员的法规和有关会计工作的法规、制度。有关会计人员的法规主要有《会计人员职权条例》《总会计师条例》《中华人民共和国注册会计师法》，以及有关会计交接工作的规定和会计人员技术职称等规定。有关会计工作的法规、制度，包括《会计基础工作规范》、《企业会计信息化工作规范》和《会计档案管理办法》等。

学习子任务一 《会计基础工作规范》

会计基础工作是会计工作的基本环节，也是经济管理工作的重要基础。1984年4月24日，财政部发布《会计人员工作规则》。1996年6月17日，为了加强会计基础工作，建立规范的会计工作秩序，提高会计工作水平，根据《会计法》的有关规定，财政部制定发布了《会计基础工作规范》（以下简称《规范》）。2017年11月，《规范》修订，将原来的“未取得会计证的人员，不得从事会计工作”修改为“（企业）配备会计人员，并确保其具备从事会计工作所需要的专业能力”，取消了“总账和明细账应当定期打印”的规定。修订后的《规范》由6章共100条组成，其主要内容包括会计机构和会计人员规范、会计核算的基本规范、会计监督的基本规范和建立内部会计管理制度的基本规范四个方面。

一、会计机构和会计人员规范

会计机构是各单位办理会计事务的职能部门，会计人员是从事会计工作的职员。会计机构和会计人员是会计工作的承担者，在会计工作中占主导地位，决定着会计基础工作的状态。设置会计机构并配备素质和数量与之相适应的会计人员，既是开展会计工作的起点，也是最基本的会计基础工作。《规范》关于会计机构和会计人员的规范，涉及以下八个方面内容：①会计机构设置规范；②会计机构负责人配备规范；③会计人员配备规范；④总会计师设置规范；⑤会计工作岗位设置规范；⑥会计人员回避制度；⑦会计人员职业道德；⑧会计工作交接。

随学随练10-4

会计机构和会计人员的规范的内容

二、会计核算的基本规范

会计核算是会计的基本职能之一，在会计基础工作中具有非常重要的地位。《规范》从第三十六条至第七十一条对会计核算基础管理问题作出了具体规定，主要包括以下几个方面：

重难点微课10-2

会计核算基本规范的相关规定

（一）会计核算的一般要求

会计核算的一般要求具体规定了各单位应当依法建账、会计核算的内容和会计核算的基本要求。

（二）填制会计凭证

填制会计凭证对原始凭证、记账凭证和会计凭证的填制与保管提出了明确具体的要求。

（三）登记会计账簿

登记会计账簿对会计账簿的设置、会计账簿的启用、会计账簿的登记、账簿记录的错误更正、对账和结账作出了明确规定。

（四）编制财务报告

编制财务报告规定了按照国家统一会计制度的规定，定期编制财务报告。财务报告包括会计报表及其说明。

小案例 10-1 某公司从外地购买了一批原材料，收到发票后，与实际支付款项进行核对时发现发票金额有错误。经办人员因急于休假交接工作，又一时找不到销售方有关人员了解情况，因此自行在原始凭证上进行了更改，写明情况并加盖了自己的印章，拟作为原始凭证据此入账。让我们来分析一下上述做法有无不妥之处。

公司经办人员自行更改原始凭证金额的做法不符合规定。根据《规范》的规定，原始凭证金额有错误的，应当由出具单位重开，不得在原始凭证上更正。本例中经办人员应当找到外地销售方重新开具发票。

三、会计监督的基本规范

《规范》规定各单位的会计机构、会计人员对本单位的经济活动进行会计监督，其主要内容有：①会计监督的依据；②原始凭证的审核和监督；③会计账簿的监督；④实物、款项的监督；⑤财务报告的监督；⑥财务收支的监督；⑦其他经济活动的监督；⑧国家监督和社会监督。

四、建立内部会计管理制度的基本规范

建立健全单位内部会计管理制度，是贯彻执行会计法律、法规、规章、制度，保证单位会计工作有序进行的重要措施，也是加强会计基础工作的重要手段。实践证明，建立并严格执行单位内部会计管理制度的，其会计基础工作就比较扎实，会计工作在经济管理中就能有效发挥作用。

制定内部会计管理制度应当遵循一定的原则，以保证内部会计管理制度科学、合理、切实可行。这些原则包括：应当执行法律、法规和国家统一的财务会计制度；应当体现本单位的生产经营、业务管理的特点和要求；应当全面规范本单位的各项会计工作，建立健全会计基础工作，保证会计工作的有序进行；应当科学、合理，便于操作和执行；应当定期检查执行情况；应当根据管理需要和执行中的问题不断完善。

《规范》从强化会计管理和各单位的实际情况出发，示范性地提出了应当建立的12项内部会计管理制度，即内部会计管理体系、会计人员岗位责任制度、账务处理程序制度、内部牵制制度、稽核制度、原始记录管理制度、定额管理制度、计量验收制度、财产清查制度、财务收支审批制度、成本核算制度和财务会计分析制度，同时还对各项内部会计管理制度应当包括的主要内容提出了原则性指导意见。应当强调的是，各单位建立哪些内容的会计管理制度，主要取决于单位内部的经营管理需要，不同类型的单位对内部会计管理制度可以有不同的选择，如行政单位往往不需要建立成

本核算制度等。

小案例10-2　自强公司是一家国有大型企业。2021年12月，公司召开董事会。公司法定代表人、董事长兼总经理林某提出，财务会计报告专业性很强，而自己精力有限，以前在财务会计报告上签字盖章，也只是履行程序而已。从2022年开始，公司对外报送的财务会计报告一律改由公司总会计师范某一人签字盖章后报出。让我们来分析一下该公司董事长兼总经理林某的观点有无不妥之处。

林某的观点不符合《会计法》的规定。《会计法》规定，对外报送的财务会计报告，应由单位领导人、总会计师、会计机构负责人、会计主管人员签名并盖章。单位领导人对财务会计报告的合法性、真实性负法律责任。董事长林某作为单位法定代表人，应当依法对本单位的会计工作和会计资料的真实性、完整性负责，也应当依法在本单位对外出具的财务会计报告上签名并盖章。

学习子任务二 《企业会计信息化工作规范》

为推动企业会计信息化，节约社会资源，提高会计软件和相关服务的质量，规范信息化环境下的会计工作，2013年12月6日，财政部以财会〔2013〕20号印发《企业会计信息化工作规范》。该规范分总则、会计软件和服务、企业会计信息化、监督、附则5章49条，自2014年1月6日起施行。1994年6月30日财政部发布的《商品化会计核算软件评审规则》（财会字〔1994〕27号）、《会计电算化管理办法》（财会字〔1994〕27号）予以废止。

一、会计软件和服务的标准

《企业会计信息化工作规范》明确了会计软件的定义，即企业使用的，专门用于会计核算、财务管理的计算机软件、软件系统或者其功能模块。会计软件具有为会计核算、财务管理直接采集数据，生成会计凭证、账簿、报表等会计资料以及对会计资料进行转换、输出、分析、利用等功能。会计软件和服务具体包括16条内容，为会计软件、数据接口、基础数据的采集等方面提供了标准，规范了会计软件产品和供应商的行为等。

二、企业会计信息化的规范

《企业会计信息化工作规范》要求企业加强组织领导和人才培养，不断推进会计信息化在本企业的应用；明确规定了企业应当指定专门机构或者岗位负责会计信息化工作；未设置会计机构和配备会计人员的企业，由其委托的代理记账机构开展会计信息化工作。《企业会计信息化工作规范》明确了企业会计信息化工作的规范和标准，是我国现行的指导企业会计信息化工作的纲领性文件。

三、对会计软件及供应商的监督和检查

《企业会计信息化工作规范》包括对企业使用会计软件不符合规范要求的整改措施，明确指出财政部采取组织同行评议、向用户企业征求意见等方式对软件供应商提

供的会计软件遵循规范的情况进行检查。《企业会计信息化工作规范》确定了财政部门对会计软件及供应商的监督和检查，规定了实施的时间和范围。

《企业会计信息化工作规范》顺应了信息化时代的要求，摆脱了“模拟手工”的电算化思维，在很多方面突破了过去的束缚和现行做法。同时，《企业会计信息化工作规范》把会计信息化放在企业整体经营管理环境中，重视会计与其他业务活动的有机联系，强调会计信息化带来的工作流程和模式的革新，以及信息化与制度环境的互动，这对信息化时代企业的转型有着非凡的意义。

小链接 10-3 财政部关于新旧《会计档案管理办法》有关衔接规定的通知，链接见 http：//kjs.mof.gov.cn/zhengcefabu/201603/t20160311_1900332.htm。

学习子任务三
《会计档案管理办法》

重难点微课 10-3

会计档案管理办法

会计档案是指单位在进行会计核算等过程中接收或形成的，记录和反映单位经济业务事项的，具有保存价值的文字、图表等各种形式的会计资料，包括通过计算机等电子设备形成、传输和存储的电子会计档案。会计档案包括会计凭证、会计账簿、财务会计报告等会计核算专业资料。它是记录和反映经济业务的重要史料和证据，是国家档案的重要组成部分，也是各单位的重要档案，是对单位经济活动的记录和反映。

一、会计档案及其范围

会计档案的内容一般包括会计凭证、会计账簿、会计报表以及其他会计核算资料四个部分。

（一）会计凭证

会计凭证包括自制原始凭证、外来原始凭证、原始凭证汇总表、记账凭证（收款凭证、付款凭证、转账凭证三种）、记账凭证汇总表、科目汇总表等。

（二）会计账簿

会计账簿包括按会计科目设置的总分类账、各明细分类账、库存现金日记账、银行存款日记账以及辅助登记备查簿等。

（三）会计报表

会计报表主要有月度会计报表、季度会计报表以及年度会计报表，具体包括资产负债表、利润表、现金流量表、所有者权益变动表、财务报表附注以及财务情况说明书等。

（四）其他会计核算资料

随学随练 10-5

会计档案的范围

其他会计核算资料是指属于经济业务范畴的，与会计核算、会计监督紧密相关，由会计部门负责办理的有关数据资料。例如，经济合同、财务数据统计资料、财务清查汇总资料、核定资金定额的数据资料、会计档案移交清册、会计档案保管清册、会计档案销毁清册、银行对账单、银行存款余额调节表等。实行会计电算化的单位存贮在磁性介质上的会计数据、程序文件及其他会计核算资料，均应视同会计档案一并管理。

另外，根据规定，各单位的预算、计划、制度等文件资料属于文书档案，不属于会计档案。

二、会计档案的整理

每一会计年度终了，企业会计机构负责对会计资料进行整理立卷。整理时应对会计资料按规定的标准进行分类，然后装订成册，并按统一的顺序排放。一般情况下，会计凭证每月装订一次，装订好的凭证按年分月妥善保管归档；年度结账后，除跨年使用的账簿外，其他账簿应按时整理立卷；会计报表编制完成及时报送后，留存的报表应按月装订成册，小企业可按季装订成册。单位内部形成的属于归档范围的电子会计资料可仅以电子形式保存，形成电子会计档案，可以利用计算机、网络通信等信息技术手段管理会计档案。

三、会计档案的保管

当年形成的会计档案，在会计年度终了后可暂由会计机构保管1年，期满之后应当由会计机构编制移交清册，移交本单位档案机构统一保管；未设立档案机构的，应当在会计机构内部指定专人保管。出纳人员不得兼管会计档案。纸质会计档案移交时应当保持原卷的封装。电子会计档案移交时应当将电子会计档案及其元数据一并移交，且文件格式应当符合国家档案管理的有关规定。

会计档案的保管期限分为永久、定期两类。定期保管期限一般分为10年和30年。会计档案的保管期限，从会计年度终了后的第一天算起。

随学随练10-6

会计档案的保管期限

各种会计档案的保管期限参表10-2。

表10-2　企业和其他组织会计档案保管期限表

序号	档案名称	保管期限	备注
一	会计凭证		
1	原始凭证	30年	
2	记账凭证	30年	
二	会计账簿		
3	总账	30年	
4	明细账	30年	
5	日记账	30年	
6	固定资产卡片		固定资产报废清理后保管5年
7	其他辅助性账簿	30年	
三	财务会计报告		
8	月度、季度、半年度财务会计报告	10年	
9	年度财务会计报告	永久	
四	其他会计资料		
10	银行存款余额调节表	10年	
11	银行对账单	10年	
12	纳税申报表	10年	
13	会计档案移交清册	30年	
14	会计档案保管清册	永久	
15	会计档案销毁清册	永久	
16	会计档案鉴定意见书	永久	

小知识 10-4　单位合并后原各单位解散或者一方存续其他方解散的，原各单位的会计档案应当由合并后的单位统一保管。单位合并后原各单位仍存续的，其会计档案仍应当由原各单位保管。

单位分立后原单位存续的，其会计档案应当由分立后的存续方统一保管，其他方可以查阅、复制与其业务相关的会计档案。单位分立后原单位解散的，其会计档案应当经各方协商后由其中一方代管或按照国家档案管理的有关规定处置，各方可以查阅、复制与其业务相关的会计档案。

四、会计档案的借阅

会计档案为本单位提供和使用，原则上不得借出，有特殊需要外借时需经上级主管单位或单位领导、会计主管人员批准。

外部人员借阅会计档案时，应持单位正式介绍信，经会计主管人员或单位负责人批准后，方可办理借阅手续；单位内部人员借阅会计档案时，经会计主管人员或单位负责人批准后，方可办理借阅手续。

借阅会计档案的人员不得在案卷中乱画、标记、拆散原卷册，也不得涂改、抽换、携带外出或复制原件。有特殊需要时，经领导批准后方能携带外出或复制原件。

会计档案借阅示意图如图 10-1 所示。

图 10-1　会计档案借阅示意图

五、会计档案的销毁

保管期满的会计档案需要销毁时，应按照以下程序进行：①由本单位档案机构会同会计机构提出销毁意见；②编制会计档案销毁清册，列明销毁会计档案的名称、卷号、册数、起止年度和档案编号、应保管期限、已保管期限、销毁时间等内容；③单位负责人在会计档案销毁清册上签署意见；④销毁会计档案时，应当由档案机构和会计机构共同派员监销，国家机关销毁会计档案时应当由同级财政部门、审计部门派员参加监销，财政部门销毁会计档案时应当由同级审计部门委派人员参加监销，监销人在销毁会计档案前应当按照会计档案销毁清册所列内容清点核对所要销毁的会计档案；⑤销毁后，相关人员应当在会计档案销毁清册上签名盖章，并将监销情况报告本单位负责人。

保管期满但未结清的债权债务原始凭证和涉及其他未了事项的原始凭证，不得销毁，应当单独抽出立卷，保管到未了事项完结时为止。单独抽出立卷的会计档案，应当在会计档案销毁清册和会计档案保管清册中列明。项目正在建设期间的建设单位，其保管期满的会计档案不得销毁。

项目阶段测试 （线上）

项目技能训练 （线下）

◎ 线下技能训练

湖北天地公司的档案部门保管的资料如下：（1）记账凭证；（2）购销合同；（3）借款合同；（4）租赁合同；（5）企业章程；（6）总账账簿；（7）董事会会议纪要；（8）用工协议；（9）银行存款余额调节表；（10）银行对账单；（11）培训计划；（12）生产管理制度；（13）销售预算；（14）年度会计报表；（15）会计档案移交清册；（16）会计档案保管清册；（17）会计档案销毁清册；（18）会计信息化存储盘。

请辨别以上资料中哪些属于湖北天地公司的会计档案，并简要说明原因。

主要参考文献

［1］中国法制出版社．中华人民共和国公司法［M］．北京：中国法制出版社，2018.

［2］中华人民共和国财政部．企业会计准则［M］．北京：经济科学出版社，2006.

［3］中华人民共和国财政部．企业会计准则——应用指南［M］．北京：中国财政经济出版社，2006.

［4］财政部会计司编写组.企业会计准则讲解［M］．北京：人民出版社，2010.

［5］财政部会计司．企业内部控制规范讲解［M］．北京：经济科学出版社，2010.

［6］财政部会计资格评价中心.初级会计实务［M］．北京：经济科学出版社，2021.

［7］财政部会计资格评价中心.经济法基础［M］．北京：经济科学出版社，2021.

［8］企业会计准则编审委员会．企业会计准则案例讲解［M］．上海：立信会计出版社，2021.

［9］赵丽生．中国会计文化［M］．北京：高等教育出版社，2018.

［10］朱虹，周雪艳．基础会计——原理、实务、案例、实训［M］．6版．大连：东北财经大学出版社，2021.

［11］陈国辉，迟旭升．基础会计［M］．7版.大连：东北财经大学出版社，2021.

［12］刘永泽．会计学［M］．7版．大连：东北财经大学出版社，2021.

［13］王觉．基础会计［M］．5版．大连：东北财经大学出版社，2018.

［14］甄立敏．基础会计［M］．南京：南京大学出版社，2007.

［15］李海波，蒋瑛．新编会计学原理——基础会计［M］．20版．上海：立信会计出版社，2019.

［16］孟全省，刘麦荣．会计学基础［M］．3版．北京：中国农业出版社，2015.

［17］刘峰，潘琰，林斌．会计学基础［M］．4版．北京：高等教育出版社，2018.

［18］中华会计网校．经济法基础［M］．北京：人民邮电出版社，2019.

［19］唐国平．会计学原理［M］．3版．北京：中国财政经济出版社，2016.

［20］施先旺，龚翔．会计学原理［M］．2版．大连：东北财经大学出版社，2021.

［21］国燕萍，刘晓霞，蒲萍．财务会计实务［M］．3版．大连：东北财经大学出版社，2019.

［22］中华会计网校．零基础学会计［M］．北京：人民出版社，2019.

［23］陈信元．会计学［M］．5版．上海：上海财经大学出版社，2018.

［24］刘玉廷．中国会计改革开放三十年回顾与展望（上）——我的经历、体会与认识［J］．会计研究，2008（12）：3-14.

［25］刘玉廷．中国会计改革开放三十年回顾与展望（下）——我的经历、体会与认识［J］．会计研究，2009（1）：19-26.

［26］高一斌．我国《会计法》的制定与发展［J］．会计研究，2005（8）：3-14.

［27］王永海．改革开放以来中国会计改革与发展的成就［J］．发展经济学研究，2012（1）：109-120.

［28］王鹏．学习贯彻十八大精神——加快推进会计改革与发展［J］．中国财政，2013（10）：26-27.

［29］宋夏云，陈丽慧，况玉书．康得新财务造假案例分析［J］．财务管理研究，2019（2）：62-67.

［30］韩盼盼，杨思瑞．基于舞弊三角理论的商业伦理与道德风险治理探究——以瑞幸咖啡为例［J］．西部财会，2022（6）：43-46.